漢語語音史

# 한어어음사

唐作藩 TANG ZUO FAN
漢語語音史教程 HAN YU YU YIN SHI JIAO CHENG

漢語語音史

# 한어어음사

·

당작번唐作藩 저 · 채영순 역

學古房

당작번唐作藩 선생님의 『한어어음사교정漢語語音史教程』이 곧 출판된다. 이 책은 당 선생님의 50여 년간 교육과 연구 성과의 결정結晶이다. 이 책의 견본용 원고를 읽었을 때, 나도 모르게 50년 전의 지난 일이 떠올려졌다.

50년 전인 1959년, 나는 북경대학 중문과 3학년 학생이었다. 그 때 우리 학년에는 80여 명의 학생이 있었고, 모두 한어어문학 전공이었다. 3학년이 되어 다시 언어전공과 문학전공의 두 개 전공으로 나뉘었는데, "언어반"(1개 반)과 "문학반"(2개 반)으로 불렸다. 나는 언어반이었다. 아직 전공을 나누지 않았던 1, 2학년 때는 모두 함께 일부 공동 기초과목을 수강하지만, 3학년이 되어 전공을 나눈 후에 언어반은 한어漢語와 관련된 전공 수업을 따로 받는다. 그 중 중요한 전공과목이 바로 한어사였다. 이 과목은 1년 동안 수강하게 되는데, 첫 학기에는 서론과 한어어음사를, 두 번째 학기에는 한어어법사와 한어어휘사를 배운다. 1년간의 한어사 과목은 모두 당작번 선생님께서 가르치셨다.

그 때 당작번 선생님은 서른 초반으로 아주 젊으셨다. 우리 반에 '조간調幹'을 받은 학생(지금의 젊은이들에게는 익숙치 않은 말로, 먼저 국가의 간부가 되어 몇 년 일한 후에, 대학에 진학한 사람을 말함.) 가운데서 가장 나이가 많은 학생은 당 선생님보다 단지 한 살 정도 어렸다. 당 선생님은 항상 소박한 복장에, 강단에 서서 폼도 전혀 잡지 않으셨다. 강의하실 때는 어조가 부드럽고 강의내용이 분명하며, 아주 온화하고 정겨우셨다. 수업시간 외에 선생님은 자주 학생 기숙사에 와서 보충지도를 해주시곤 했는데, 그렇게 시간이 좀 지나면서 당 선생님이 가까이하기 쉽고, 차근차근 학생들을 잘 가르쳐주신다는 것을 느끼게 되었다. 이것이 당시 학생들이 갖는 당 선생님에 대한 느낌이었다. 졸업 후, 우리는 각지로 흩어졌고, 각자 인생의 우여곡절을 겪었다. 수

십 년 후에 다시 만나, 우리가 대학시절 여러 선생님들의 목소리와 웃는 모습을 떠올렸을 때, 당 선생님에 대한 인상은 여전히 변함이 없었다. 모든 학생을 세심히 잘 일깨워주시고 가까이 하기 쉬우며, 온화하고 정겨우셨다고 느낀, 바로 그대로였다.

그 후, 나는 점차 당 선생님에 대해 이런 느낌을 갖고 있는 학생이 단지 우리 반 학생에 그치지 않음을 알게 되었다. 당 선생님은 1954년에 북경대학교 중문과에서 교편을 잡으신 후, 거의 모든 학번의 학생들을 다 가르치셨고, 매 학생에 대해 온화하고 정겹게 대하셨으며 일일이 잘 지도해주셨다. 재학 중인 학생뿐만 아니라, 학생들이 졸업한 후에도 계속 학생들의 진로에 관심을 갖고 여러 면에서 가르침을 주셨다. 이 때문에 많은 북경대학 중문과 언어반 졸업생들은 줄곧 당 선생님과 자주 연락하고 자신들의 은사라고 여겼다. 일부 북경대학 중문과 졸업생이 아닌 청장년 학자들도 선생님의 이러한 어르신으로서의 품위를 느껴, 선생님을 지극히 존경하였다. 그래서 선생님의 팔순잔치 때 많은 축하 편지와 축하문이 보내졌고, 여기에 적혀진 선생님에 대한 축하와 감사의 뜻은 모두 마음속으로부터 우러나온 것이었다.

이것도 한참 지난 후에 내가 안 사실인데, 한어사 이 수업은 처음에는 왕력王力 선생님이, 그 후에는 주조모周祖謨 선생님이 가르치셨고, 바로 1959년부터인 우리 학번부터 당 선생님이 이어 받으신 것이었다. 우리는 수업할 때 사용하던 교재가 단지 왕력 선생님의 『한어사고漢語史稿』였고, 당 선생님이 우리들의 이해를 돕기 위해 강의록을 복사하여 주신 것으로만 알고 있었다. 왕력 선생님의 『한어사고』는 내용이 폭넓고 깊으며, 지금까지도 북경대학 중문과와 기타 일부 대학 중문과 한어사 과목의 교재로 사용되고 있다. 그러나 우리 반 학생들이 읽기에 일부 내용은 이해하기 힘들었다. 당 선생님의 강의록이 있고, 거기에 선생님의 간단명료한 설명이 있어, 우리는 내용을 쉽게 이해할 수 있었으며, 이러한 점은 우리에게 아주 깊은 인상을 갖게 하였다.

한어어음사漢語語音史 이 과목을 우리는 처음부터 끝까지 다 배웠다. 이 말을 지금 들으면 좀 이해하기 힘들 것이다. 한 과목을 절반만 배우다 말다니? 하지만 우리가 대학을 다니는 그 시절에는 수업 중간 정도에 끝나는 과목도 적지 않았다. 왜냐하면, 그 시대에는 "운동運動"이 너무 많았기 때문이다. 우리가 1957년 입학하여 1962년 졸업할 때(그 때 북경대학 학부의 문과는 5년, 이과는 6년)까지의 5년 동안 '운동'이 멈춘 적이 없었다. 처음에는 "반우反右"로 보강하고, "우파右派"로 보충하며, 그 후 "대약진大躍進"으로 우리는 탄광에 가서 "일하며 공부하고半工半讀", 농촌에 가서 "열심히 밭을 갈고深翻土地", 다시 또 "반우경反右傾"하는 … 이런 운동이 일어날 때마다 학교는 휴강했다. 이런 운동이 쉬는 기간에만 앉아서 조용히 몇몇 수업을 들을 수 있었는데, 이런 기회도 많지는 않았다. 1962년 졸업하기 전까지, 반에서 통계를 낸 바로는, 5년 동안 처음부터 끝까지 배운 과목이 모두 6, 7개 밖에 되지 않았다. 한어어음사는 이 소수 과목 중의 하나였다. 조용히 앉아서 공부할 수 있었기에 학생들은 모두 이 과목에서 많은 수확을 얻었다고 느꼈다. 조용한 학습 환경은 비록 잘 배우게 하는 필수조건이기는 하지만, 한 과목을 잘 배우는 데 중요한 조건은 바로 선생님의 강의다. 당 선생님의 한어어음사에 대한 깊은 견해와 간단명료한 설명은 우리가 수확을 얻을 수 있었던 근본 원인이었다. 한어어음사는 전문성이 매우 강한 과목으로, 부호가 많고 전문용어도 많아 쉽게 지루함을 느끼게 한다. 그러나 당 선생님은 심오한 내용을 알기 쉽게 풀어주어 강한 매력을 느끼게 하며, 청자를 한어어음발전의 역사 및 그 규율의 기묘한 경지로 이끌어 들였다. 한어어음사는 학생들에게 가장 인기 있는 과목이 되었다. 학생들은 종종 수업 종료 종이 울려도 밥을 먹으러 갈 생각도 잊은 채 서로 진지하게 수업시간에 제기된 문제를 토론하거나 당 선생님을 둘러싸고 질문하곤 하였다. 지금 돌이켜 보면, 많은 학우들은 말한다. 한어사 이 과목이 우리에게 미친 영향은 평생 잊을 수 없다고… 우리의 많은 사람들이 고대 한어와 한어사에 흥미를 갖고 전문 연구자의 길을 간 것도 당 선생님의 수업이 우리에게 주신 교육과 매우 큰 관계가 있었다. 나의 동기동창인 왕영王鍈은 후에 한어사 연구의 저명한 전문가가 되었다. 그는 자신이 어떻게 성취할 수 있었던가에 대해 소개할 때 "당 선생님의 수업은 우리에게 단단한 기초를 닦을 수 있게 했고, 많은 지식은 지금도 매우 쓰임이 많아, 그야말로 평생 끊임없이 이로움을 얻고 있다." 고 말한 바 있어, 우리 모두의 마음을 대표하였다.

우리 학번뿐만 아니라 다른 학번도 마찬가지이다. 이렇게 해를 거듭하며, 당 선생님은 여전히 변함없이 교육에 몰두하셨고 수많은 인재를 길러내셨다. 수업 때마다 선생님은 항상 자신의 연구성과와 학술계의 최신 연구성과를 강의내용에 넣으셨고, 동시에 위 학번의 교육 경험을 총결지어, 강의를 더욱 간단명료하게 하여 젊은 학생이 더 쉽게 받아들이게 하셨다. 그래서 당 선생님이 가르치시는 한어어음사는 강의내용이 끊임없이 충실하게 심화되었으며, 수준도 지속하여 높아졌다. 지금 우리가 보는 이『한어어음사교정漢語語音史敎程』은 바로 선생님의 수십 년간의 교육과 연구의 결정結晶이며, 높은 수준의 대학 교재다.

당 선생님의 저서『음운학교정音韻學敎程』은 이미 출판되었고, 훌륭한 교재로 평가받고 있다.『한어어음사교정漢語語音史敎程』도 출판되면 학술계에서 반드시 높은 평가를 받을 것이다. 이 두『敎程』의 격은 비슷하다. 책이 두껍지 않고, 내용이 깔끔하며, 일정한 비중과 심도가 있다. 특히 저자는 박학博學과 비범非凡을 드러내지 않고, 있는 그대로 문제를 명백하게 설명하여, 이전의 지루하고 복잡한 어려운 내용을 독자가 쉽게 받아들이게 하였다. 이는 우리가 학창시절에 느꼈던 당 선생님의 교육 방식이기도 하다. 글이 그 사람을 나타내듯, 당 선생님의 인품 역시 이와 같아서, 고아하고 해박하며, 소박하고 겸손하다. 우리는 선생님의 학문을 흠모하며, 선생님의 인품은 더욱이 우리가 본받아야 하는 것이다.

당 선생님의 오랜 학생으로서, 선생님의『한어어음사교정漢語語音史敎程』이 책의 출판을 앞둔 시기에 옛일이 생각나, 글로 적어 선생님의 가르침에 대해 감사의 뜻을 표해 드리고자 한다. 위에 언급한 내용들은 나 한 사람의 느낌이 아니라, 선생님의 가르침을 받은 학생이라면 분명 모두 공동으로 느끼는 것이리라 생각한다.

2009년 4월
장소우蔣紹愚

왕력王力 선생님의 『한어사고漢語史稿』 제2장 "어음의 발전"(1957년)은 중국
의 첫 한어어음사漢語語音史이다. 동동화董同龢 선생님은 1950년대에 대만대학
에서 『중국음운학中國音韻學』을 교수하시면서 처음에 『중국어음사中國語音史』
(1954)를 출판하셨으나, 후에 다시 서명을 『한어음운학漢語音韻學』(1966)으로
바꾸셨다. "문화대혁명" 이후, 왕력 선생님이 『한어사고』를 수정하여 『한어어
음사』(1985) 출판하신 즈음에, 중국에서는 소영분邵榮芬 선생님의 『한어어음사
강화漢語語音史講話』(1979), 방효악方孝岳 선생님의 『한어어음사개요漢語語音史概
要』(1980), 사존직史存直 선생님의 『한어어음사강요漢語語音史綱要』(1983), 황전
성黃典誠 선생님의 『한어어음사漢語語音史』(1993), 향희向熹 선배님의 『간명한
어사簡明漢語史』상편 "한어어음사"(1993)와 주조양周祖庠 교수의 『신저한어어음
사新著漢語語音史』(2006) 등이 출판되었다. 그리고 일부 대학교 선생님들이 다
년 간 한어어음사를 교수하면서 정리한 강의록도 있으나, 아직 출판되지 않았
거나, 혹은 이미 출판된 것을 필자가 아직 읽어보지 못하였다.

필자는 1954년 가을, 중산대학中山大學 언어학과가 북경대학北京大學 중문과
에 합병된 후, 학습과 연구의 전공 방향이 언어학이론에서 한어사와 음운학으
로 전향되었다. 명의상으로는 왕력 선생님의 조교를 하면서 "한어사" 수업을
도와드렸으나, 사실상 내 자신도 이 과목을 막 접하기 시작한 것이어서, 51학
번 학생들과 함께 수강하고 공부하였으니, 어찌 감히 학생들의 문제를 다룰
수 있었겠는가! 다만 그해 학기말, 즉 1955년 7월 상순에 왕 선생님을 도와
일부 시험문제(후에 복습요강으로 『한어사고』의 부록에 넣어짐)를 만들고, 구
술시험 때 학생들의 제비뽑기를 돕고, 매 사람이 반시간 동안 준비하는 것을
감독한 후, 그들이 차례로 다른 방에 가서 선생님의 질문에 답변하게 하였다.
준비한 답변을 마치면, 선생님은 그 문제에 대해 혹은 조금 더 깊이 있는 문제

를 질문하시고 최종으로 점수를 주셨는데, 최고 점수는 5점이었다. 두 번째 학년도(1955~1956)에 선생님께서 52학번의 학생들에게 "한어사"를 강의하실 때, 나는 학습지도를 하기 시작하였다. 주로 음운학의 기초지식과 관련된 문제를 풀어나가는 것이었다. 1956~1957학년도에 53학번과 54학번이 합반하여 "한어사"를 수업할 때, 선생님께서는 대강의를 맡으셨고 나는 소규모별 학습지도를 하였다. 1957~1958학년도에 선생님께서 55학번에게 "한어사"를 강의하실 때는 내게 학습지도를 맡기시는 것 외에, 어음사 중의 한 절節을 강단에 올라 강의해보게 하셨다. 나는 비록 수업 전에 오랫동안 충분한 준비를 하였고, 선생님께서 직접 강의안을 봐주셨지만 여전히 매우 긴장하였다. 특히 강단에서 선생님이 교실 뒤 줄에 앉아 계신 걸 보게 되거나, 틀리게 강의한 부분을 지적하실 때는 더욱 어쩔 바를 몰랐고, 머리가 얼떨떨해지기도 하여 그냥 머리를 숙이고 강의안대로 읽으며, 간신히 수업 종료 종이 울릴 때까지 버텼다. 1958년 여름, 중문과도 교학개혁운동을 시작하였다. 우리 한어교학 연구실은 중점적으로 "고대한어" 수업을 개혁하게 되었다. 왕력 선생님은 문선文選·통론通論·상용어휘 세 부분을 결합하는 새로운 방안을 제시하셨다. 그 후, 선생님은 "고대한어"의 교학과 교재 집필에 전념하시고, 주로 하시던 "한어사" 강의를 주조모周祖謨 선생님께 넘기시고, 나와 막 석사를 마치고 모교에 남게 된 곽석량郭錫良 형에게 협조하도록 하셨다. 주 선생님은 56학번 학생에게 "한어사"를 강의하셨는데, 단지 "서론"만 하시고는 병이 나시어, 내가 계속해서 "어음의 발전"을 강의하게 하셨다. 그러나 나 역시 강의를 두 세 번 밖에 못한 채 학생들이 "휴교"를 하게 되었고, 스스로 연구하고 책을 편집하는 운동이 일어나게 되었다. 기억으로는, 당시 55학번 문학반이 "홍색중국문학사紅色中國文學史"를, 언어반은 "한어성어소사전漢語成語小詞典"을 편집하였다. 그리고 56학번 언어반 학생들은 새로운 "한어사"를 편집하기로 결정하고, 나와 곽석량 선생님을 그들의 토론에 참가하도록 요청하였다. 그들은 1960년에 드디어 "한어발전사"를 완성하였다. 그러나 내부에서만 상권이 인쇄되고, 공개적으로 출판되지 못하였다.

1960년 이후, 곽석량 형은 중앙선전부 고등교육 문과 교재편찬심의조에 이

동되어 비서직을 맡아, 왕력 선생님의『고대한어』교재 집필을 도와 드리게 되었다. 그 후, 57·58·59학번의 "한어사" 수업은 모두 내가 맡았다. 1961년에 58학번 학생들에게 "한어사"를 개설했을 때, 석량 형은 여러 번 시간을 내어 "어법사"를 강의해 주셨다. 60·61·62 세 학번은 내가 "음운학"을, 60학번의 "한어사"는 석량 형이 강의하셨다. 1964년 가을, 학과의 모든 교수와 3학년 학생들은 호북湖北 강릉江陵으로 "사청四淸(1963~1966년에 대부분의 농촌과 일부 도시 공장·기업·학교 등에서 전개된 사회주의 성격의 청정치·청경제·청사상·청조직 교육운동)"에 참가하도록 이양되었다. 나의 짐이 이미 차에 실려졌는데, 향경결向景潔 전임 학과 부주임이 나를 막았다. 그는 내가 남아서 약 10여 명의 외국인 유학생에게 "한어사"를 강의하게 하였다. 그래서 나의 지방으로의 이관은 미루어지고, 1965년 가을 조양구朝陽區 소홍문공사小紅門公社의 용조수대대龍爪樹大隊에 배치되어 사청에 참가하였다. 1966년 초여름, 역사상 전례 없는 "문화대혁명"이 일어났다. 우리는 급히 학교로 옮겨져 장렬한 "혁명운동"에 참가하였고, 모든 연구와 교학 활동은 강제로 정지되었다. 1972년 가을에 이르러 한어 전공에 처음으로 공농병工農兵 학생을 모집하는 것이 허가되었고, 차츰 일부 전공의 교학 활동이 회복되었다. 그 후 또 73학번 학생을 모집하였는데, 특히 1974년 봄에 "비림비공批林批孔 : 임표林彪와 공자의 사상을 비판" 운동이 일어나자 우리는 동쪽 교외의 공장에 이양되었고, 공농병이 비판을 크게 벌리도록 돕기 위해 교수·학생·노동자 대원이 협력하여『고한어상용자자전古漢語常用字字典』을 편찬하였다. 초고를 작성하기 시작할 때, 우리 고대한어 교학연구실의 선생님들은 학생들을 위해 고한어 문자·음운·훈고 지식을 교수하였다. 그러나 한어 전공의 체계적인 과정을 전면적으로 회복한 것은 1977년 대학입시가 회복되고 78학번 한어 전공 학생을 모집한 이후이다. 나는 2학년의 "음운학"을 맡는 것 외에, 여전히 석량 형과 함께 "한어사"를 개설하였다. 일반적으로는 내가 1학기의 "서론"과 "어음발전사"를 책임지고, 석량 형이 2학기의 "어법발전사"와 "어휘발전사"를 강의하였다. 때로 어느 한 쪽이 다른 임무를 갖게 되면, 한 사람이 전부 강의하였다. 우리의 협력은 줄곧 1990년대 초까지 이어졌고, 그 후에는 점차 젊은 교수들에게 교학을 넘기게 되었다.

우리는 1960년대에 왕력 선생님의 『한어사고』를 기초로 "한어사강의漢語史講義"를 편집하고, "문화대혁명" 전에 수차례 등사하여 57~61학번 학생들에게 배부하였다. 80년대 이후로는 『한어사고』로만 교재로 삼고, 일부 우리가 편집한 참고 자료를 따로 배부하였다. 연습지練習紙도 각자 새로 초안 작성하였다. 나는 어음사 부분을 강의하였는데, 57학번부터 시작하여 90년대 초 마지막으로 89학번과 90학번 합반까지 강의한 것을 대충 통계해보면 15차례 이상(교내외의 일부 연구토론반 혹은 조교반을 위한 강의 포함)의 강의를 맡았다. 나는 매번 강의를 시작할 때마다 크고 작은 수정과 보충을 하였다. 나의 강의안은 처음에는 32절 노트에 적다가, 후에는 원고지에 옮기고, 원고지의 위아래 공간에 더 이상 보충할 자리가 없어 다시 새로운 원고지에 옮겨 쓰곤 하였다. 이것도 90년대 초기의 직접 쓴 원고이고, 그냥 둔지가 십여 년이 지났다. 2006년 여름 호남湖南 형양衡陽에 돌아가 화화和華(나의 아내)의 옛 동료와 형산衡山에서 피서하며 쉬기로 약속하였다. 5, 6쌍의 노부부는 반산정半山亭 초등학교 근처의 계곡 옆에 지어진 3층 건물의 새 농가에 머물렀다. 주인은 바로 은퇴한 광郞 교장이었다. 옛 친구들은 모두 마작麻雀놀이를 즐겨하였으나, 나는 흥취가 없어 가져간 노트북으로 「상고한어유오성설上古漢語有五聲說」을 완성한 후, 나의 "한어어음사강의漢語語音史講義"를 정리하기 시작하였다. 산 위에는 참고할 만한 책이 없었기에, 거의 원래 원고지에 쓰여진 문자를 컴퓨터에 입력하는 것이었다. 쉬엄쉬엄, 앞뒤로 거의 2년 반의 시간이 걸려 드디어 2009년 음력명절 전에 원고를 완성하였다. 참고서적은 주로 왕력 선생님의 《한어사고》(上冊)과 『한어어음사』이고, 일부 기타 선생님들의 논저도 있다. 그래서 매 절 뒤에 일부 참고문헌을 보충하였다. 그리고 원래의 4개 연습을 7개로 추가하였다. 이것은 나의 수업 강의안으로, 나의 음운학 강의와 마찬가지이기에 『한어어음사교정漢語語音史教程』이라 이름 하였다.

나는 장소우蔣紹愚 교수께 목차와 일부 원고의 검열을 부탁하였다. 장 교수는 매우 성실히도 일부러 그와 함께 수업을 들었던 같은 반 친구를 찾아가 옛날에 내가 그들에게 강의하던 때의 상황을 떠올렸다. 그것은 그때 처음으로 내 스스로가 "漢語史"를 체계적으로 강의한 것이었기 때문이었다. 또한 시험적으로 강의한 것이기에 자신이 없었다. 학생들의 지지로 가르치고 배우면서 상호 발전하며, 나는 훈련되고 경험을 얻었다. 나는 57학번과 이후 각 학번의 학생들에게 감사한다. 그리고 소우 교수의 "서문"은 나에게 많은 격려를 준 동시에 부끄러움도 느끼게 하였다.

끝으로, 우리의 스승이신 왕력 선생님을 떠올린다. "음수사원飮水思源"이라 하여 물을 마실 때 물의 근원지를(우물을 판 사람을) 생각하라 했듯이, 왕력 선생님의 가르침이 없고, 선생님의 『한어사고』가 없었다면, 이 『한어어음사교정漢語語音史教程』도 있을 수 없다.

내년 5월 3일이 왕력 선생님의 25주년 기일忌日이다. 삼가 이 작은 책자로 나의 존경하는 은사님을 기념하는 바이다.

2010년 10월 8일
북경北京 해정구海淀區 남기영藍旗營 소구小區에서
당작번唐作藩

어느새 20년의 긴 시간이 흘렀다. 북경대학 개교 100주년이 되는 그 해에, 나는 그간 충분히 집중하지 못한 연구의 재충전과 오랜 과제로 남겨 놓은 중국방언과의 상관성을 연구하기 위해 연구교수로 북경대학에서 보내게 되었다. 정원靜園의 넓다란 풀밭 동편에 담쟁이 넝쿨로 치장된 울타리 너머로 아늑하게 자리한 '중국언어문학과中國語言文學系'는 그 대문부터 현대식 건물 가운데에 그야말로 느닷없이 나타난 산중의 고옥古屋을 방불케 하여 퍽 인상적이었다. 그 곳에서 처음 만나 뵙기로 한 소탈하신 모습의 당작번唐作藩 선생님은 그 때 이미 고희古稀를 넘기셨고, 남색의 중국식 상의 마고자를 입으신 모습은 너무도 정정하고 단정하셨다. 대만에 나의 은사님들과 거의 같은 연배로, 그간 서로 교분을 갖고 계신 당작번 선생님과의 인연은 이때부터였다.

우리의 학부 과정에서 중국어음학 과목을 개설하는 일은 극히 드물다. 지금도 거의 그러하지만, 나의 대학시절 역시 그러해서, 대만에서 석·박사 과정을 거치면서 생소한 영역의 내용을 이해하고 흥미를 갖게 되기까지 무척 힘든 수업을 받아야 했다. 다양한 연구결과를 탐독하고 익히는 것 역시, 학부수업을 거친 중국학생들보다 훨씬 많은 시간이 필요했다. 자료정리와 분석과 검증을 위해 또한 많은 노력과 인내심과 끈기가 필요한 분야이기도 했다. 그러나 모든 분야가 그렇듯이, 시간이 갈수록 나 역시 여기에 그 나름의 매력이 있음을, 그리고 힘 기울인 것만큼은 그 안에서 무언가 잡을 수 있는 매우 솔직한 학문임을 느끼고 심취할 수 있었으니, 생각해보면 실로 대견한 일이었다.

나는 적어도 내가 알고 있는 이 방면의 연로한 중국학자들의 연구정신을 존경하고 흠모한다. 그들은 문제의 해결에 더욱 숙련된 지력으로 집중하는 것은 물론이지만, 특히 연배를 의식하지 않고, 후학들과 함께 어울려 진지한 토론을 벌리는 장면에는 권위의식이 없다. 학문 발전의 원기가 물씬 풍겨나는 것 같다는 생각을 하곤 하였다. 당작번 선생님은 바로 그 한가운데에서 늘 그러한 모습으로 모범을 보여주시는 그런 분이셨다. 선생님은 매번 나의 연구에도 관심과 격려를 아끼지 않으셨고, 그간 내가 중국에서 연구활동을 하는 데 큰 의지가 되었다. 그래서 내가 『李朝朝漢對音研究』(북경대학출판사, 2002)를 출간할 때, 은사님이신 국립대만사범대학 국문연구소 이선李鎏 선생님과 당작번 선생님의 서문을 나란히 신는 기쁨을 갖기도 하였다.

그러나 나는 아쉽게도 당작번 선생님의 강의를 들어본 적이 없다. 북경대학에 있는 동안에 비로소 교수님의 책을 읽게 되었다. 그 중 『漢語音韻常識』(中華書局, 1982)·『音韻學教程』(북경대학출판사, 1997)은 단계에 따라 필요한 부분들이 이해하기 쉽게 설명되어, 이 과목에 낯선 우리 학생들이 읽고 학습하기에 적합하다 생각되었다. 돌아온 후 나는 대학원 '한어음운연구漢語音韻研究' 과목의 강의 참고교재로 사용하기도 하였다. 한참 후에, 팔순을 넘기신 선생님께서 그간 닦으신 학문을 정리하여 심혈을 기울여 집필하신 『漢語語音史教程』(북경대학출판사, 2011)은 선별하여 학생들에게 과제로 내고 토론하게 하였다. 그 책이 바로 이 번역본 『한어어음사漢語語音史』의 원본으로, 이는 유사한 서명의 다른 책들과는 구별되는 이 책만의 장점이 있었다. 그것은 역사적 사실로 규명된 어떤 어음의 변화나 연구결과들을 단순히 정리하여 엮은 것이 아니라, 중요 이론을 상세히 규명하고 평가하는 연구방법이 아울러 상당부분 포함되어, 연구자로서 배워야 할 점이 매우 많다는 것이다. 내가 이 책을 번역하게 된 것도 바로 이 때문이었다.

한어어음사 영역에서 나는 근대어음을 전공으로 하였다. 근대한어어음사 연구에서도 왕력王力 선생님의 연구결과는 매우 치밀하고 체계적이다. 그야말로 빈틈을 찾기 어려울 정도로 두루 섭렵하여 정리되었다. 나는 근대 각 시기 대표적 한중韓中 운서의 자음字音을 파악하여 양자에 나타나는 근대어음의 변화를 확인할 때, 『한어사고漢語史稿』 등 왕력 선생님의 연구를 가장 많이 참고하였다. 내가 한참 한어어음(사)에 대해 배워나갈 때 가장 많은 것을 일깨워 준 서면 상의 스승이기도 했다. 왕력 선생님의 학술 업적을 어학연구의 선두로 삼는 북경대학 중국언어문학과는 선생님의 탄신 100주년을 위한 기념행사를 대대적으로 개최하였다. 나는 지금도 그 때의 학술회의에서 논문을 발표하고, 『紀念王力先生百年誕辰學術論文集』(商務印書館, 2002)에 논문을 등재하게 됨은, 그런 점에서 나에게 뜻깊은 일이었다는 생각을 한다.

당작번 선생님은 바로 왕력 선생님의 아끼는 제자이셨으니, 이 책의 출판은 그 후학으로서 두 분을 존경하는 나에게도 큰 의미가 있다 하겠다. 이 책의 번역은 나의 정년퇴임을 즈음해서 완성할 예정이었으나, 나의 건강이 미진하여 시간이 지체되었다가, 정년 이후 작업의 결실로 건재함을 느끼게 되니 기쁜 일이다. 그간 이 책을 펴기까지 내 최대의 지지자로 늘 사랑과 격려로 힘이 되어 준 최익만 교수와 예쁜 두 딸 유진-은진에게 감사한 마음을 전하며, 그 기쁨을 함께 나누고자 한다. 그리고 오랜 동안 나의 연구에 지대한 관심과 지지로 연구의 즐거움을 안겨 준 북경대학 장위毅張渭毅 교수와 향쿠이香眭 연구원에게도 감사함을 표한다. 또한 극히 제한적인 독자에 상관없이, 이 책의 출판에 쾌히 응해주신 도서출판 학고방 하운근 사장님의 학문발전을 위한 지원에 깊이 감사드리며, 편집을 비롯하여 출판에 수고하신 명 팀장님과 여러분께도 감사한다.

이 책은 원본 『漢語語音史教程』의 제2판 수정본(2017)을 번역한 것이며, 북경대학출판사의 번역지원 및 도서출판 학고방과의 출판계약으로 이루어졌다. 중국 측의 배려와 지원에 감사하며, 이에 적극 협조해주신 학고방에도 재삼 감사드린다. 이 책의 많은 한자어에 일일이 한자 혹은 한글 독음을 명기함은 학습자의 편리를 위한 것임을 아울러 밝힌다. 2017년은 당작번 선생님께서 어느덧 구순九旬을 맞이하신 해다. 그 기념으로 이 책을 봉정奉呈하여, 그간 베풀어주신 따뜻한 관심과 격려에 감사한 마음을 담아 보답하고자 한다. 오래도록 건강하시고 행복하시기를 삼가 기원하는 바이다.

2018년 2월
역자 채영순蔡瑛純

제 **1** 장
# 서론

## ① 한어어음사의 대상과 임무

한어어음사는 한어사의 일부분에 속한다. 인류의 모든 언어는 모두 어음·어휘·어법의 세 부분을 포함한다. 한어도 예외가 아니다. 그러나 언어는 하나의 완비된 총체로, 부호체계·교제도구·정보의 실체가 되어, 이런 언어를 사용하는 민족이나 사람들에게 총체적인 역할을 발휘한다. 언어는 사용하는 과정에서 지속적으로 변화 발전하여 스스로의 역사를 형성한다.

한어는 유구한 역사를 지닌다. 고고학에서 발견된 다량의 자료에 근거하면, 우리는 100만여 년 전 중국이라는 땅에 이미 인류가 살고 있었다는 것을 알 수 있다. 1965년에 운남雲南 원모현元謀縣에서 두 개의 고인류 치아 화석이 발견되면서, 고고학자들은 이를 직립인直立人 원모아종元謀亞種으로 판단하여, 속칭 "원모인元謀人"이라고 하는데, 지금으로부터 170만 년 전에 살았던 갱신세조기更新世早期에 속하며, 중국 대륙에서 생활한 최초의 주민일 것으로 추정하고 있다. 일찍이 1921~1929년 사이에 북경시 방산구房山區 주구점周口店 용골산龍骨山 동굴에서 발견된 "북경

원인北京猿人"은 지금으로부터 약 50~60만 년 전인 갱신세중기更新世中期에 속한다. 연구에 의하면, "북경원인"의 대뇌 발달 정도는 그들이 이미 언어가 있고 노동에도 분업이 있었으며, 아울러 그들에게는 현대 몽골인의 특징이 있어, 몽고인종의 선조이며, 중국인은 그 직계 후예라고 설명한다. 이 외에 중국의 북방과 남방에서 발견된 "남전인藍田人"(섬서(陝西), 150만~65만 년 전)·"마패인馬壩人"(광동, 20만 년 전)·"하투인河套人"(내몽고)·"장양인長陽人"(호북)·"정촌인丁村人"(산서, 이상 10~15만 년 전)·"허가요인許家窯人"(산서)·"류강인柳江人"(광서)·"산정동인山頂洞人"(북경 방산(房山))·"좌진인左鎭人"(대만)·"자양인資陽人"(사천)과 "신동인新洞人"(북경 주구점(周口店)) (이상은 약 1만 년~10만 년 전) 등이 있다. 그리고 황하 유역의 "배이강裴李崗"(하남 신정(新鄭))·"자산磁山"(하북 무안(武安))·"대문구大汶口"(산동)·"용산龍山"(산동 역성(歷城))·"앙소仰韶"(하남 민지(澠池))·"반파半坡"(섬서) 등 지역에서 발견된 신석기시대 중후기 문화는 지금으로부터 6, 7천 년 전의 것이다. 남방에도 상당한 "하모도문화河姆渡文化"(절강 여요(餘姚))가 있다. 이런 것들은 모두 화하華夏—한족漢族을 위주로 하는 중화민족의 선조가 이미 먼 옛날부터 이 땅에서 살아왔다는 것을 나타낸다. 따라서 비록 "한어漢語"라는 명칭의 기원은 비교적 늦지만, 한어도 당연히 오래전부터 존재했을 것이다. 당란唐蘭 선생은 20세기 70년대 초, 산동의 대문구大汶口에서 출토된 도자기 위의 도형문자에 근거하여, 한자漢字는 6천 년 전에 이미 생겼다고 추정하였다. 그는 "중국은 6천여 년의 문명사가 있다"[1]고 주장한다. 이것은 일리가 있는 것으로, 문자의 형성은 비교적 늦다. 그러나 언어학의 각도에서 볼 때, 당란 선생이 참고로 한 대문구에서 출토된 도형문자는 몇 개 밖에 안 되어, 예를 들면, ₳(禾)·➤(斤)·⛏(戊)·⛏(炅)은 아직 어휘나 문장을 이루지 못한다. 이런 도형문자나 곡선 부호는 80년대 초 이후, 하남·섬서·감숙 등 지역에서도 발견되었으나, 단지 한 개의 글자일 뿐, 역시 어휘나 문장을 이루지 못한다.

진정으로 조기 한어의 모습을 반영한 자료는 19세기 말~20세기 초, 하남 안양安陽 은허殷墟에서 출토된 갑골문자甲骨文字로, 대략 기원전 16~11세기의 것이다. 은허의 갑골은 비교적 체계적이고 완전한 고문자다. 이미 출토된 10만 자가 넘는 귀갑龜甲·수골獸骨 자료에는 모두 3천여 개의 글자가 있다. 고고학자의 고증으로 비록 1천여 글자밖에 해독되지 않았지만, 갑골문은 3천여 년 전 한어의 기본 모습, 즉 은殷·상商 시대 한어의 기본 어휘와 어법 구조를 잘 반영하고 있다. 그러나 어음체계는 여전히 명확하지 않다. 갑골문에는 운문韻文 자료가 없기 때문이며, 형성자形聲字도 많지 않아 약 30%밖에 되지 않는다. 그리고 일부 통가자通假字도 있다. 어떤 학자는 이에 근거하여 "상대음계商代音系"를 연구하였다. 예로, 조성趙誠 선생은 "登從豆聲, 鳳從風聲 登은 豆의 소리를 따르고, 鳳은 風의 소리를 따른다" 등에 근거하여 상대商代의 음이 "淸濁不分청탁음을 구분하지 않는다"하다고 추측하고, "室從至聲, 洷從位聲 室은 至의 소리를 따르고, 洷는 位의 소리를 따른다" "錫作易, 位作立 錫을 易으로 하고, 位를 立으로 한다" 등에 근거하여 상대에는 "陰入不分음성운과 입성운이 구분되지 않는다"하다고 판단하였으며, 또한 "(刪)從冊 (刪)은 冊의 소리를 따른다" "丙用作匹 丙을 匹로 쓴다" 등에 근거하여 상대에는 "陰陽不分음성운과 양성운이 나뉘지 않는다"이라는 결론을 얻었다. 나아가서 상대의 음계는 입성운入聲韻이 없고 4성四聲의 구분이 없으며, 양성운陽聲韻은 단지 원음元音이 비화鼻化[2]한 것이라고 판단하였다. 이런 추측은 유력한 증거가 부족하여 믿기에 힘들다. 관섭초管燮初 선생과 곽석량郭錫良 선생은 비교적 신중하다. 그들은 갑골문의 형성자와 통가자별로 각각 비교적 믿을 만한 주대周代 음계의 구조 위에서 이미 알아낸 천여 개 갑골문자의 분포 특징을 연구하여 초보적으로 은·상 시대에 19개 성모와 29개의 운부가 있었다는 결론을 얻었다.[3] 이는 주대 음계, 즉 상고 음계와 큰 차이가 없어, 진일보 연구할 가치가 있다.

대학 한어전공의 전공기초과목인 "한어어음사교정漢語語音史敎程"은 주로 주대周代의 『시경詩經』음, 즉 상고음부터 강의한다. 이것은 이 시기의 『시경』이 반영하는 어음 상황이 비교적 믿을 만하기 때문이다. 『시경』음은 대략 기원전 11~기원전 6세기의 것으로, 동시에 기타 풍부한 운문자료와 다량의 형성자·이문異文 등을 응집할 수 있다. 전통적인 그리고 현대적인 관련 연구 성과도 비교적 많다.

『시경』시대부터 현대에 이르기까지 약 3천 년의 역사가 흘렀고, 한어어음체계도 이미 매우 커다란 변화가 일어났다. 이는 『시경』의 용운用韻과 형성자의 독음에서 분명히 알 수 있다. 예를 들면 『시경詩經·왕풍王風·군자우역君子于役』편에 이런 구절이 있다.

> 子于役, 不知其期。至哉? 鷄栖于塒。之夕矣, 羊牛下來。子于役, 如之何勿思! 우리 님은 부역에 나가고, 돌아올 날 기약이 없네. 언제나 돌아오시려나? 닭은 횃대에 오르고, 날은 저물어 양과 소까지 돌아왔는데, 우리 님은 부역에 나갔으니, 내 어이 그립지 않으리!

운각韻脚 "期·哉·塒·來·思"는 현대 독음의 운모와 다를 뿐만 아니라, 『광운廣韻』에서도 다른 운韻에 속한다. "期·塒·思"는 지운之韻에 속하고 "哉·來"는 해운咍韻에 속한다. 그러면 이 시에서 서로 압운押韻이 된다면, 『시경』 시대에 이들의 독음이 비슷하고, 그 주요 모음과 운미韻尾가 같아 모두 동일한 운부韻部(之部)에 속했다는 것을 설명한다.

또 예를 들면, 형성자 "江"은 工의 소리를 따르고, "義"는 我의 소리를, "暉"는 軍의 소리를, "風"은 凡의 소리를, "代"는 戈의 소리를, "路"는 各의 소리를, "割"은 害의 소리를 따른다고 하였다. 현대 한자의 독음으로 보면, 형성자와 그의 성부聲符는 거리가 멀지만, 해성시대諧聲時代 즉 조자造字 시대에는 이런 글자 서로 간의 성모·운모가 분명히 같거나 비슷했을 것이다.

한어 어음이 3천 년이 흐르는 동안 어떤 변화가 일어났는지, 어떤 발전의 길을 거쳤는지, 새로운 독음은 어떻게 형성되었는지, 고대의 혹은 옛 독음은 어떻게 변천되고 사라졌는지, 현대 한어의 어음체계는 또한 어떻게 형성되었는지를 이해하려면, 반드시 한어 어음의 전반적인 역사 발전 과정에 대해 연구해야 한다. "한어어음사"의 대상과 임무는 바로 3천 년에 이르는 한어 어음의 시대별 발전·변화 상황을 연구하고, 변천의 역사를 탐구하며, 그 발전 규율을 찾아내어, 현대 한어 어음체계의 역사적 근원을 밝히는 것이다.

역사의 연구는 매우 중요하다. 역사는 바로 경험이기 때문이다. 지나간 경험을 총결 짓고 역사 발전의 객관적 규율을 밝히는 것은 현실의 문제를 해결하고 처리하는 데 매우 커다란 계시를 주며, 미래의 발전을 예측하는 지도적 역할을 한다. 그래서 레닌은 사회과학 문제를 이해하고 문제를 처리하는 능력을 얻으려면 "가장 믿을 수 있고, 가장 필요하고, 가장 중요한 것이 바로 기본적인 역사적 연계連繫를 잊지 말아야 하는 것이다."[4]라고 하였다. 언어역사의 연구도 예외가 아니다. 한어어음사를 연구하는 실천적 의의意義는 다음과 같다.

1) 현대 한어의 어음체계를 더 깊이 있게 이해하고, 구조적 규율을 더 철저하게 인식하여, 현재의 어문 건설(주로 한어규범화를 잘 해나가는 것)을 더 훌륭히 추진함으로써, 어문 교육 수준을 향상시킬 수 있다.

2) 현대 한어의 방언(세계 각지 화인華人, 중국인의 방언을 포함)을 조사 연구하고, 방언과 보통화普通話 간의 대응관계를 찾아내어, 더 효과적으로 보통화를 보급한다. 한어방언사의 연구도 한어어음사 연구의 일부분이다.

3) 훈고학訓詁學와 문자학을 이해하여, 고대 한어 수준과 고서古書 독해 능력을 높임으로써, 중화민족의 풍부하고 우수한 전통문화 유산을 계승·발전시킬 수 있다.

4) 한장계漢藏系 언어의 비교 연구에 도움을 준다. 한어와 한장어계 기타 언어와의 관계는 인도유럽어계 내부처럼 그렇게 긴밀하거나 뚜렷하지 않으며, 역사적 유래가 유구하므로, 고대 한어에 특히 역대 각 시대별 어음체계의 변화에 대해 반드시 전면적이고 심층적으로 연구해야만, 효과적인 비교를 통해 믿을 만한 결론을 얻을 수 있다. 나아가 일반 언어학 이론과 역사비교언어학 연구방법을 풍부하게 하고 개선해나갈 수 있다.

**주석**

[1] 唐蘭,「中國有六千年文明史」, 1978년 香港大公報에서 출판한 『大公報在香港復刊三十周年紀念文集』上冊에 실림.

[2] 趙誠,「商代音系探索」,『音韻學研究』제1집, 中華書局, 1984.

[3] 管燮初,「從甲骨文的諧聲字看殷商語言聲類」,『古文字研究』제21집, 中華書局, 2001 ; 郭錫良「殷商時代音系初探」,『北京大學學報』1988:6, 「西周金文音系初探」,『國學研究』第2권, 北京大學出版社, 1994.

[4] 『列寧全集』, 제29권 p.450, 人民出版社, 1956.


**주요 참고문헌**

王力,『漢語史稿』(上中下 合訂本) 제1장 "緒論", 中華書局, 2004 ;『王力文集』제9권, 山東教育出版社, 1988.

## ❷ 한어어음사의 근거

한자는 갑골문에서 현대의 간체자에 이르기까지 모두 병음문자拼音文字, 표음문자가 아니었고, 고대 한족漢族의 구어 실제 독음讀音은 기록이 없다. 따라서 한어 어음사를 연구하는 데 큰 어려움이 있다. 그러나 중국은 고대 문명국으로, 역대로 전해지는 극히 풍부하고 진귀한 문헌 자료가 보존되어 있어, 한어 어음사를 연구하는 데 중요한 근거가 된다. 요약하면 크게 다음의 내용을 지닌다.

### 1) 역대의 운문韻文

시사가부詩詞歌賦와 산문散文 중의 운어韻語를 포함한다. 후자는『노자老子』『장자莊子』및『순자荀子』의「부편賦篇」등이 있다. 일반적으로 역대의 운문 작가는 모두 자신의 구어口語에 근거하여 압운押韻하였다. 예를 들면, 선진先秦의『시경詩經』『초사楚辭』, 한대漢代의 부賦, 양한兩漢위진남북조魏晉南北朝의 악부樂府, 당대唐代의 시가詩歌(고풍古風과 율시律詩 포함), 송사宋詞, 원곡元曲 등의 용운用韻은 모두 비교적 구어에 가깝다. 송宋·원元 이후의 율시는 비록 비교적 보수적이며 전통적인 "평수운平水韻"을 따랐으나, 일부 시인들은 격률格律의 제한을 받지 않아, 그들의 작품 또한 실제 어음을 반영할 수 있었다. 예를 들면, 소식蘇軾의 시[1]이다.

### 2) 운서韻書와 운도韻圖

운서는 동한東漢 말년의 새로운 주음법注音法인 "반절反切"이 나타난 후에 등장하였다. 최초의 운서는 삼국시대 위魏나라 이등李登의『성류聲類』이고, 그 다음으로는 진晉나라 여정呂靜의『운집韻集』과 남북조의 "음운봉출音韻蜂出"이 있었지만 모두 소실되었다. 현재 보존된 가장 이른 운서는 수隋나라 육법언陸法言의『절운切韻』으로, 지금은 일부 당사본唐寫本의 잔권殘卷만 전해지고 있다. 당대唐代 손면孫愐의『당운唐韻』역시 마찬가지이며, 당대 왕인후王仁煦의『간류보결절운刊謬補缺切韻』은 비교적 완전하다. 송대宋代 진팽년陳彭年 등의『대송중수광운大宋重修廣韻』이 가장 완전하고, 가장 많이 전해지고 있다. 위의『절운』계열의 운서는 중고음을 연구하는 중요한 근거가 된다. 송대에는 또한 정도丁度·송기宋祁·정전鄭戩 등이 편집한『집운集韻』이 있는데, 수록된 글자가 전례 없이 많아,『광운廣韻』에 기록된 글자의 두 배로, 무려 5만여 자가 되며, 이독자異讀字도 가장 많다.『집운』의 분운分韻은 비록『광운』과 같은 206운韻이지만, 그 성운聲韻 체계는『절운』계 운서와는 다르다. 그 후로 금대金代 한도소韓道昭의『오음집운五音集韻』, 원대元代 황공소黃公紹·웅충충熊忠의『고금운회거요古今韻會舉要』, 주덕청周德清의『중원음운中原音韻』, 탁종지卓從之의『중주악부음운류편中州樂府音韻類編』및 주종문朱宗文이 수정 증보한『몽고자운蒙古字韻』(원작자 실명失名), 명대明代 악소봉樂韶鳳·송렴宋濂 등의『홍무정운洪武正韻』, 주권朱權의『경림아운瓊林雅韻』, 난무蘭茂의『운략이통韻略易通』, 필공진畢拱辰의『운략회통韻略匯通』, 청대清代 이여진李汝珍의『이씨음감李氏音鑑』, 그리고 웨이드 T.F.Wade, 威妥瑪의『어언자이집語言自邇集』, 모리슨 Robert Morrison의『오차운부五車韻府』등은 모두 일정한 정도의 범위에서 직접 혹은 간접적으로 당시의 실제 어음을 기록하였고, 한어 어음사를 연구하는 중요한 근거가 되고 있다.

운도韻圖는 당대唐代에 나타났고[2], 현재까지 보존된 비교적 이른 운도는 송본宋本 무명씨無名氏의『운경韻鏡』, 정초鄭樵의『7음략七音略』, 사마광司馬光(?)의『절운지장도切韻指掌圖』, 소옹邵雍의『황극경세·성음창화도皇極經世·聲音倡和圖』, 그리고 무명씨의『사성등자四聲等子』가 있다. 원대에는 유감劉鑑의『경사정음절운지남經史正音切韻指南』이 있고, 명대에는 상소량桑紹良의『청교잡저青郊雜著』, 서효徐孝의『중정사마온공등운도경重

訂司馬溫公等韻圖經』, 무명씨의 『운법직도韻法直圖』, 여곤呂坤의 『교태운交泰韻』 및 이탈리아인 트리고N.Trigault, 金尼閣의 『서유이목자西儒耳目資』 등이 있으며, 청대에는 번등봉樊騰鳳의 『오방원음五方元音』, 조소기趙紹箕의 『졸암운오拙菴韻悟』, 아마리제阿摩利諦의 『대장자모절운요법大藏字母切韻要法』(즉 『강희자전康熙字典』 권수卷首에 부록된 『字母切韻要法』), 유은裕恩의 『음운봉원音韻逢源』, 화장경華長卿의 『운뢰韻籟』 등이 있다. 그 중, 『운경』·『칠음약』은 주로 『절운切韻』 음계[3]를 분석한 것이며, 『절운지장도』 이하의 여러 운도는 근대 한어어음사를 연구하는 중요한 참고자료가 된다.

3) 형성자形聲字 및 고서적(출토 문헌 포함) 중의 성훈聲訓·통가通假·이문異文과 주음注音(반절反切·독약讀若·직음直音 등 포함). 이들은 주로 상고음上古音 연구의 근거가 된다. 명말明末·청초清初 이래로 많은 학자가 수집, 정리하고 운용하여 적지 않은 성과를 거두었다. 이는 제2장 1절에서 구체적으로 소개할 것이다.

4) 대음對音 자료

두 가지로 나눌 수 있다. 그 하나는 한어 문자 기록 혹은 음역音譯한 비非 한어 어휘이고, 다른 하나는 한어를 비 한어 문자로 병독拼讀하거나 기록한 어휘이다. 전자는 한말漢末 이래로 인도 불경을 번역한 한범대음漢梵對音을 예로 들 수 있고, 후자는 장한대음藏漢對音, 일한대음日漢對音(오음吳音·한음漢音·당음唐音·송음宋音을 포함), 한월음漢越音, 원몽元蒙 파스파문자八思巴文字로 한어대음漢語對音, 명대明代 조선언문朝鮮諺文 한어 대음, 명청 시기 로마 자모로 기록한 한자 독음 및 만한대음滿漢對音 등이 있다. 물론 이런 대음은 역사적·지리적 조건의 제약을 받는데, 특히 대음하는 두 민족 언어의 서로 다른 어음체계의 제약을 받게 되어 일정한 제한성이 있다. 그러나 사실이 증명하는 바와 같이, 대음 자료는 두 가지

언어의 관련된 음가音價를 아주 많이 반영할 수도 있다. 이는 특히 우리가 비非 병음 한자를 사용하던 고대의 독음과 해당 대음 시대의 한어 어음체계를 이해하고 연구하는 데 매우 큰 참고가치가 있다. 20세기 20년대 초부터 대음 자료의 연구와 활용은 점점 더 중시되고 있다.

### 5) 현대 한어 방언

방언은 역사 속에서 형성된 것으로, 고어古語의 살아 있는 화석이다. 한어 방언은 극히 풍부하고 복잡하다. 일반적으로 7개의 큰 지역으로 나뉘는데, 관화방언官話方言(북방관화·하강下江관화·서남관화를 포함)·오방언吳方言·민방언閩方言(민남어閩南語)·민북어閩北語를 포함)·상방언湘方言·감방언贛方言·객가방언客家方言·월방언粵方言이 있다. 현대 방음方音의 차이 및 방음 중의 문백이독文白異讀은 흔히 역대 어음의 특징 및 층차層次를 반영하는데, 즉 고대의 독음을 보존한 것이다. 예를 들면, 경순음輕脣音 "非敷奉"은 민방언에서 [f]로 발음하지 않고, [p]나 [h]로 발음한다. 이는 상고에 「경순음」이 없다는 것을 반영하는 것이다. 또한 민방언(예로 복주福州·하문廈門과 간방언(예로 강서江西·임천臨川에는 설상음舌上音 "知徹澄"을 여전히 "端透定"으로 읽는다. 이는 상고에 설상음이 없다는 것을 증명하는 것이다. 또 예를 들면, 송원宋元 이전 중고 한어에는 쌍순비음운미雙脣鼻音韻尾 [-m]("심心·담談·함咸" 등)과 폐쇄음운미塞音韻尾 [-p] [-t] [-k] ('十' '一' '六' 등)가 있었는데, 모두 월방언에서 증거를 찾아볼 수 있다.

### 6) 한장계漢藏系 언어

한어漢語는 한장어계漢藏語系, Sino-Tibetan 중에서 큰 비중을 차지하는 언어이며, 우즈베키스탄·키르기스스탄·카자흐스탄 경내의 동간어東干語는 한어 서북방언의 변형체로, 기타 티베트버마어족藏緬語族·몽몐어족苗

瑤語族(묘요어족)·캄타이어족侗台語族, 壯侗語族이 있다[4] 일부 학자들은 다른 의견을 보여, 몽멘어족과 캄타이어족은 한장어계에 속하지 않고, 오스트로-타이어계Austro-Thai, 澳泰語系에 속한다고 하거나, 남도어족南島語族도 한장어계에 속한다고 여기고 있다. 우리는 중국 언어학자의 보편적인 관점에 찬성한다. 한장어계에는 다음과 같은 공통된 특징이 있다. (1) 소수 언어와 방언 외에 모두 성조가 있다. (2) 음절을 성모·운모·성조 세 부분으로 분석할 수 있고, 조합에는 일정한 구조적 규율이 있다. (3) 운모를 또 운두韻頭·운복韻腹·운미韻尾로 나눌 수 있고, 운복(주요 모음元音)은 없어서는 안 되며, 운미의 자음輔音은 주로 비음鼻音 [-m]·[-n]·[-ŋ]과 폐쇄음塞音 [-p]·[-t]·[-k]·[-ʔ]이 있는데, 일반적으로 폐음閉音이다. (4) 어휘의 순서와 허사虛詞는 어법 의미를 나타내는 주요 수단으로, 실사實詞는 일반적으로 형태의 변화가 없다. 형용사와 동사의 성질이 비슷하고, 모두 중첩이 가능하며 이를 술어術語(謂語)라고 한다. (5) 풍부한 양사量詞가 있다. (6) 어소語素는 단음절을 위주로 하고, 네 음절 어휘가 발달되어 있다. (7) 어족語族 간에 어원이 같은 동원사同源詞가 많다. (8) 어음의 발전 추세는 간소화다. 예를 들면 복자음이 단자음으로, 전탁음全濁音이 청음清音으로, 폐쇄음 운미가 점차 합쳐지거나 탈락한다. 어휘의 변화 추세는 다음절사多音節詞, 특히 쌍음절사雙音節詞가 계속 많아지고 있다. 따라서 한장계 언어의 역사적 비교 연구 및 그 연구 성과는 한어어음사, 특히 상고음의 연구에 중요한 논거가 되며, 따라서 점점 더 중시되고 있다.

**주석**

[1] 唐作藩,「蘇軾詩韻考」,『王力先生紀念論文集』, 商務印書館, 1990 참조.

[2] 藩文國,『韻圖考』, 華東師範大學出版社, 1997 참조.

[3] 『切韻』의 음계를 분석한 것으로, 또 淸代 江永『四聲切韻表』와 陳澧『切韻考』가 있음.

[4] 羅常培·傅懋勣,『國內少數民族語言文字的槪況』, 中華書局, 1954; 李方桂,「中國的語言與方言」, 梁敏 譯,『民族譯叢』1980:1 참조.


**주요 참고문헌**

王力,『漢語史稿』(重排本), 제1장「緖論」, 中華書局, 2004.

王力,『漢語語音史』,「導論」과 제1-3장, 商務印書館, 2008.

孫宏開·胡增益·黃行,『中國的語言』, 商務印書館, 2007.

**③ 한어어음사의 연구방법**

　한어어음사는 한어사漢語史의 일부분이고, 한어사는 역사학 과목에 속한다. 역사학 과목에는 공통된 연구방법이 있는데, 적어도 두 가지 공통점이 있다고 본다. 첫째, 역사 발전의 관점이 있어야 한다. 그 이유는 객관적 사물(언어 포함)은 모두 정지된 것이 아니라 끊임없이 발전하기 때문이다. 동시에, 각종 사물은 역사적 변천과정에서 서로 다른 배경과 성격과 규칙이 있으므로, 명확한 역사적 발전의 관점을 가지고 있어야 의식적으로 각 시기 사물의 형태적 표현을 고찰할 수 있고, 그래야 그 내부의 변천 규율을 발견하거나 밝힐 수 있다. 둘째, 충분한 자료가 있어야 한다. 모든 결론은 반드시 다량의 역사적 사실을 연구 분석한 기초 위에서 귀납해낸 것이어야 하며, 먼저 선입견이나 생각을 갖고 자료를 찾아 검증하는 것이 아니다. 동시에 1차 자료를 충분히 파악하고, 자료를 남용하지 않도록 주의해야 할 것을 강조한다. 또한 자료의 진위성 판단에 주의해야 하며, 역사 문헌이 반영하는 실제 시대를 잘 확인하여야 한다. 그런 다음, 자료의 주된 것과 부차적인 것, 일반적인 것과 특수한 것, 우연적인 것과 필연적인 것을 잘 구분하여, 관점과 자료의 관계를 정확하게 처리하며, 여러 가지 자료를 연관 지어 연구하고, 복잡한 자료 속에서 과학적인 결론을 분석하여 귀납해내어야 하는 것에 주의해야 한다.

　언어과학인 한어어음사는 또한 특별한 연구방법이 있다.『음운학교정音韻學教程』에서 소개한 어음구조분석법, 반절反切연계법, 수리數理통계법, 등운심음법等韻審音法, 역사비교법, 대음호증법對音互證法, 내부추정법內部擬測法 등은 한어어음사를 연구할 때 모두 유용하다. 그 중 연계법과 통계법은 반절反切의 연구에 사용될 뿐만 아니라, 운문韻文 운각韻脚의 귀납, 해성諧聲 체계의 분석 및 성훈聲訓·이문異文·통가자通假字의 수집과 고증에도 사용된다. 역사비교법은 19세기 서유럽학자가 친속관계가 비교적 밀접한 인도유럽어계印歐語系를 연구할 때 제기한 것으로, 기타 어족 특히 친속관계가 비교적 약한 한장어계를 연구하는 데는 일정한 제한성이 있으나, 비교적 과학적인 방법이므로 어음사 연구에 자주 사용된다. 일부 학자는 역사비교법의 단점을 보완하기 위하여 "어휘확산이론"[1]을 제기하였는데, 이는 어음 변천의 예외적 현상 혹은 불균형성을 연구하는 데 역할을 한다. 이 외에 상고음을 구현할 때 내부추정법[2]도 사용된다. 이런 방법은 사실상 역사비교법의 범주에 속한다. 그리고 현대의 일부 음운학자는 『사성통해四聲通解』·『홍무정운洪武正韻』·『이씨음감李氏音鑑』 등 근대 음운문헌을 연구할 때, 그 중에는 종종 한 단계의 음계만 포함하는 것이 아니라는 것을 발견하고 박리법剝離法을 만들어내기도 하였다.

위의 여러 가지 연구방법을 아래 각 장 절의 내용에서 각 시기의 어음 체계 및 발전 변화를 토론할 때 다시 구체적으로 소개할 것이다.

**주석**

[1] 王士元, 「語言的演變」, 『語言學論叢』 제11집, 商務印書館, 1983.
[2] 葉蜚聲·徐通鏘, 「內部擬測法和漢語上古音系的研究」, 『語言研究』, 1981:1.

**주요 참고문헌**

徐通鏘, 『歷史語言學』, 商務印書館, 1991.
楊耐思, 「音韻學研究方法」, 『語文導報』, 1987:3-4.
耿振生, 『20世紀漢語音韻學方法論』, 北京大學出版社, 2004.

# ④ 한어어음사의 분기

역사과학에서 분기分期는 아주 중요한 문제이다. 분기의 목적과 역할은 역사 발전의 맥락을 더욱 분명하게 하고, 역사상의 모든 중요한 핵심이 더욱 두드러지고 명확하게 함으로써 역사를 배우는 사람이 더욱 깊이 있게 객관적인 역사의 면모를 이해하게 하기 위한 것이다. 한어어음사는 역사과학의 범주에 속한 것이므로, 한어어음사에서 분기 문제를 논하지 않을 수 없다.

역사의 분기는 극히 중요한 동시에 매우 어려운 것이다. 예를 들면, 중국통사中國通史의 분기에 관하여 많은 학자들이 여러 해 동안 중국 봉건사회가 언제부터 시작되었는가에 대한 문제를 연구하였으나, 지금까지도 일치된 의견을 얻지 못하고 있다.

분기란 객관적 사물의 발전 과정 중에 나타나는 단계성을 반영하는 것이다. 다시 말하면, 사물의 발전 단계성은 본래 객관적으로 존재하는 것이다. 객관적 사물의 발전이 단계성을 지닌다면 객관적 사물을 연구할 때는 반드시 시기를 나누어 진행해야 한다. 분기 문제가 정확히 해결되어야 객관적 사물의 발전 과정 및 변천 규율을 실재적으로 반영할 수 있다.

문제의 어려움은 우리가 흔히 전면적이고 깊이 있게 객관적 사물의 발전 과정 및 그 규율을 알지 못하고, 객관적 사물의 발전 단계성을 충분히 파악하지 못하는 데 있다. 이는 한어어음사 심지어 전체 한어 역사의 연구에서도 마찬가지이다. 그러나 우리는 한어사(한어어음사 포함)의 발전 과정 및 그 규율을 완전히 파악할 때를 기다려 한어사의 분기 문제를 논할 수는 없다. 이는 연구에 불리하다. 우리는 현존의 연구 성과에 근거하여 초보적으로 한어어음사, 즉 한어사 분기에 관한 의견을 제기할 것이다.

언어사의 분기를 연구하는 어려움에는 근거와 기준의 문제도 있다. 과거에는 여러 다른 주장이 있었는데, 현재 중국에서 가장 영향력이 있는 연구자는 두 사람이다. 한 사람은 왕력王力 선생인데, 그는 『한어사고漢語史稿』(상권)에서 어법을 언어사 분기의 주요 근거로 삼아야 한다고 제기하였다. 이에 대해 "어법 구조와 기본 어휘는 언어의 기초이며, 어법 구조는 기본 어휘의 변화보다 느리기 때문이다. 만약 어법 구조에 뚜렷한 변화가 일어났다면 언어에 질質이 변화되었다는 것을 증명한다. 어음과 어법은 밀접한 관계가 있고(서양 전통의 어법에서, 어법은 어음을 포함), 모두가 전체적인 하나의 체계이다. 따라서 어음의 변천 또한 분기의 기준으로 삼을 수 있다.[1]"고 하였다. 다른 한 사람은 여숙상呂叔湘 선생으로, 그는 문체文體의 변화를 한어사 분기의 기준으로 삼을 것을 주장한다. 그는 "진한秦漢 이전의 서면어와 구어의 차이는 아마 그다지 크지 않았을 것이다. 그러나 한위漢魏 이래로 점차 상당히 고정된 서면어, 즉 지금 말하는 '문언文言'이 형성되었다고 말한다. 비록 어떤 유형의 문장들 속에서 소량의 구어 성분이 나타났지만, 구어를 위주로 하는 '백화白話' 문장, 예를 들면 돈황敦煌 문헌과 선종어록禪宗語錄은 만당晚唐 오대五代 이후에야 시작되었고, 얼마 전에 이르러서야 비로소 '문언'의 서면書面 한어 자리를 대체하였다. 이러한 상황에 근거하여, 만당 오대를 경계로 한어의 역사를 고대 한어와 근대 한어 두 개의 큰 단계로 나누는 것은 비교적 합리적이다. 현대 한어는 근대 한어의 한 분기이므로, 고대·근대 한어와 함께 나란히 하나의 단계로 나눌 수 없다."고 하였다.[2]

우리는 문체의 변화를 한어사 분기의 기준으로 삼는 것에 동의하지 않는다. 왕력 선생이 지적한 바와 같이 "문체의 변화는 전 국민 언어의 변화와 동일하지 않다. 여기에서 언어의 성질이 옛것에서 새것으로의 과도기적 양상을 나타내지는 않는다.[3]"는 것이다. 우리는 또한 오로지 어법 구조를 어음사 분기의 유일한 기준으로 삼는 것에 동의하지 않는다. 언어는 하나의 온전한 총체로, 발전 과정에서 비록 어휘의 변화가 가장 빠르고 항상 변동하는 가운데 있지만, 그 기본 어휘는 비교적 안정적이라고 여긴다. 인도유럽어는 형태의 변화가 있고, 어음과 어법의 관계가 밀접하여 나누기 어렵다. 그러나 한어의 어음체계는 상대적으로 독립성이 있고, 변화 발전도 비교적 느리다. 따라서 언어의 분기를 연구할 때 반드시 언어 내부의 여러 요소, 즉 어음·어법·어휘 세 부분을 모두 고찰하여야 한다. 이 세 부분은 각자 체계성을 지니며, 또한 공동으로 언어라는 통일체를 이룬다. 이 세 부분의 발전은 비록 불균형적이며, 각자 성질이 새로운 요소의 형성과 낡은 요소의 소멸 문제가 있으나, 세 부분은 상호 연계되고, 상호 제약적이다. 어느 한 구성 부분의 체계에 변화가 생기면, 필연코 다른 두 구성 부분의 변화를 일으키며, 아울러 각 구성 부분의 옛 통일을 파괴하여 새로운 통일에 이르기도 한다. 따라서 한어사의 분기를 연구할 때, 그 중의 어느 한 구성 부분만 주목하고 다른 두 부분을 포기하거나, 그 중에서 주된 것과 부차적인 것을 나누어서는 안 되며, 세 부분을 마땅히 하나의 통일된 총체로 보아야 한다. 다시 말하면 반드시 어음·어법·어휘 세 부분을 결합하여 고찰하여야 하며, 세 부분의 변화가 개별적·국부적·양적 변화가 아닌, 체계적인 변화에 이르게 됨을 발견하였을 때 새로운 시기로 구분할 수 있다.

원칙과 기준은 정하였지만, 한어발전사에 구체적인 분기를 부여하려면 아직 많은 어려움이 있다. 왜냐하면 한어의 발전 변화는 비교적 복잡하며, 어떤 것이 체계적인 변화에 속하는가에 대해서도 견해가 다를 것이다. 또한 우리의 한어 역사에 대한 연구도 체계적·전면적이지 못하고, 그리고 심도 면에서 부족하다. 교학의 편의를 위해, 우리는 현재 한어 발전의 과정을 초보적으로 5대 시기로 나누었다.

1) 은상殷商 시대를 원고遠古 시기(기원전 20세기~기원전 12세기)로 한다. 이 시기의 한어는 비록 비교적 간략하였으나, 갑골문이 반영한 상황으로 보면 이미 완전히 원시 상태에서 벗어나 일정한 수준에까지 발전하였다.

어휘는 단음절單音節을 위주로 하였으나 이미 상당히 풍부하였고, 실사實 詞·허사虛詞가 모두 비교적 완비되었으며, 구체적인 개념을 표현하는 것 도 있고 추상적인 개념을 표현하는 것도 있었다. 어법 구조도 비교적 완 전하여, 각종 어휘와 문장성분과 문형도 기본적으로 갖추었다. 이런 것 은 모두 한어 발전에 초보적인 기초를 마련하였다. 그러나 문체의 제한 과 자료의 부족으로, 이 시기의 어음체계는 갑골문의 자료에서 전면적이 고 정확한 상황을 이해할 수 없다.

2) 주진周秦 양한兩漢을 상고上古 시기(기원전 11세기~기원 2세기)로 한다. 이 시기는 사회 생산력의 거대한 발전에 따라 한어도 급속한 변화가 일 어났다. 모든 한족인漢族人에게는 공통어共通語(선진先秦에는 '아언雅言', 한대漢代에는 '통어通語' 혹은 '범어凡語'로 칭함)가 있다. 이 시기에 한어 어휘는 극히 풍부했는데, 특히 선진제자先秦諸子에서 추상적인 개념을 표 시하는 어휘가 대량으로 나타났고, 어음체계도 비교적 복잡하였다. 어법 구조도 크게 개선되고 보완되어, 한어가 한층 더 발전하는 데 단단한 기 초를 마련하였다.

3) 위진남북조魏晋南北朝에서 수당隋唐을 중고中古 시기(기원 3세기~기원 9세기)로 한다. 위진남북조 시기에 중국 사회는 불안한 분열 상태에 처했 으며, 계급적 모순과 민족적 모순이 예리하고 전쟁이 빈번하여, 북방인들 이 대규모로 남쪽으로 이주하였다. 한족은 한편으로 나라 안의 형제 민 족들과 대거 융합하고, 다른 한편으로는 나라 밖의 일부 나라, 예로 인도 ·일본 같은 민족들과도 비교적 많은 문화 교류를 하였다. 이는 한어의 발전을 촉진하고 한어 내부의 변화를 가속화 하였다. 당대唐代는 중국 역 사상 통일된 번영기로서, 봉건적인 정치·경제·문화가 모두 크게 발전하 였고, 남북 각지 사람들의 왕래가 날로 빈번하여 외국과의 교류도 많아

졌는데, 이는 모두 한어의 발전에 영향을 미치게 되었다. 이 시기의 한어 어음체계는 거대한 변화가 일어나, 어의語義의 확장과 품사의 분류가 두드러지고, 많은 새로운 어휘(단음절·복음절 어휘 포함)들이 나타났다. 동시에 적지 않은 외래어를 흡수하고, 새로운 어두·어미와 어법 형식이 등장하였다. 여러 면의 변화는 모두 한어가 이미 새로운 역사적 단계에 들어섰음을 나타냈다.

4) 당말唐末에서 청대淸代까지를 근고近古 시기(기원 10세기~기원 19세기)로 한다. 일반적으로 "근대한어시기"라고 한다. 당말 오대五代 역시 사회가 다시 분열되는 국면에 처해, 한족은 중국 내 기타 민족과 또 한 차례의 새로운 대융합을 겪게 되었다. 송宋나라가 세워진 후, 중앙집권을 강화하여 상업 경제가 전례 없이 번성하고 문화도 급속하게 발전하였다. 그러나 북송과 남송은 줄곧 요遼·금金과 대치하였으므로, 북방의 한족은 또 한 차례 남쪽으로 이주하게 되었는데, 이는 한어의 발전에 지대한 영향을 미쳤다. 그 후, 원대元代 60여 년의 혼란스러운 국면을 거쳐, 명조明朝가 중국을 통일한 후, 농업 경제가 회복되고 수공업과 상업이 다시 새로운 발전을 갖게 되면서 자본주의가 싹트기 시작하였다. 청대에 이르러 한족과 중국 내 기타 민족이 다시 한 차례 대융합되고, 다른 한편으로 유럽의 자본주의가 침투하면서 서방문화도 전해들어오게 되었다. 이러한 사회적 배경 아래, 한어의 어음·어휘·어법은 다시 크게 발전하였고, "관화官話"가 출현하게 되었다. 여기에서 주목할 것은 요·금 이후, 원·명·청은 모두 수도를 북경으로 정하였고, 북경은 전국의 정치·문화에 중심이 되었으며, 북경어가 점차 민족 전체 공통어의 기초가 되었다는 것이다. 이 시기에 한족 공통어의 어음체계는 점차 간소화되었고, 쌍음절 어휘가 다량으로 나타났으며, 새로이 일어난 어법 현상이 한층 더 발전하여, 옛 어법 형태와 규율은 구어에서 점차 도태되었다. 한어의 발전이 새

로운 더 높은 단계로 진입하여, 현대 보통화普通話에 단단한 역사적 기반을 마련하였다.

5) 20세기에는 현대 한어이다. 이 시기는 청조 말기에서 중화민국을 거쳐 중화인민공화국까지의 시기로, 중국 사회가 장기적·폐쇄적 봉건제에서 반봉건半封建·반식민지半植民地로 변하고, 개방된 현대화로 나아가는 단계이다. 19세기 말에 현대 한어의 어음체계는 이미 형성되었다. 백여 년에 이르는 동안 새로운 어휘와 말이 끊임없이 나타나고, 많은 외래어(주로 유럽과 미국)를 흡수하였으며, 어법 구조도 아주 큰 변화가 일어났는데, 주로 문장구성의 복잡화와 다양화로 나타났다. 각 지역의 방언은 민족 공통어에 빠른 속도로 접근하였고, 특히 20세기 후반에는 전국 범위 내에서 보통화를 대대적으로 보급하고, 적극적으로 한어병음방안과 한어규범화 사업을 추진하였다. 이것은 한민족 공통 언어의 순수하고 건강한 발전에 중대한 의미를 지닌다.

이상은 우리의 한어사 분기에 대한 초보적인 의견으로, 대략적인 것이다. 더 세분화 한다면 상고·중고와 근고를 모두 각각 두 개의 단계로 나눌 수 있는데 아래의 관련 장절에서 다시 언급할 것이다.

마지막으로 강조할 것은, 언어의 발전은 새로운 성질을 가진 요소의 점진적 축적과 옛 요소의 점진적 소멸이라는 수단을 통하여 실현되며, 끊임없이 계속 이어진다는 것이다. 따라서 언어사의 분기도 항상 상대적인 것으로, 분기의 구체적인 년도를 확정하기 어렵다. 한어사의 분기 문제에 대해서도 이와 같은 관점으로 대해야 한다.

**주석**

[1] 王力,『漢語史稿』(上冊), 科學出版社, 1957년 제1판 p.34 ; 合訂本『漢語史稿』(개정판), 中華書局, 2004, p.40.

[2] 呂叔湘,『近代漢語指代詞』서(序), 學林出版社, 1985.

[3] 王力,『漢語史稿』(重排本), p.42.


**주요 참고문헌**

錢玄同,『文字學音篇』제1장 (2)「古今字音之變遷」, 北京大學出版部, 1918.

魏建功,「古音系研究」1. 古音系的分期,『魏建功文選』, 北京大學出版社, 2010.

王力,『漢語史稿』(重排本), 제1장「緒論」제6절「漢語史的分期」, 中華書局, 2004.

# 제2장

# 상고 한어의 어음체계

① 상고 성모체계

한어사의 분기는 원고遠古 시기부터 시작되지만, 중국의 한어 어음사 과정은 상고 시기부터 시작하는데, 이유는 '서론'에서 이미 언급하였다. 본 장에서는 상고 한어 어음체계를 다룰 것이다. 제1절은 상고 한어의 성모聲母체계로, 세 가지 문제로 나누어 논할 것이다.

## 1.1 선인의 상고 성모에 대한 연구

선인의 상고 성모에 대한 연구는 비교적 늦게 시작되었다. 과거에 사람들은 역사적 관점이 부족하여 고음이 현재의 음과 다르다는 것을 이해하지 못하였다. 명대에 이르러서야 진제陳第 등이 고대와 현대의 음운이 다르다는 것을 발견하였으나, 성모 또한 고금의 차이가 있다는 것은 몰랐다. 청대 초기에 많은 성과를 거둔 고음학古音學 학자 강영江永(1681~1762)은 "36자모"가 고금에 모두 적용되고, "가감할 수 없고, 바꿀 수 없다."고 잘못 알고 있었다. 그는 일찍이 예를 들어 "중순·경순의 음을 방언속어에서는 흔히 혼동한다. '봉몽逢蒙'이라는 사람이 있는데, 『장자莊子』에는 '蓬蒙', 『예문지藝文志』와 『왕포송王褒頌』에는 '逢門', 『칠략七略』과 『귀책전龜策傳』에는 '蠭門'으로 기록되어 있으니, 도대체 어느 것이 정확한 것인지 모르겠다. 또한 반절은 중순·경순자에 격류절지법隔類切之法이 있어 더 쉽게 혼동된다. 오늘날 '逢蒙'은 薄工切로, '馮婦'는 房戎切로 읽기로 정해졌는데, 이는 각자 오래전부터 전해지는 음을 따른 것이다."[1]라 하고, 그는 또 "진씨陳氏가 말하길, '田전의 음은 陳진으로, 옛날에는 田과 陳의 음이 서로 통하여, 陳氏가 후에 田으로 성을 바꾸었다.' 나는 田전을 설두음舌頭音, 陳진을 설상음舌上音으로 보는데, 진陳을 전田으로 바꾼 것은 설상음을 설두음으로 고친 것이니, 같은 음이 아니다."라고 하였다.[2] 이로 보면, 강영은 고성모古聲母 문제에서 상당히 혼돈하였고, 고대에는 경순음과 설상음이 없었다는 것古無輕脣音, 古無舌上音을 몰랐다고 볼 수 있다. 18세기 중엽에 이르러서야 역사학자 겸 고음학자인 전대흔錢大昕(1728~1804)이 상고 성모에 대해 과학적으로 연구하기 시작하였다. 그는 두 편의 글, 즉 『고무경순음古無輕脣音』과 『설음유격지설불가신舌音類隔之說不可信』[3]을 써서, 두 개의 유명한 결론을 제기하였다. 이는 즉 (1) "경순음을 고대에는 모두 중순으로 읽었다.凡輕脣之音, 古讀皆爲重脣" (2) "고대에는 설두·설상의 구분이 없고, '知徹澄' 세 성모는 지금의 음으로 읽으면 '照穿床'과 차이가 없다. 그 고음을 찾아보면 '端透定'과 다르지 않다."는 것으로, 전씨錢氏가 사용한 고증 방법의 주요 근거는 다음과 같다.

### 1) 이문異文

이는 한 글자 혹은 어휘가 고대 경적經籍에서 다르게 기록되는 것을 말한다. 예를 들면 『시경詩經·패풍邶風·속풍俗風』에 "凡民有喪, 匍匐救之"가 있는데, 그 중의 "匍匐포복"을 『예기禮記·단궁檀弓』에는 "扶服부복"으로, 『공자가어孔子家語』에는 "扶伏부복"으로 기록하였고, 『사기史記·회음

후열전淮陰侯列傳』에 "俛出胯下蒲伏"이라는 글이 있어 여기서는 "蒲伏포복"으로 적었으며, 『사기·소진열전蘇秦列傳』에는 "嫂委蛇蒲服", 즉 "蒲服"으로 기록하였다. 이는 모두 "匍匐"의 이문[4]이다. 이문의 형성은 아마 고대에서 구전口傳이나 전사傳寫하는 과정에서 원문대로 적지 않고 동음자同音字로 대체하였기 때문일 것이다. 이는 고대인이 다른 글자를 쓴 것인데, 이런 이문은 현대에서는 독음이 종종 다르지만, 상고에는 동음이거나 혹은 음이 아주 비슷했을 것이다. "匍匐"은 원래 쌍성연면사雙聲聯綿詞로, "扶服" "扶伏" "蒲伏" "蒲服" 등으로 적을 수 있다. 이는 "扶" "服" "伏" "匐"와 "蒲" "匍" 등의 성모가 원래 같았다는 것(모두 중순重脣병모并母에 속한다)을 나타낸다. 또 예를 들면, 『상서尙書·우공禹貢』에서 "大野既豬"의 "既豬기저"[5]를 『사기』에서는 "既都기도"로 표기하였다. "都"는 "端母"이고 "豬"는 "知母"이다. 이는 상고에는 설두음과 설상음을 구분하지 않았다는 것을 설명하는 이문이다.

## 2) 고서古書 주음注音

이는 주로 한대漢代 사람이 주석註釋한 선진先秦의 고적과 『설문說文』 중에 사용한 독여讀如·독약讀若·직음直音과 반절反切 등을 말한다. 예를 들면, 전대흔錢大昕의 문장 중에 인용한 예시로는 "方, 讀如謗 方, 謗처럼 읽는다", "衝, 讀如動 衝, 動처럼 읽는다", "無, 音毛 無의 음은 毛다", "毒, 音督 毒의 음은 督이다", "蟲, 音徒冬反 蟲의 음은 徒冬反으로 읽는다", "襛, 方遙反 襛, 方遙反으로 읽는다. 襆, 方沃反 襆, 方沃反으로 읽는다"이 있다. 그리고 허신許愼『설문說文』 중의 "娓, 順也, 從女尾聲, 讀如媚。 娓, 順의 의미고, 女부에 尾소리를 내며, 媚처럼 읽는다", 또 예로 『상서대전尙書大傳』 중의 "播國率相行事"를 정현鄭玄의 주注에는 "播讀如藩 播은 藩처럼 읽는다"이라 주석하였다. 경순음과 중순음이 서로 주음하거나, 설두음과 설상음이 서로 주음하였다.

## 3) 성훈聲訓

이는 음이 같거나 유사한 글자로 다른 글자의 뜻을 해석하는 것이다. 즉, 음으로 뜻을 나타내는데, 이는 두 글자(어휘)의 근원이 같다는 것을 설명한다. 예를 들면 "方, 表也" "邊, 方也" "法, 逼也" "負, 背也" "望, 茫也" "冬, 終也" "田, 陳也" 등이다. 동한東漢 유희劉熙의 『석명釋名』은 거의 모두 음으로 뜻을 나타냈다. 유안劉安의 『회남자淮南子』, 반고班固의 『백호통白虎通』에도 적지 않은 성훈 자료가 있다. 석의釋義 상으로 보면, 그 중에는 많은 주관적인 억측과 황당하고 우스운 것들이 있다. 예를 들면, 『석명釋明』에 "棟, 中也, 屬屋之中也"(궁실宮室을 의미), "捧, 逢也, 兩手相逢以執之也"(용모를 의미), "手, 須也, 事業之所須也"(형체를 의미), "發, 拔也, 拔擢而出之也"(위와 같음), "頭, 獨也, 于體高而獨也"(위와 같음), "食, 殖也, 所以自生殖也"(음식을 의미) 등이 있다. 그러나 이런 자료는 상고음을 연구하는 데는 큰 참고가치가 있다.


## 4) 형성자形聲字

해성자諧聲字라고도 하며, 형부形符(혹은 "의부義符")와 성부聲符 두 부분으로 구성된다. 예를 들면 "分" 소리에서 나온 글자로 "份芬紛粉忿吩汾氛玢酚棼翂盆坌扮" 등이 있는데, 이들이 글자가 만들어진 시대에는 독음이 분명 같거나 아주 비슷했을 것이다. 또 예로 "畐" 소리에서 나온 글자로 "匐副富幅福輻蝠葍偪堛幅湢逼" 등이, "文"의 소리에서 나온 글자로 "蚊紋汶紊雯閔憫" 등이 있고, 그리고 "冬"의 소리에서 나온 글자로 "咚氡終螽佟" 등이, "台"에서 소리를 취한 글자로 "治落抬胎苔珆跆郃駘柮詒殆給鮐" 등이 있다. 선인先人은 일찍이 형성자를 이용하여 상고의 운부韻部(다음 장 참조)를 고증하였는데, 전대흔錢大昕이 최초로 이를 이용하여 상고 성모를 고증하였다.

전대흔은 주로 상술한 네 가지 풍부한 자료를 운용하여 고증하고, 경순음 "非敷奉微"는 후에 나타난 것으로 고대에서는 중순음 "幫滂並明"으로 발음하고, 설상음 "知徹澄娘"을 고대에서는 설두음 "端透定泥"로 발음하였다고 밝혔다. 이 두 결론은 믿을만하다. 특히 인정할 것은 전대흔은 고금의 방언과 대음對音 자료로 논증하기 시작하였다는 것이다. 예를 들면, 그는 『고무경순음古無輕脣音』 중의 "古讀無如模옛 독음에 模 같은 음은 없다"라는 항목에서 "『곡례曲禮』의 '毋不敬공경스럽지 아니함이 없다.', 『석문釋文』에서 말하는 '古文言毋, 猶今人言莫고문에서 毋는 지금의 莫와 같이 발음한다.'"라고 하였다. 그는 또 "석씨서釋氏書(불경佛經)에 '南無남무'[6]자를 많이 쓰는데 독음은 '曩謨낭모'와 같다. 범서梵書가 중국에 전해지고 해석은 대부분 동진東晉 때 이루어졌으므로 음이 근고음近古音과 같다. 승려들은 구음舊音을 고수하여 고치지 않았다. 이른바 '잃어버린 예를 초야에서 찾는다'라는 것이다."라고 하였다. 그는 또 "無를 또 毛로도 읽는다. 『후한서後漢書·풍연전馮衍傳』에는 '飢者毛食'으로 기록되어 있는데, 주석을 보면 '『연집衍集』에 따라 毛자를 無자로 본다.'고 하였다. 『후한서·공신후표서功臣侯表序』에는 '靡有子遺, 耗矣'의 주석에 '맹강孟康이 이르기를: 耗의 음은 毛다.耗音毛; 사고師古가 이르기를: 금일의 속어에서 無는 耗를 말한다.今俗語猶謂無爲耗'고 하였다. 전대흔에 따르면 지금의 강서江西·호남湖南 방언에는 無를 冒, 즉 毛의 거성去聲으로 읽는다."고 하였다. 그는 또 "고음古音의 '晚'은 중순음으로, 지금의 오음吳音은 여전하다."고 하였다. 이런 자료는 더욱 설득력이 있다. 왜냐하면, 만약 살아 있는 방언이라는 근거가 없고, 대음 자료로 방증傍證하지 않으며, 오로지 한자로 기록된 서면 자료만 있다면, 고대에는 중순음과 경순음이 나뉘지 않으며, 설두음과 설상음이 나뉘지 않는다는 결론만 얻을 수 있을 뿐, 고대에 경순음·설상음이 없는지, 아니면 고대에 중순음·설두음이 없는지를 확정하기 어렵다. 20세기 30년대에 부정일符定一은 『고유경순음설古有輕脣音說』과 『고무중순음설古無重脣音說』[7]을 저술하여 전대흔과 상반된 주장을 제기하였다. 그도 이문異文·고독古讀 등 서면 자료를 근거로 하였다. 그러나 진리는 오직 하나이다. 왜 전대흔이 정확하다고 하는 것일까? 그 이유는 그의 결론이 객관적인 사실에 부합되고, 살아있는 방언과 믿을 수 있는 대음 자료를 근거로 하고 있기 때문이다.

우리는 현재 언어발생학으로부터 경순음이 중순음보다 늦게 나타나거나 중순음에서 유래되었다는 것을 논증할 수 있다. 인류 언어발전의 흔적은 아이가 말을 배우는 과정에서 반영된다. 유아는 항상 먼저 b·p·m·d·t·n 등 파열음을 먼저 익히고, 나중에 f·v·s·z 등 마찰음을 익힌다.[8] 현대에서 아직도 일부 민족 언어에는 쌍순음雙脣音만 있고 순치음脣齒音이 없다. 예를 들면 티베트어·경파어景頗語·토가어土家語, 그리고 신강新疆 일대의 돌궐어족突厥語族 언어(위그르어·카자흐어·키르기스어·타타르어·우즈베키어 등)에는 모두 순치음이 없다. 어떤 것은 후에 f·v가 나타났으나, 한어 혹은 외래어를 표기할 때만 사용되며, 구어에서는 이런 단어를 여전히 f를 p로, v를 b 혹은 w로 읽는다.

전대흔의 뒤를 이어 상고 성모를 연구한 학자는 전점錢坫(1741?~1806), 이원李元(?~1816), 하섭夏燮(1801~1875)[9]과 추한동鄒漢勳(1806~1854) 등[10]이 있다. 그 중 추한동은 저서 『오균론五均論·이십성사십론卄聲四十論』에서 처음으로 고성古聲 20성뉴聲紐 체계를 제기하였다.

| 第1組 | 匣喩 | 第11組 | 泥娘日 |
| 第2組 | 見 | 第12組 | 精菑 |
| 第3組 | 溪群 | 第13組 | 淸初 |
| 第4組 | 影 | 第14組 | 心山 |
| 第5組 | 曉(半)審 | 第15組 | 並奉 |
| 第6組 | 定澄船禪 | 第16組 | 滂敷 |
| 第7組 | 透徹穿 | 第17組 | 明微 |
| 第8組 | 來 | 第18組 | 幫非 |

第9紐　端知照　　　　　　第19紐　邪曉(半)
第10紐　從崇　　　　　　　第20紐　疑

　　추씨의 고성古聲 20紐는 비록 전씨의 연구 성과를 받아들였으나 자기
의 독창적인 견해도 있다. 예를 들면 "崇蒩初山"을 "從精清心"에, "娘
日"을 "泥"에 통합하였다. 그 후, 장병린章炳麟(1869~1936)이 『古音娘日
歸泥說』[11]에서 뒤의 문제를 더 자세하게 논증하였다. 그러나 장씨가 만
든 『二十一古紐表』는 "精清從心邪"를 "照穿床審禪"에 통합하였는데,
이는 퇴보된 것이었다.[12] 장씨의 대 제자이며 전통 음운학의 집대성자集
大成者인 황간黃侃(1886~1935)은 장씨의 단점을 보완하고, 『古本聲十九
紐』를 제기하였는데 다음과 같다.[13]


深喉音　　　　影(喻爲)
淺喉音　　　　見　溪(群)　曉　匣　疑
舌　音　　　　端(知照)　透(徹穿審)　定(澄神禪)　來　泥(娘日)
齒　音　　　　精(莊)　清(初)　從(床)　心(疏邪)
脣　音　　　　幫(非)　滂(敷)　並(奉)　明(微)


　　이 고성 19紐는 비록 여전히 일부 문제가 존재하지만, 전통 음운학의
관점에서 볼 때 비교적 과학적이므로, 장황학파章黃學派는 이를 줄곧 추
종하였다. 황간과 동시에, 혹은 조금 후에 전통적인 방법으로 고성모를
고증한 것은 또 전현동錢玄同(1886~1939)의 『고음무사뉴증古音無邪紐證』, 증
운건曾運乾(1884~1945)의 『유모고독고喻母古讀考』, 갈의경葛毅卿의 『유삼입
갑재증喻三入匣再證』, 주조모周祖謨(1914~1995)의 『심모고독고審母古讀考』·
『선모고독고禪母古讀考』 등이 있다. 이들은 모두 전통적인 방법으로 상고
의 개별적 성모를 고증하고 문제를 제기하였다. 그 중 증운건이 제기한
"유삼귀갑喻三歸匣" "유사귀정喻四歸定"의 결론은 대부분 학자의 인정을 받

았다.[14] 그러나 전통 고음연구에는 공통된 단점이 있다. 바로 어음의 변화라는 조건을 무시한 채 이문·고독 등의 자료만 근거로 36개 자모 간에 서로 일치된 부분이 있는지를 고증하고, 무릇 일치된 부분이 있으면 통합하였으며, 그것들이 왜 후세에 다른 성모로 분화되었는지를 주의하지 않았다는 것이다.

20세기 초부터 국내외 일부 현대 음운학자들은 일반 언어학 이론과 역사비교 언어학 등 새로운 방법으로 상고 운부체계를 연구하는 동시에, 상고의 성모체계를 연구하고 구현하기 시작하였다. 그들의 일반적인 방법은 바로 중고음의 구현을 기초로 고대 문헌자료와 선인의 연구 성과를 결합하여 상고 성모체계를 추론하고, 대략적인 음가音價를 구현하는 것이었다. 이 방면의 연구를 비교적 일찍 시작하고 영향력이 비교적 큰 학자는 스위스 중국어 학자 칼그렌B. Karlgren, 高本漢(1889~1978)이다. 그가 이른 시기에 상고음을 연구한 대표작은 『중일한자분석자전中日漢字分析字典, Analytic Dictionary of Chinese and Sino-Japanese(1923)』[15]이고, 그 후 『중상고한어음운학강요中上古漢語音韻學綱要, Compendium of phonetics in Ancient and Archaic Chinese』[16]를 저작하여 그 학설을 수정하고, 상고한어의 33개 단자음성모(이 외에 19개 복자음성모가 있는데, 아래에서 다시 언급할 것임)를 제기하였다.

| p | p' | (b) | b' | m | | |
| t | t' | d | d' | n | | l |
| ts | ts' | dz | dz' | | s | z |
| tʂ | tʂ' | dz' | ʂ | | | |
| ʈ | ʈ' | ɖ | ɖ' | ɳ | ɕ | |
| k | k' | g | g' | ŋ | x | ʔ |

그 중, 괄호 안의 14개 성모는 개음介音 ‘ j ’가 있는 3등운三等韻 앞에서

만 나타난다. 가장 뚜렷한 특징은 전탁성모全濁聲母에도 유기음과 무기음 두 가지가 있다는 것이다.

칼그렌이 제기한 상고 성모체계는 중국 국내외 학자들의 관심과 논쟁을 일으켰다. 예를 들면, 동동화董同龢(1911~1963)는 저서 『상고음운표고上古音韻表稿』(1945)에서 상고에 36개 성모가 있다고 하였고, 주법고周法高(1915~1995)는 저서 『논상고음論上古音』(1968)에서 상고에는 25개 성모만이 있다고 제기하였다. 이방계李方桂(1902~1987)는 저서 『상고음연구上古音研究』(1971, 1980)에서 상고에 31개 성모가 있었다고 주장하였고, 육지위陸志韋(1894~1970)는 저서 『고음설략古音說略』(1947, 1985)에서 상고에 22개 성모와 약간의 복자음複子音이 존재한다고 제기하였다. 구 소련 중국어 학자 세르게이 야콘토프S.E.Yakhontov, 雅洪托夫(1926~ )는 저서 『고대 한어』(1965, 1986)에서 상고에는 28개의 단성모單聲母가 있다는 견해를 주장하였다.[17] 왕력 선생(1900~1986)은 상고에는 33개 성모(『한어어음사』(1985) 참조)가 있다고 주장한다. 그들의 연구방법은 기본적으로 비슷하다. 각자 인정한 중고 성모체계를 기반으로, 주로 해성자諧聲字(아울러 이문異文·성훈聲訓 등 자료 참고)를 이용하여 분석하고 귀납하였다. 형성자는 단번에 한 곳에서 만들어진 것이 아니며, 해성체계는 매우 복잡하다. 칼그렌의 연구에서 일부 해성에 관한 조례 혹은 원칙을 제기되기 시작하였고, 그 후 동동화·육지위·이방계 등이 또 계속 보충하고 수정하였다. 예를 들면, 이방계 선생이 『상고음연구』에서 추정한 두 가지 중요한 해성 원칙이다.[18]

(1) 상고에 발음 부위가 같은 파열음塞音은 상호 해음될 수 있었다.

① 설근파열음舌根塞音은 서로 해음되고, 후두음喉音(影·曉)과 서로 해음되는 예도 있는데, 흔히 비음鼻音(疑)과는 해음되지 않는다.

② 설첨파열음舌尖塞音은 서로 해음되나, 흔히 비음(泥)과는 해음되지

않으며, 설첨파찰음舌尖塞擦音 혹은 마찰음擦音과도 서로 해음되지 않는다.
③ 순파열음脣塞音은 서로 해음되며, 흔히 비음(明)과는 서로 해음되지 않는다.

(2) 상고의 설첨파찰음 혹은 마찰음은 서로 해음되고, 설첨파열음과는 해음되지 않았다.

다음은 이방계 선생이 제시한 상고 성모체계표이다.

| | 파열음塞音 | | | 비음鼻音 | | 통음通音 | |
|---|---|---|---|---|---|---|---|
| | 청淸 | 차청次淸 | 탁濁 | 청淸 | 탁濁 | 청淸 | 탁濁 |
| 순음脣音 | p | ph | b | hm | m | | |
| 설첨음舌尖音 | t | th | d | hn | n | hl | l,r |
| 설첨파찰음舌尖塞擦音 | ts | tsh | dz | | | s | |
| 설근음舌根音 및 후두음喉音 | k | kh | g | hng | ng | | |
| | · | | | | | h | |
| 원순설근음圓脣舌根音 및 후두음喉音 | kw | khw | gw | hngw | ngw | | |
| | ·w | | | | | hw | |

이방계 선생의 이 상고 성모체계는 국제적으로 비교적 큰 영향력을 지니고 있다. 그러나 그 자신 역시 이 체계표에서 총결지은 해성 원칙에도 여전히 예외는 있다고 밝혔다.
다음은 왕력 선생의 주장에 역점을 두어 소개하고자 한다.

## 1.2 상고 33성모

왕력 선생의 상고 33개 성모체계도 선행연구를 기반으로 제기한 것으로 다음과 같다.

| | | | | | | | | |
|---|---|---|---|---|---|---|---|---|
| 喉音: | 影 ø | | | | | | | |
| 牙音: | 見 k | 溪 kʻ | 群 g | 疑 ŋ | | | 曉 x | 匣(喩三) ɣ |
| 舌音: | 端 t | 透 tʻ | 定 d | 泥 n | 來 l | | | |
| | 章 tɕ | 昌 tɕʻ | 船 dʑ | 日 ȵ | 喩四 ʎ | | 書 ɕ | 禪 ʑ |
| 齒音: | 莊 tʃ | 初 tʃʻ | 崇 dʒ | | | | 生 ʃ | 俟 ʒ |
| | 精 ts | 清 tsʻ | 從 dz | | | | 心 s | 邪 z |
| 脣音: | 幫 p | 滂 pʻ | 並 b | 明 m | | | | |

이 33개 성모체계도 문제가 없는 것은 아니다. 다음 그 특징과 문제점을 살펴보자.

1) 상고 전탁全濁 성모는 유기음인가 무기음인가? 칼그렌은 중고 및 상고 한어의 전탁 파열음과 파찰음 성모, 즉 並·定·群·從·崇·澄·船 등을 모두 공기를 내보내는 [bʻ] [dʻ] [gʻ] [dzʻ] [dʒʻ] [dʑʻ]로 표기하였다. 왕력 선생은 음위학音位學의 관점에서 보면, 한어 전탁음의 송기送氣 여부는 상호 음위音位를 바꿀 수 있어, 유기음이나 무기음이 모두 가능할 수 있다고 주장한다. 오늘의 북경어는 이런 고대 전탁 성모가 청음화 된 후, 평성平聲은 유기음으로, 측성仄聲은 무기음으로 발음되고, 입성자入聲字가 평성으로 전입될 때도 무기음으로 발음된다. 광동어廣東語는 지금도 평성은 유기음으로 상·거·입성은 무기음으로 발음한다. 장사어長沙語는 평성이든 측성이든 모두 무기음으로 발음하고, 객가어客家語는 감방언贛方言과는 반대로 모두 유기음으로 발음한다. 오吳 방언은 일반적으로 유기음과 무기음의 음위를 서로 바꿀 수 있다. 다음 예문을 보기로 한다.

|  | 북경北京 | 장사長沙 | 매주梅州 | 남창南昌 | 소주蘇州 |
|---|---|---|---|---|---|
| 平 | p'iŋ | pin | p'in | p'in(文) | bin |
| 病 | biŋ | pin | p'iaŋ | p'iaŋ(白) | bin |

고대 한어의 전탁음도 오방언과 같다.[18] 이 문제는 또 다른 의견도 있다. 우리는 육지위 선생 등의 의견[19]에 찬성한다. 즉, 고대 전탁성모는 모두 무기음이라는 것이다. 해성·이문 자료도 이를 증명할 수 있다. 예를 들면:

'盤從般聲 盤은 般의 소리를 따른다' 盤은 병모倂母, 般은 방모幇母이니, 이 전탁음 倂母 자字와 무기음의 幇母 자는 상호 해성의 관계다. 또한 『묵자墨子』의 "公輸盤"을 『사기史記』에서는 "公輸般"으로, 『한서漢書』에서는 "班輸"로 기록하고 있다.

'鈍·頓均從屯聲 鈍·頓은 모두 屯의 소리를 따른다' 鈍은 정모定母, 頓은 단모端母이며, 屯 역시 정모定母이다. 전탁음 定母 자와 무기음의 端母 자는 상호 해성諧聲의 관계다. 『사기史記·굴가열전屈賈列傳』에도 "莫邪爲頓兮鉛刀爲銛"이란 말이 있는데, 『색은索隱』을 보면, "頓, 鈍也"라고 되어 있고, 『문선文選·조굴원부弔屈原賦』에서도 "鈍"을 사용하였다.

'慈從玆聲 慈는 玆의 소리를 따른다' 慈는 종모從母, 玆는 정모精母이다. 전탁 從母 자와 무기음의 精母 자가 서로 해성된다. 또한 『춘추春秋』의 "公孫玆"가 『공양公羊』에서는 "公孫慈"로 쓰였다.

'基從其聲 基는 其의 소리를 따른다' 基는 견모見母, 其는 군모群母이다. 전탁 群母 자와 무기음 見母 자가 서로 해성된다.……[20]


2) 순음脣音에 관하여. 상고에는 중순음 "幇滂竝明"만 있고 경순음 "非敷奉微"가 없었다는 것은 단정할 수 있다. 현대 학자도 이에 대해 다른 의견이 없다. 동동화 선생은 해성자 "悔從每聲 悔는 每의 소리를 따른다"

"墨從黑聲" "昏(昏)從民聲" 등에 근거하여, 상고에는 성모 [m̥](차탁[m]의 청음)(현대 상서湘西 묘어苗語에도 이런 청비자음淸鼻輔音이 있음)이 있었을 것이라고 여겼다. 그러나 칼그렌은 같은 자료에 근거하여 복자음複輔音 [mx]로 구상하였고, 이방계 선생은 [hm]로 추정하였다. 우리는 비교적 이 선생의 의견에 동의하는 편이다.[21]

3) 고대에 설상음舌上音이 없는 것에 관하여. 즉, 지知 · 철徹 · 징澄 · 낭娘을 단端 · 투透 · 정定 · 니泥로 읽는 것은 이미 정설이 되었다. 예를 들면, 『예기禮記 · 단궁하檀弓下』에서는 "與其鄰重汪踦往, 皆死焉"이 있는데, 정현鄭玄의 주注에서는 "重은 모두 童이다.重皆當爲童"라고 하였다. 즉, 징모澄母를 정모定母 [d]로 읽었다. 이방계 선생은 지知 · 단端 두 조組를 각각 tr-와 t- 두 종류의 성모로 나누어 추정하였는데, -r- 은 개음介音(후에 변천되어 권설음의 조건이 됨)이다. 2등二等 성모를 [-l]이 있는 복자모로 추정하는 것을 가장 먼저 제기한 사람은 구소련 학자 세르게이 야콘토프 S.E. Yakhontov이고, 그 후 [-r]로 고쳤다.[22] 이 선생은 이를 개음 [-r-]으로 고쳤다.

4) 정모精組의 분류와 구현에 대해서는 논쟁이 많지 않다. 장태염張太炎은 이를 조모照母 그룹, 즉 조조照組에 통합하였으나 누구도 찬성하지 않았다. 전현동錢玄同은 사모邪母를 정모定母에 통합하였으나 역시 근거가 충분하지 않다. 사모邪母의 근원과 현대의 독음은 모두 비교적 복잡하다. 예를 들면, "者"聲에는 "緒"도 있고, "堵" "屠" "著" "暑"도 있다. 사모자가 현대 표준어에서 [s]로 읽는 것으로는, 예로 "似已祀寺飼嗣俗鬆誦頌"이 있고, [ɕ]로 읽는 것으로는 "邪斜徐續夕席习襲祥詳象旬循巡涎旋"이, [ts]로 읽는 것으로는 "詞辭祠"가 있으며, [tɕˋ]로 읽는 것으로는 "囚泅" 등이 있다. 칼그렌은 사모邪母가 상고에서는 무기음인 [dz]이고, 유기

음인 종모從母 [dz']와 서로 짝을 이룬다고 주장하였다. 사실상 사모는 유모喩母 4등과도 관계가 있어, 예를 들면, "似從以聲似는 以의 소리를 따른다" "徐從余聲" "祥從羊聲" 등이 있다. 그리고 '邪'자는 『광운廣韻』에서 "似嗟切"과 "以遮切"의 두 가지 독음이 있다. 그래서 이방계 선생은 사모邪母는 상고에는 "r-"음이며, 중고에 이르러 두 개 음으로 분리되었을 것이라고 주장한다.

$$r \longrightarrow j\,i \;(喩4) \qquad r + j \longrightarrow z\,j \;(邪母)$$

5) 정치음正齒音 2등二等 성모 장莊·초初·숭崇·생生에 관하여. 황간黃侃이 이들을 상고 정모精母 그룹, 즉 정조精組에 통합한 것은 일리가 있다. 해성으로 보면, 捉(莊)이 足(精)의 음을 따르고, 創(初)은 倉(淸)의 음을, 崇은 宗(精)의 음을, 莘(生)은 辛(心)의 음을 따른다. 이문을 보면, 예를 들어, 『좌전·정공칠년左傳·定公七年』에서 "齊侯·衛侯盟于沙제후·위후가 沙에서 결맹하다"라 하였고, "盟于瑣 瑣에서 결맹하다"라 전한다. 沙는 生母이고 瑣는 심모心母다. 쌍성연면자雙聲聯綿字로는 "蕭瑟" "蕭疏" "瀟灑"가 있는데, 모두 상고에 장조莊組와 정조精組가 상통하였다는 것을 증명할 수 있다. 그러나 어음 변화의 조건을 고려하면, 조조照組 2등과 정조精組가 모두 3등운과 서로 결합할 수 있어, 조건이 같으므로 후세에 다른 변화가 있을 수 없다. 다시 말하면 다른 성모로 변하지 않았을 것이다. 그래서 현대 학자들은 대부분 상고 조조照組 2등을 독립적인 한 개의 성모로 분류한다. 칼그렌은 상고의 "莊初崇生"을 권설음 [tʂ] [tʂ'] [dʐ'] [ʂ]로 추정하였다. 그러나 한어의 권설 성모가 그렇게 일찍이 나타날 가능성은 없다. 이방계는 [tsr] [ts'r] [dzr] [sr]로 추정하였는데, 여기의 -r- 은 나중에 권설음으로 변하는 조건이 되었다. 왕력 선생은 육지위陸志韋 선생 등의 의견을 받아들여, 이들을 설엽음舌葉音 [tʃ] [tʃ'] [dʒ]

[dʒ`] [23]으로 추정하였다.

유성마찰음濁擦音 俟母[z]는 왕력 선생이 이영李榮 선생의 『절운切韻』 음계 연구에 대한 의견을 받아들여 추가 보충한 것으로, 상고음까지 추정하였다.

6) 정치음正齒音 3등三等 성모 장章·창昌·선船·서書·선禪에 관하여, 전대흔錢大昕은 『설음류격지설불가신舌音類隔之說不可信』에서 "고대인에게 설음이 많았는데, 후대에 대부분 치음으로 변화되었고, 지철징知徹澄 3모만 그러한 것은 아니다.古人多舌音, 後代多變爲齒音, 不獨知徹澄三母爲然也."라고 하였다. 이는 조조照組 자가 고대에 설음으로 읽는 것이 많았다는 것을 의미하는 것으로, 그가 제시한 증거로는 "古讀舟如雕고대에 舟를 雕로 독음"讀專如耑 專을 耑으로 독음""讀支如鞮 支를 鞮로 독음" 등이 있다. 이 말은 일리가 있다. 그러나 照組 3등(열거한 예시는 주로 照組 3등자)에만 해당되고, 照組 2등자와는 관련이 없다. 게다가 만약 이런 照組 3등자를 상고에서 지조知照처럼 단조端組로 읽는다고 한다면, 照3組와 知組가 나중에 왜 다른 변화를 갖게 되었는지 해석할 수 없게 된다. 따라서 이들이 상고에서 독음이 비교적 비슷했다고 말할 수 있을 뿐이다. 칼그렌이 照3組의 앞의 네 성모 章·昌·船·書를 [tʲ] [tʲ`] [dʲ] [ɕ]로 추정한 것은 합리적이다. 그러나 그가 선모禪母를 [dʲ]로 표기하고, 선모船母와 배합되게 한 것은 다소 무리가 있다. 선모禪母의 현대 독음은 비교적 복잡하여 마찰음과 파찰음이 모두 있다. 전체 성모체계에서 청淸 마찰음擦音 심모審母와 배합되기도 하므로, 왕력 선생 등 학자들은 이를 [z]로 추정하였다.

照組 3등자는 해성체계에서 더 복잡한 상황을 반영한다. 雕(端)從周(章)聲 雕(端)는 周(章)의 소리를 따른다.·召(澄)從刀(端)聲·昭(章)從召(澄)聲처럼 설음과 관련된 것이 있고, 箴(章)從咸(匣)聲·感(見)從

咸聲·詣(疑)從旨(章)聲·稽(見)亦從旨聲 그리고 歧(群)從支(章)聲·赦(曉)從赤(昌)聲 등과 같이 견모계열見系과 관련된 것도 있다. 동동화 선생은 이에 근거하여 照組 3등자는 상고에 두 부류의 성모로 나누어진 다고 주장한다. 한 부류는 설면舌面 파열음塞音·파찰음塞擦音인 [tȶ] [tȶʰ] [dȡ] [ȶ'] [ʑ]이고, 또 한 부류는 설근음 [c] [cʰ] [ɟ] [ç] [j] [25]이다. 이처럼 상 고 설근음도 두 부류의 성모가 있다. 동 선생은 또 장곤張琨 선생과 공동 으로 조사한, 두 부류의 설근음이 있는 묘어苗語를 증거로 제시하였다. 이것은 일리가 있다. 그러나 우리가 이것을 채택하지 않는 것은 대학생 기초 과정에서 문제를 너무 복잡하지 않게 하려 함이다.

7) 일모日母의 문제에 관하여, 장태염張太炎의 『古音娘日二紐歸泥說』 이 있는데, 설상舌上의 낭娘 음이 설두舌頭의 니泥 음에 속한다는 것은 전 대흔이 이미 앞서 증명하였다. 일모日母와 니모泥母의 관계도 비교적 밀 접한 것이 분명하다. 예를 들면, 倪(泥)從兒(日)聲·汝(日)從女(娘)聲· 仍(日)從乃聲이다. 그러나 이것들이 상고에 완전히 같은 음이라고 봐서 는 안 된다. 그 이유는 어음 분화에는 반드시 다른 조건이 있다는 원칙에 부합되지 않기 때문이다. 왕력 선생도 칼그렌의 의견에 찬성하였는데, 즉 일모를 [n̠]로 추정하여 조 그룹照組의 위치와 같게 논 것이다. 동동화 선생도 일모를 두 가지 부류 [n̠]와 [n]로 분류하였다. [26]

8) 유모喩母에 관하여, 장태염과 황간이 유모를 영모影母에 병합한 것 은 근거가 없다. 증운건曾運乾의 『喩母古讀考』에서는 유모 3등을 갑모匣 母에, 유모 4등을 정모定母에 귀속시켰는데, 이는 비교적 사실에 부합된 다. 『광운廣韻』의 반절상자反切上字 유모喩母는 운雲·이以 두 부류로 나누 어진다. 한월어漢越語에서 유모 3등과 유모 4등의 독음은 다르다. 예를 들면, 雲운을 vân[vən]으로, 餘여를 dû[zu]로 읽는다. 중고의 雲母, 즉

喩母 3등과 갑모匣母 1·2·4등은 상호 보완한다. 상고에 "喩母 3등이 匣母에 귀속된다喩三歸匣"는 것은 전혀 문제가 되지 않는다. 예를 들면 魂從云聲·緩從爰聲; "有, 或也"등이다. "유모 4등은 정모에 귀속된다喩四歸定"의 증거도 적지 않다. 예를 들면, 『시경·소아·절남산詩經·小雅·節南山』의 "憂心如惔"을 『경전석문經典釋文』에서는 "惔담은 徒籃反로, 炎염으로도 읽으며, 한시韓詩에서 炎으로 쓰였다."고 하였고, 『석명·석친속釋名·釋親屬』에는 "妻처의 자매를 姨이라 한다. 姨는 弟제다."라고 되어 있으며, 『설문說文』에서는 "鵜제"의 중문重文을 鵜제라 하였다. 그리고 또 예로 代從弋聲 代(대)는 弋(익)의 소리를 따른다·怡從台聲·台從以聲·迪從由聲 등이 있다. 그러나 유모喩母 4등과 징모澄母는 모두 3등운 앞에 나타날 수 있으므로, 만약 징모가 정모에 귀속된다면 유모 4등도 정모에 귀속된다. 그렇다면 상고에 "容용과 重중", "餘여와 除제", "移이와 池지", "延연과 纏전", "寅인과 陳진", "揚양과 腸장"이 각각 동음이었음을 인정해야 한다. 그렇다면 이들이 나중에 왜 다른 독음으로 나누어졌는지를 설명할 수 없게 된다. 칼그렌은 유모 4등을 [d] [z] 두 종류의 성모로 나누었다. [d]는 무기음인 유성파열음濁塞音으로, 이와 함께 추정한 정모 [dʻ]와 배합하였다. 이는 일리가 있다. [z]는 칼그렌이 유모 4등 성모자 "羊·耶·曳·以·酉" 등이 치두음 "사邪·정精" 등 성모자 "祥·邪·洩·似·酒" 등과 관계가 있는 것으로 보았기 때문인데, 이는 확실하지 않다. 왜냐하면, "羊"은 "姜"과도 해성될 수 있고, "以"는 "台"와, "酉"는 "酒" 등등과 해성될 수도 있기 때문이다. 이로 보면, 두 종류로 나누어도 문제를 해결할 수 없다. 이런 점에서 동동화도 칼그렌의 의견에 동의하지 않았다.

　과거에는 일반적으로 모두 유모 4등을 [dʻ]로 추정한 칼그렌의 관점에 찬성하였다. 문제는 칼그렌이 구현한 상고음 체계에서 전탁全濁 유기음과 무기음이 한 세트 한 세트 배합되어 체계를 이루어, [d]와 [dʻ]가 있고, [dz]와 [dzʻ], [dz]와 [dzʻ], [g]와 [gʻ]도 있었다(아쉽게도 [b]와 [bʻ]는 없다). 만약 우리가 칼그렌이 기타 부위部位의 전탁음을 유기음과 무기음 두 가지로 분류하는 것에 찬성하지 않고, 설첨음의 전탁음을 두 가지로 분류하는 것에만 찬성하는 것은 말이 안 되고 불합리한 것이다. 지금 우리가 전탁파열음·파찰음(정모定母를 포함)을 모두 무기음으로 구현한다면, 유모喩母 4등의 분석은 더 곤란해진다. 그래서 왕력 선생은 말년에 이방계 선생이 유모 4등의 상고음을 어떤 [ɾ]로 추정한 것에서 힌트를 얻어, 이를 설면변음舌面邊音 [ʎ]로 고쳤는데, 이는 상고의 章[tʲ]·昌[tʲʰ]·船 [dʑ]와 발음부위가 같다.

마지막으로 상고에 복자음 성모가 있었는지 토론해보기로 한다. 현대 한어의 성모는 모두 단자음이다. 즉, 단일 음소音素가 성모(영성모零聲母도 있음)의 역할을 한다. 보통화普通話와 각 지방의 방언도 모두 그렇다. 일부 방언에서 파열음 성모 앞에 어떤 약한 비음鼻音이 붙기도 하는데, 예를 들면 "聞"을 [mbun] 혹은 [mbung]으로 발음하지만, 이것도 단성모로 간주된다. 복자음성모複輔音聲母는 두 개 혹은 두 개 이상의 자음으로 구성되는 것이다. 예를 들면, 영어의 climb[klaim](기어오르다, 등반하다), string[striŋ](끈, 줄), 공산貢山 독룡어獨龍語의 [spla](달라붙다), 아구峨口 강어羌語의 [ɕtɕyə(s)](코) 등이 있다. 고대 한어, 특히 상고 한어에 복자음성모가 있었는가 하는 문제를 19세기 말 영국의 한학자 조셉 에드킨스Joseph Edkins가 제기하였다. 중국 내외의 학자들은 있었다는 관점에 찬성하는 사람이 비교적 많았다. 예를 들면, 칼그렌·임어당林語堂·위건공魏建功·동동화·육지위·이방계·엄학군嚴學宭·주법고周法高·포의고包擬古·포입본蒲立本·폴 베네딕트Paul K. Benedict 등이 있다. 명확하게 반대 의견을 제기한 학자로는 당란唐蘭·유우신劉又辛 등이 있었고, 왕력 선생은 신중한 태도를 보인 회의파懷疑派였다.

최근 몇 년간 출판된 고음학古音學 저서 혹은 발표된 관련 논문은 대부분 상고 한어 혹은 원고遠古 한어에 복자음성모[27]가 존재하였다고 주장

한다. 필자(당작번唐作藩)도 이에 찬성한다[28]

우리가 상고 혹은 원고遠古 한어에 복자음성모가 존재한다고 주장하는 주요 근거는 다음과 같다.

### (1) 형성자形聲字

이방계 선생이 제기한 형성자 해성의 두 가지 원칙에 관한 것은 단자음 성모에만 해당되는 것이다. 왜냐하면, 원래 발음부위가 다르거나 심지어 부위가 먼 형성자도 서로 해성의 관계가 있는 것이 적지 않기 때문이다. 예를 들면, 洛從各聲·涼從京聲·莒從呂聲·泣從立聲·龐從龍聲·數從婁聲·懷從稟聲·埋從里聲·墨從黑聲·絮從如聲·儒從需聲·難從嘆聲·社從土聲·松從公聲 등등이다. 이것은 해성자는 역사적으로 형성된 것으로, 스스로 체계를 이루면서 또한 층차를 지녀, 주해자主諧字가 피해자被諧字를 형성하고, 피해자는 또한 주해자가 되어 새로운 피해자를 형성할 수 있으며, 그리고 한 글자가 또 여러 개의 글자를 해성할 수도 있다는 것을 설명한다. 예를 들면:

$$刀 - 김 - 昭 - 照 \quad ; \quad 各 - 洛 \cdot 略 \cdot 格 \cdot 客 \cdots\cdots$$

발음부위가 비교적 먼 이러한 해성은, 서로 해성하는 두 글자의 성모가 원래는 같은 복자음이었으나, 후에 분화分化하여 점차 단자음 성모로 변화하였다는 것을 잘 이해할 수 있다. 예를 들면:

$$洛 \; [kl-] \longrightarrow [l-] \qquad\qquad 各 \; [kl-] \longrightarrow [k-]$$

이러한 해성 관계로 보면, 원고遠古 한어에는 kl-·kʻl-·bl-·sl-·tl-·ml-·st-· sk-·sn-·nd- 등 복자음이 존재하였을 가능성이 많다.

(2) 동원자同源字

예를 들면, "升"과 "登", "命"과 "令", "首"와 "頭", "醜"와 "羞", "缶"와 "陶", "墨"과 "黑", "立"과 "位", "事""史"와 "吏"(왕력의 『동원자전同源字典』 참조) 등이다. 이런 서로 의미가 비슷한 동원자는 중고 이후에 성모의 발음 부위가 비교적 멀어졌지만, 분화하기 전에는 아마 복자음을 지녔을 것이다.


(3) 경전經傳 중의 이문異文과 이독異讀

이문은 대부분 단음절이다. 예를 들면 갑골문甲骨文에서는 "落"이 "各"으로도 쓰여, "各日각일"이 바로 "落日락일"로, k-과 l-이 이문이다. 그리고 "麥맥"이 "來래"로도 쓰여, m-과 l-이 이문이다. 『설문說文』에서는 "耜(梠)從木從目(以), 又從里(作梩) 耜(梠)는 木과 目(以)에서 나오며, 또한 里(梩)에서 나온다"라고 기록되어 있고, 당사본唐寫本 잔권殘卷에는 "杞"로 되어 있다. 단음절과 쌍음절이 같은 의미로 하나의 사물을 가리키는 것도 있다. 예를 들면 "不律爲筆불율은 필이다""突欒爲團돌란은 단이다""蒺藜爲茨질려는 자다""孟浪爲莽맹랑은 망이다" 등이다. 『의례·대사의儀禮·大射儀』의 "秦貍首"를 정현鄭玄의 주해에서는 "貍之言不來也 貍(리)는 오지 않는 것을 말한다"라고 하였다. 한 글자를 이독異讀하는 예로는, "鬲격"을 古核切[ke]로 읽고, 郞擊切[li]로도 읽는다. "谷곡"을 古祿切[ku]로 읽고, 餘蜀切[y]로도 읽는다. 『시경·소아小雅·차공車攻』에는 "四牡龐龐"이 있는데, 『석문釋文』에는 "龐, 鹿同反; 徐(爰) 扶公反", 『집운集韻』에는 "龐, 盧東切, 又皮紅切"으로 되어 있다.


(4) 한장어계 중의 기타 많은 언어가 복자음을 지닌다.

특히 모두 인정하고 있는 한어와 어원이 같은 티베트 미얀마어족에는 30여 종의 언어 혹은 방언에 복자음이 있을 뿐 아니라, 200여 개가 넘는 복자음을 지닌 것도 있다. 예를 들면, 강어羌語는 95개 성모가 있는데, 그 중 단자음이 45개, 복자음이 50개나 된다. 가융어嘉戎語는 236개 성모가 있는데, 그 중 단자음이 34개, 나머지는 모두 복자음성모이다. 예를 들면 pts-·mp-·st-·lp-, mpr-·skr-·pst- 등이 있다.[29] 같은 어계語系의 기타 어족(몽몐어족苗瑤·캄타이어족侗台) 중에도 복자음을 포함한 어휘가 있는 언어가 있다. 예를 들면, 상서湘西 묘어苗語의 plɯ(屋子, 방), 해남海南 려어黎語의 plung(家, 집), 광서廣西 무명武鳴 장어壯語의 glop(斗笠, 삿갓) 등이다. 같은 어족의 언어에는 반드시 약간의 동원사同源詞가 있는데, 이들 간에 어떤 것은 복자음이 아니고 어떤 것은 복자음이다. 예를 들면, 한어의 "風"을 운남雲南 이어彝語는 brum이라고 하는데, 상고 한어에서 "風"(방모幫母 침부侵部 합구3등合口三等에 속함)의 추정음 "pĭwêm"과 아주 흡사하다. 또 예로, "肥비"는 장어壯語·부의어布衣語·태어傣語·수어水語에서는 모두 pi라 하고, 동어侗語에서는 pli로 발음한다.[30]

## (5) 외국어 중의 한어 차사借詞 독음

송조宋朝 때 조선에 출사出使한 관원 손목孫穆이 기록한 『계림유사鷄林類事』에는 한자로 현지의 언어를 적지 않게 기록하였다. 예를 들면, "風曰孛纜, 筆曰皮盧, 粟曰菩薩, 女兒曰寶妲 …" 등이다. 그 중, 어떤 것은 한어 차사借詞(음을 본뜬 말)로, 예를 들어 "孛纜발람"은 현대 한국인과 북한 사람이 모두 palam으로 읽는데, 이는 상고한어의 독음을 반영하였을 것이다. 현대 한국어와 북한어에서 "風"자와 관련된 독음은 p'ung과 palam 두 가지(의미는 다소 다름)가 있는데, 그들은 p'ung만 한어 차사이고 palam은 고유어라고 여기고 있다. 중화서국中華書局의 정인갑鄭仁甲 편집장은 그의 『朝鮮語中固有詞漢源初探』에서 palam도 한어의 음에서 빌려 온 것으로 논증하였다. 그는 p'ung은 육조六朝 이후에 음을 본뜬 것이고, palam은 상고한어의 음을 본뜬 것이라고 주장한다. 그는 상고 한어에는 원래 복자음 성모가 있었고, 조선어는 알타이어계에 속하여 고대에는 복자음이 없었으며, 또한 모음조화가 있어, 즉 두 자음 간에 반드시 하나의 모음이 있어야 하고, 고대 한어의 단음절 pliwem이 조선어의 쌍음절 palam으로 변하였다고 여겼다. 1980년대 초, 북경대학 동어학과東語學科 연구생 상옥하尙玉河의 논문 『"風曰孛纜"與上古漢語複輔音聲母的存在』에서도 같은 의견을 제기하였다.[31]

(6) 현대 한어의 각 지역 방언에서 복자음 성모를 발견하지 못하였으나, 진기예晉冀豫(산서山西 · 하북河北 · 하남河南) 3성의 접경지역, 예를 들면, 하북의 형대刑臺 칠리하七里河 남쪽의 대가향大賈鄉 일대의 방언에는 감입음嵌入音이 있는데, 즉 단음절사를 쌍음절로 읽거나, 단음절 사이에 흔히 사용하는 한 가지 음을 삽입하여 감음사嵌音詞를 만든다. 전자前者의 예를 들면 다음과 같다

| | | | | | |
|---|---|---|---|---|---|
| 埂 keŋ | → | kələŋ | 殼 kʻə | → | kʻəlou |
| 棒 paŋ | → | palaŋ | 攪 tɕiau | → | tɕəlau |
| 擺 pai | → | pəla | 箍 ku | → | kulu |
| 狡 tɕiau | → | kəliau | 懵 məŋ | → | mələŋ |

후자의 예를 들면, 아래와 같다.

| | | | | | |
|---|---|---|---|---|---|
| 拔 paʔ | → | pəlaʔ | 絆 pan | → | pəlan |
| 拖 tʻə | → | tʻələ | 吊 tiau | → | təliau |
| 杆 kan | → | kəlan | 孔 kʻuŋ | → | kʻuəluŋ |

사실, 현재의 북경어에도 유사한 현상이 있다.

角 ⟶ 旮旯      孔 ⟶ 窟窿      瓠 ⟶ 葫蘆
疤 ⟶ 疤瘌      扒 ⟶ 扒拉      劃 ⟶ 劃拉
晃 ⟶ 豁亮      精 ⟶ 機靈      渾 ⟶ 囫圇

이들은 물론 복자음이 아니지만, 고대 한어 중의 "不律爲筆불률위필"
같은 것과 유사한 점이 있는데, 이는 어느 정도의 계시성이 있다.

요컨대, 상고 혹은 주진周秦 이전에 한어에는 복자음 성모가 있었다는
것은 단정할 수 있다. 그러나 구체적으로 어떤 것들인지, 얼마나 있는지,
이들이 언제, 어떻게 단자음 성모로 변화하였는지는 진일보된 연구가 필
요하다.

## 주석

[1] 江永, 『古韻標準』, 中華書局 1982 단행본, p.15 "逢"字 각주.

[2] 上引書, p.25 "田"字 각주.

[3] 錢大昕, 『十駕齋養新錄』 卷5.

[4] 『集韻·模韻』, "蒲, 蓬逋切", 小韻의 "匍"字 각주: "『說文』 '手行也', 或作 '扶'.

[5] 孔安國傳: "大野, 澤名; 水所停曰豬." "豬", 後又作 "瀦".

[6] '南無', 梵文 namas, 허리를 굽혀 절하며 존경을 나타낸다는 의미.

[7] 符定一, 『聯綿字典』 "聲紐表"(三)(四), 中華書局, 1954, pp.71~109

[8] 美國 R. Jakobson, 「爲什磨叫媽媽和爸爸?」, 譯文이 『語言學資料』 1978:4에 실림.

[9] 錢坫, 錢大昕의 조카, 『詩音表』 "古聲和諧說"; 李元, 湖北 京山人, 『音切譜』 "古聲互通說"; 夏燮 安徽 當塗人, 『述均』 "古聲合用說".

[10] 鄒漢勳, 湖南 新化人, 저서 『五均論』·『說文諧聲譜』·『廣韻表』·『五音表』 중, 후자 3종은 소실되고 『五均論』의 일부만 보존.

[11] 『國故論衡』上 참조.

[12] 章炳麟, 『二十一古紐目表』(『國故論衡』上에서 발췌).

   唇音: 幫(非) 滂(敷) 並(奉) 明(微)

   舌音: 端(知) 透(徹) 定(澄) 泥(娘日) 來

齒音: 照(精) 穿(淸) 床(從) 審(心) 禪(邪)

牙音: 見 溪 群 疑

喉音: 影 匣 曉 (喩)

[13] 錢玄同, 『文字學音篇』에서 발췌.

[14] 曾運乾, 「喩母古讀考」, 『東北大學季刊』 2기, 1927.

[15] 趙元任, 「高本漢的諧聲說」, 淸華大學 研究院 國學門 『國學論業』 1권 2
기, 1927.

[16] 聶鴻音 譯, 齊魯書社, 1987.

[17] [20] S.Yakhontov『上古漢語』, 외국에서 이에 대해 연구한 학자로는 캐
나다의 풀리블랑크(E.G.Pulleyblank), 미국의 윌리엄 박스터(William
H.Baxter.III) 등이 있음.

[18] [21] 李方桂, 『上古音研究』, 商務印書館, 1980.

[19] [23] 陸志韋, 「上古說略」, 『燕京學報』 특집호 20, 1947.

[22] 雅洪托夫, 「上古漢語的起首輔音 L 和 R」, 唐作藩·胡變寶 編, 雅洪托
夫, 『漢語史論集』, 北京大學出版社, 1986.

[24] 何九盈, 「上古並從群不送氣考」, 『言語學論業』 제8집, 1981.

[25] [26] 董同龢, 「上古音韻表稿」, 『歷史語言研究所集刊』 第18本, 1948 .

[27] 趙秉璇·竺家寧 主編, 『古漢語複聲母論文集』, 北京語言文化大學出版
社, 1998.

[28] 唐作藩, 「從同源字窺測上古漢語複輔音聲母」, 『中國語言學報』 제7기, 1995.

[29] 孫宏開, 「藏緬語複輔音研究 」, 第十七屆國際漢藏語言學論文, 1984.

[30] 陳其光, 「苗瑶語前綴」, 『民族語文』 1993:1 ; 羅安源, 「貴州松桃苗話的
冠詞」, 『民族語文』 1980:4 ; 曹翠雲, 「苗語黔東方言的系詞」, 『民族語
文』 1980:5.

[31] 尙玉河, 「"風曰孛纜"與上古漢語輔音的存在」, 『語言學論叢』 제8집, 1981.
; 鄭仁甲, 「朝鮮語固有詞中"漢源詞"試探」, 『語言學論叢』 제10집, 1983.

**주요 참고문헌**

李葆嘉,『淸代上古聲紐硏究史論』, 五南圖書出版有限公司, 1996.

李方桂,『上古音硏究』“上古聲母”, 商務印書館, 1980.

王力,『漢語史稿』제2장 제11절 “上古語音系統”, 中華書局, 2004.

　　　『漢語語音史』卷上 제1장, 商務印書館, 2008.

趙秉璇·竺家寧 主編,『古漢語複聲母論文集』, 北京語言文化大學出版社, 1998.

# ② 상고 운부체계

본 절에서는 세 개의 문제로 나누어 토론하기로 한다.

## 2.1 상고 운부 고증의 근거와 방법

선인의 고음학古音學 관련 연구 성과는 주로 고운古韻 방면에 있다. 고음학자가 고운을 고증하는 주요 근거는 선진先秦의 시가詩歌 운어韻語와 형성자이다. 선진 시가 또한 『시경』의 용운用韻을 위주로, 『초사楚辭』 및 주진周秦의 기타 경전, 예를 들면, 『노자老子』『역경易經』『좌전左傳』『국어國語』『예기禮記』『순자荀子』『한비자韓非子』『여씨춘추呂氏春秋』 등의 운어를 참고한다. 시가 운문의 용운으로 고운을 연구하면 큰 분류만 귀납할 수 있으므로, 상고운上古韻의 분류를 관습상 "운부韻部"라고 한다. 운부의 개념은 운모韻母와 운韻보다 범위가 넓다.

고음학자는 어떻게 『시경』 등의 용운으로부터 고운부古韻部 체계를 귀납한 것인가?

우선, 먼저 언어학의 각도에서 『시경』의 성격에 대해 명확하게 할 필요가 있다. 『시경』은 중국에서 가장 이른 시가집詩歌集으로, 민가民歌와 귀족의 시편을 포함하여 총 305수가 된다. 그 중 『주송周頌』의 시대가 비교적 이르고, 그 외 나머지는 대부분 서주西周 말엽에서 동주東周 중엽까지의 작품이다. 내용이 아주 풍부하며, 특히 민요가 많다. 이는 우리가 오늘날 3000년 전의 주대周代 한어를 연구하는 아주 진귀하고도 매우 완전한 자료이다. 물론 『시경』은 당시 전국 각지의 것을 수록한 것으로, 명대明代 고음학자 진제陳第가 지적한 것처럼, "한 나라의 것을 모은 것이 아니며, 한 사람의 작품이 아니다.采之非一國, 作之非一人"[1] 예를 들면, 『국풍國風』의 민요는 15개 나라[2]의 것이다. 그때 당시에도 후세와 마찬가지로 방언이 확실하게 존재하였고, 각지의 민요에는 일부 방언 색채가 묻어 있음을 면치 못하였고, 이는 소수의 특별한 용운에서 반영되었다. 고염무顧炎武는 이미 이런 점을 알게 되어, "고시古詩 중간에 한 두 개 정음正音과 맞지 않는 것이 있는데, 이는 아마 방언의 차이에서 생겼을 것이다.古詩中間有一二與正音不合者, 此或出于方音之不同"[3] 라고 하였다. 당시의 제후국들은 비록 모두 주周나라의 천자天子가 책봉한 것이지만, 사실상 권력을 완전히 통제하기는 어렵고, 명의상 주 천자의 통치에 복종할 뿐이었다. 더욱이 15국은 대부분 황하黄河 유역에 있어, 방언의 차이는 아마 크지 않았을 것이다. 게다가 당시 사회 정치·경제·문화가 발전하였고, 각 나라의 왕래도 비교적 빈번하였으므로, 화하華夏 중원中原 즉, 황하유역 중하류 지역의 방언을 기초로 한 한민족 공통어가 이미 초보적으로 형성되어 있었다. 당시 이를 "아언雅言"이라고 칭하였고, 『시경』 안의 많은 민요는 사관史官 혹은 "유헌사자輶軒使者"의 정리와 수정(전하는 바로는 공자 역시 수정된 바이언어 내부(어휘·어법 및 용운의 관대하고 엄격한 장구章句의 격식을 포함)는 일치도가 높다. 그래서 당시에 폭넓게 전해질 수 있었고, 지식인·외교관 등이 모두 『시詩』를 배우고 『시詩』를 사용해야 했다. 이것은 『시경』의 언어가 당시 형성되고 있는 공통어를 반영하였다는 것을 설명한다. 그러므로 『시경』으로 주진周秦의 고운과 어휘·어법을 연구하는 것은 근거가 있는 것이다. 물론, 우리는 『시경』 언어의 내부 일치성 및 대표성을 인정하는 동시에, 지방 색채(예로 동부와 서부의 차이)가 나타날 가능성도 있다는 것을 염두에 두어야 한다. 이렇게 하면 일반적인 것과 특별한 것을 구분하는 데 유의하게 되고, 개별적인 특수한 언어 현상에 부딪혔을 때, 일종의 정확한 인식을 갖고 신중하게 처리해낼 수 있으며, 이 때문에 이미 귀납한 일반적인 혹은 총체적인 결론을 뒤엎는 상황에 이르지 않게 된다.

선인이 『시경』의 고운을 연구할 때 모두 운각韻脚을 분석하고 귀납하는 것으로부터 시작하였다. 따라서 반드시 먼저 시편 구절의 운각을 확정해야 했다. 『시경』은 후세의 시가와 마찬가지로, 모든 편篇과 장章에 거의 모두 운운韻을 지니고 있다. 그 서로 압운押韻되는 자字를 "운각"이라고 한다. 『시경』의 운각을 확정하려면 반드시 그 "운례韻例", 즉 압운의 규칙과 격식──격율格律을 알아야 한다. 언어의 발전으로 고대에서 원래 압운되던 것이 후세에 와서 읽으면 압운되지 않는 것이 적지 않다. 만약 현대의 독음을 근거로 하면 운각을 확정하기 어렵다. 따라서 반드시 먼저 『시경』의 압운 규율, 즉 어떤 곳에 용운되고 어떤 곳에 운이 없는지를 알아야 한다. 이는 객관적이어야 한다. 공광삼孔廣森은 저서 『시성분례詩聲分例』에서 "欲審古音, 必先求乎用韻之例。고운을 연구하려면 필히 먼저 용운의 예를 알아야 한다.", "弗明乎古人用韻之法, 無以辯乎古音之界。고인의 용운법을 모르면, 고음의 범위도 구분할 수 없다."[4]고 하였다. 그러나 『시경』의 용운은 후세의 율시律詩처럼 그렇게 고정적인 표준 격식이 있는 것이 아니며, 구애를 그다지 받지 않고 다양하다. 그래서 고음학자도 『시경』의 운례韻例에 대해 의견이 서로 다르다. 송대宋代 항세안項世安(?~1208)이 『시구압운소밀詩句押韻疏密』을 저작한 이후, 역대의 학자들, 예를 들면 강영江永의 『시운거례詩韻舉例』에서 왕력 선생의 『시경운독詩經韻讀』에 이르기까지 끊임없는 탐색과 연구를 거치게 되었다. 왕력 선생 등 학자들이 만든 "시경운례詩經韻例"를 참고로, 우리는 『시경』 운례의 기본 유형을 알 수 있다. 『시경』에는 2자구二字句·3자구·4자구·5자구에서 12자구까지 있는데, 4자구가 위주가 된다. 용운의 격식을 보면, 연구운連句韻·간구운間句韻·착구운錯句韻·포운抱韻 및 요운遙韻 등이 있다. 4자구四字句를 예로 한다.

連句韻 (×××a  ×××a  ×××a  ×××a):
汶水湯湯, 行人彭彭; 魯道有蕩, 齊子翺翔。(『齊風·載驅』)

間句韻 (××××　　×××a　　××××　　×××a):

　　采采卷耳, 不盈頃<u>筐</u>。嗟我懷人, 置彼周<u>行</u>。(『周南·卷耳』)

首句入韻 (×××a　　×××a　　××××　　×××a):

　　關關雎<u>鳩</u>, 在河之<u>洲</u>。窈窕淑女, 君子好<u>逑</u>。(『周南·關雎』)

錯句韻 (×××a　×××a　×××b　×××b):

　　于以采<u>蘋</u>, 南澗之<u>濱</u>。于以采<u>藻</u>, 于彼行<u>潦</u>。(『召南·采蘋』)

　혹은 (×××a　×××b　×××a　×××b):

　　鵲之<u>彊彊</u>, 鶉之<u>奔奔</u>; 人之無<u>良</u>, 我以爲<u>君</u>。(『鄘風·鶉之奔奔』)

抱韻 (×××a　　×××b　　×××b　　×××a):

　　有命自<u>天</u>, 命此文<u>王</u>; 于周于<u>京</u>, 纘女維<u>莘</u>。(『大雅·大明』)

　　이것은 眞部字 "天·莘"이 陽部字 "王·京"을 품은 것이다.

遙韻 (×××a　　×××a　　×××A

　　×××b　　×××b　　×××A

　　×××c　　×××c　　×××A):

　　麟之<u>趾</u>, 振振公<u>子</u>, 于嗟<u>麟</u>兮。

　　麟之<u>定</u>, 振振公<u>姓</u>, 于嗟<u>麟</u>兮。

　　麟之<u>角</u>, 振振公<u>族</u>, 于嗟<u>麟</u>兮。(『周南·麟之趾』)


　　용운의 변화 유무, 즉 환운換韻 여부로 보면, 대체로 단일운單一韻(aaaa식), 체전운遞轉韻(aabb식)과 교직운交織韻(abab식) 등으로 나눌 수 있다.[5] 특히 유의할 것은 일반적으로 허사가 구절의 끝에 있을 때, 입운入韻하지 않거나, 같은 글자로 압운하는 것을 피하기 위해, 앞에 운자韻字를 하나 추가하여 "부운富韻"을 구성한다. 예를 들면:

　　野有死<u>麕</u>, 白茅<u>包</u>之; 有女懷春, 吉士<u>誘</u>之。(『召南·野有死麕』)

　　摽有梅, 其實<u>七</u>兮; 求我庶士, 迨其<u>吉</u>兮。(『召南·摽有梅』)

『시경』에서 문장 구절의 끝에 쓰이는 허사로는 "之지 · 也야 · 矣의 · 兮혜 · 止지 · 思사 · 只지 · 且차 · 焉언 · 哉재" 및 대명사 "我아 · 女녀(汝여)" 등이 있다.

운율韻律에 근거하여 운각韻脚을 확정한 후, 서로 압운하는 글자를 계련系聯 · 귀납歸納 · 분류할 수 있다. 예를 들면 다음과 같다.

參差荇菜, 左右采之; 窈窕淑女, 琴瑟友之。(『周南 · 關雎』三章)

采采芣苢, 薄言采之; 采采芣苢, 薄言有之。(『周南 · 芣苢』一章)

招招舟子, 人涉卬否; 人涉卬否, 卬須我友。(『邶風 · 匏有苦葉』四章)

瑣兮尾兮, 流離之子; 叔兮伯兮, 褎如充耳。(『邶風 · 旄丘』四章)

緜緜葛藟, 在河之涘。終遠兄弟, 謂他人母。謂他人母, 亦莫我有。

(『王風 · 葛藟』二章)

翩翩者鵻, 載飛載止。集于苞杞, 王風靡鹽, 不遑將母。

(『小雅 · 四牡』四章)

丘中有李, 彼留之子。彼留之子, 貽我佩玖。(『王風 · 丘中有麻』三章)

將仲子兮, 無踰我里, 無折我樹杞。豈敢愛之, 畏我父母。

(『鄭風 · 將仲子』一章)

泉源在左, 淇水在右。女子有行, 遠兄弟父母。(『衛風 · 竹竿』二章)

相鼠有齒, 人而無止。人而無止, 不死何俟! (『鄘風 · 相鼠』二章)


계련법系聯法으로 보면 "采채 · 友우 · 苢이 · 有유 · 子자 · 否부 · 耳이 · 涘사 · 母모 · 杞기 · 李이 · 玖구 · 里리 · 右우 · 止지 · 齒치 · 俟사" 등 글자가 서로 압운한다는 것을 발견할 수 있다. 이는 『시경』 시대에 이들의 운모韻母가 같거나 비슷하다는 것을 의미한다. 즉, 그 주요 모음과 운미가 같고, 단지 개음介音이 다를 뿐이다. 이런 글자들의 현대 운모는 차이가 아주 크다. 어떤 것은 [ai], [əu]로 읽고, 어떤 것은 [i], [ï]로 읽으며, 또 어떤 것은 [ui] 혹은 [ər]로 나누어 읽는데, 분명히 서로 압운할 수 없다. 당시唐詩가 만들어진 시대에서도 이런 글자들은 일반적으로 서로 압운할 수 없었다. 왜냐하면, 이들은 『광운』 상성의 海韻·有韻·厚韻·止韻에 속하며, 더욱이 다른 蟹攝·流攝·止攝에 속하는 것이기 때문이다.

이들은 『시경』에서 서로 압운할 수 있었으므로, 고음학자들은 이들을 서로 연결하여 상고에서 동일한 운부에 속하였을 것이라고 단정하였다. 그래서 『시경』 속의 모든 압운하는 글자들을 나누어 계련하고 귀납하여, 『광운』 206운과 비교하였다. 예를 들면, 위에 예시된 시문 중의 "子·茲·耳·涘·齒·杞·俟" 등은 지운之韻 상성 止韻에 속하고, "有·友·玖·否" 등은 우운尤韻 상성 有韻에, "母모"는 후운侯韻 상성 厚韻에, "采채"는 해운咍韻 상성 海韻에 속한다. 단옥재段玉裁 이후의 고음학자들은 대부분 이런 글자들을 상고의 부部에 귀납시켰다. 다시 말하면, 상고의 지부之部는 적어도 『광운』의 之韻·尤韻·侯韻과 咍韻을 포괄하며(평성으로 상·거성을 포함), 지부의 명칭도 『광운』에 근거하여 정한 것이다. 이렇게 각 운부의 범위를 확정해내어 상고 운부체계의 면모가 드러나게 되었다. 왕력 선생이 주장한 고운古韻 29부 혹은 30부는 바로 이렇게 얻어낸 것이다.

상고 운부를 연구하는 다른 한 가지 중요 자료는 형성자이다.

고음학자는 성부聲符가 같은 글자는 현대의 독음이 다르더라도 『시경』에서는 압운할 수 있다는 것을 발견하였다. 예를 들면,

羔羊之<u>皮</u>, 素絲五<u>紽</u>。退食自公, 委蛇委<u>蛇</u>(yí)。(『召南·羔羊』一章)

"紽"와 "蛇"는 비록 후세에서 독음이 다르지만, 상고 운부체계의 각도에서 볼 때, 동성부同聲符의 글자는 기본적으로 같은 운부에 속한다. 예를 들면 "紽"와 "蛇"는 모두 "它"의 소리를 따른다. 그러나 두 글자의 현

대 독음은 (하나는 tuó로, 하나는 yí 혹은 shé로 읽음) 아주 큰 차이가 있다. 『시경』에서는 서로 압운하고 동성부에 속하였다는 것은 무릇 "它타"의 소리를 따르는 한자, 예를 들면 "佗·坨·沱·陀·柂·砣·跎·駝·酡·鴕·舵·屹·扡·袘·詑·迱·鉈·鮀·紽" 등은 같은 부部, 즉 가부歌部에 속한다. 그리고 "它" 원래의 뜻은 뱀으로, 고문에서는 "ᘰ"으로 쓰며, 예변隸變에서는 또 "也"로도 쓰인다. "也"의 소리를 따르는 글자는 "他·地·池·拖·池·施·衪·拕·杝·牠·狏·砸·袘·訑·迆·迤·陁·陀·駝·髢" 등도 가부歌部에 속한다. 그리고 이 시문 첫 구의 "皮피"자도 입운入韻하여 압운의 대상에 넣었다. "皮"도 가부歌部 자이며, "皮"의 음을 따르는 글자로, "波·彼·坡·披·彼·被·破·頗·玻·跛·疲·鈹·陂·破·菠·簸·婆·恢·旗·柀·綏·掫·贁·髮" 등도 가부에 속한다. 또 예를 들면,

鸛鳴于垤, 婦嘆于室。灑掃穹室, 我征聿至。(『豳風·東山』三章)

여기서 압운이 되는 네 글자 "垤질·室실·室질·至지"는 모두 "至" 소리를 따른다. 『광운』에서는 각각 입성 質韻과 거성 至韻에 속하고, 상고에는 같은 質部에 속한다. "至"자의 음을 따르는 글자 "侄·致·郅·桎·輊·膣·蛭·咥·岊·恎·挃·眰·絰·銍·蟄·踕·屋·姪·眰·洼·窒·秷·緻·胵·銍·駤" 등도 質部에 속한다.

그러므로 형성자 자료를 『시경』 등 선진의 운문 용운에 결합시켜 연구·귀납해 낸 상고 운부체계는 더욱 믿을만하다. 더욱이 『시경』 등 운문 중의 입운자入韻字는 한정되어 있으나, 형성자는 스스로 해성 체계를 이루어, 운에 넣지 않는 글자를 보충하여 상고 운부 귀속자의 내용을 풍부하게 할 수 있다. 그래서 고음학자들은 "上古韻部諧聲表"를 만들었다. 예로, 단옥재段玉裁의 "고운십칠부해성표古韻十七部諧聲表"[6] 같은 것이다.

## 2.2 선인의 상고 운부 고증 과정 및 성과

위에서 소개한 상고 운부 연구의 근거와 방법, 그리고 중점적으로 소개한 왕력 선생의 29부 혹은 30부의 결론은 간단하게 하루 아침에 얻은 것이 아니라, 역대 학자들이 장기간의 연구와 토론의 과정을 거쳐 끊임없이 선인의 연구 성과를 총결지어 얻은 것이다.

고음학사에서 고운古韻에 대한 연구는 고 성뉴聲紐에 대한 연구보다 훨씬 이르다. 그 이유는 어음의 변화 발전으로 인해, 한위漢魏 이후의 학자가 『시경』 및 기타 선진先秦의 운문을 읽을 때 운韻이 있어야 할 곳에 압운되지 않는 것을 느꼈기 때문이다. 그리고 그들은 역사적 관점이 부족하여 어음도 변화 발전한다는 것은 이해하지 못하고, 선진의 한자 독음이 후세와 어떤 차이가 없다고 생각하였다. 예를 들면, 동진東晉의 서막徐邈(344?~397)은 "운을 취하여 독음하는 법取韻爲讀之法"을 제기하였다. 예를 들면 『召南・行露』3장의 "雖速我訟, 亦不女從。"을 『모시정의毛詩正義』에서 이르기를: "訟, 如字。徐(邈)取韻音才容反。訟, 글자 그대로다. 서막은 운을 취하여 음을 才容反이라 하였다."고 했다. 그는 "訟" 자가 상고에 본래 평성으로 읽는지를 알지 못하였다. 또 예를 들면, 양대梁代 말년에 심중沈重(500~583)은 "협구協句"설을 제기하였다. 예를 들면 『패풍邶風・연연燕燕』 1장의 "燕燕于飛, 差池其羽。之子于歸, 遠送于野。瞻望弗及, 泣涕如雨。"을 『경전석문經典釋文』에서는 심중沈重의 『모시음毛詩音』을 인용하여: "野, 協句宜音時預反。野, 협구하여 마땅히 음은 時預反이다"라고 하였는데, 독음을 "暑"로 고쳐 읽으면(음은 別墅의 墅와 같음), 윗 구절의 "羽" 및 아래 구절의 "雨"와 서로 협운할 수 있다. 이는 사실상 억지로 글자의 음을 고쳐 당시의 발음에 맞추려는 것이지, 진정으로 고대 본래의 음을 밝힌 것이 아니다.

당대唐代의 육덕명陸德明(556~627)은 "古人韻緩不煩改字고인의 운을 쓰는데 느슨하여 번거로이 글자를 고치지 않았다."고 주장하였는데, 그 의미는 고인의 용운이 아주 관대하여 임의로 글자를 사용하여 압운할 수 있으며, 압운이 되지 않는 글자는 임시로 음을 고쳐 읽어, 글자를 고칠 필요가 없었다는 것이다. 예를 들면,『주남周南·관저關雎』마지막 장의 뒤 네 구절 "參差荇菜, 左右芼之。窈窕淑女, 鐘鼓樂之。"에서, 육씨는 "樂, 或云協韻宜五敎切。락은 혹은 협운하여 五敎切로도 읽는다"라 하여, "芼모"와 협운할 수 있다고 하였다. 이는 "협구설協句說"과 별 차이가 없다. 李善(약 630~689)은『문선文選』주석에서 역시 "협운協韻"이라고 칭하였고, 안사고 顔師古(581~645)는『한서漢書』주석에서 이를 "합운合韻"이라고도 하였는데, 같은 의미이다.

당대 명황明皇 이융기李隆基가 경전을 고친 이야기가 있다. 그는 밤에『상서尙書·홍범洪範』을 읽다가 "無偏無頗, 遵王之儀" 부분에서 "頗"와 "儀"가 압운되지 않음을 느끼고는, 조서를 내려 "頗"를 "陂"로 고쳤다. 그는 "頗"가 "皮"로부터 소리를 얻고, "儀"자와 상고에서는 같은 가부歌部에 속하였다는 것을 알지 못하였으므로 이런 웃음거리를 만들었다.

송대 주희朱熹(1130~1200)의 저작『시집전詩集傳』은 주석이 간단명료하여 매우 영향력이 있지만, 그의 주음注音은 협음(운)설叶音(韻)說을 사용하여 잘못된 것이었다. 소위 "협음叶音"이라는 것 역시 고금의 어음이 같다는 관점에서 시작된 것으로,『시경』시대의 시인이 시를 읊을 때 아무렇게나 운을 썼다고 하여, 후세에 와서 읽기에 압운되지 않는 곳은 시인이 원래 음이 다른 글자를 썼다고 여기고, 임시로 글자의 음을 고쳐 읽어 협운叶韻을 추구하였다. 예를 들면,『패풍邶風·연연燕燕』3장에 "燕燕于飛, 下上其音。之子于歸, 遠送于南。瞻望弗及, 實勞我心。"이 있는데, 주희는 "南남"자 아래에 "叶尼心反 尼心反과 협운"이라고 주석하여 "音음·心심"과 협운하게 하였다. 이는 육조六朝 학자의 "취운取韻"설·"협구協句"설과 같은 유형의 잘못을 한 것이다.

사실, 『시경』은 기타 선진의 운이 있는 운문과 마찬가지로 모든 입운자入韻字는 고정적인 독음이 있으므로, 어떤 때는 이 음으로 어떤 때는 저 음으로 읽어서는 안 된다. 그렇지 않으면 독음에 기준에 없어 사람들이 어떻게 생각을 나누었겠는가? 언어는 사회 교제의 도구로서 존재하는 것이므로, 함부로 고쳐서는 안 되는 것이다. 예로, 위에 언급한 지부之部의 "有"자는 선진에서도 고정적인 독음이 있어, "采"와 압운할 때는 ai로 읽고, "母"와 압운할 때는 u로, "子"와 압운할 때는 sɿ로, "裏"와 압운할 때는 yi로, "齒"와 압운할 때는 sʅ로, "玖"와 압운할 때는 "iəu"로 읽어서는 안 된다. "有"는 『시경』에서 어떤 상황에서도 한 가지 독음만 있다는 것을 알아야 한다. 이것이 "采" "母" "子" "裏" "齒" "玖" 등의 글자와 압운할 수 있는 까닭은, 이들이 『시경』 시대에 독음이 비슷하거나 같은 운부에 속했고, 후세에 와서 다른 독음으로 변화되었기 때문이다.

　이런 발전적 관점을 전제로 갖고 있어야 고음에 대해 정확하게 인식하게 된다. 청대의 고음학자들은 바로 이런 점에서 선인을 초월하여 뛰어난 성과를 거둘 수 있었다. 위에서 소개한 진송晉宋 이후의 여러 주장은 고음에 대한 과학적인 연구라고 말할 수 없다.

　일반적으로 송대宋代의 오역吳棫(약 1100~1154)을 중국 최초의 고음을 연구한 학자로 본다. 그는 남송 건안建安(오늘의 복건성(福建省) 건구(建甌) 사람으로, 본적은 안휘성(安徽省))이다. 저서로 『모시보음毛詩補音』·『초사석음楚辭釋音』과 『운보韻補』 등이 있는데, 앞의 두 저서는 이미 소실되었다. 『운보』는 『광운』 206운을 기초로, 운어韻語·이문異文·성훈聲訓 등 자료를 인용하여 고대에 어떤 운韻들이 상통했는지를 증명하였다. 예를 들면, 1권에 "冬, 고대에 東과 통하고; 鐘, 고대에 東과 통하고; 江, 고대에 陽과 통하거나, 東에 전입되었다. 冬, 古通東; 鐘, 古通東; 江, 古通陽或轉入東." 이라고 기록되어 있다. 오역은 이처럼 간단히 『광운』에 근거하여 "고대에서는 어떤 것과 통하고古通某", "고대에 소리가 바뀌어 어떤 것과 통했다

古轉聲通某"고 주석했을 뿐, 명확하게 상고 운부의 결론을 제기하지 못하였다. 그리고 그는 또 "고인운완설古人韻緩說"을 주장하고 역사적 관점도 비교적 모호하였으므로 성과는 그다지 크지 않다.

어떤 이는 오역이 주석한 "古通某"에서 상통하는 운에 근거하여 9개 운부를 귀납해냈다.

第1部　東冬鍾江陽蒸登侵
第2部　支脂之微齊灰咍皆佳尤歌戈麻
第3部　魚虞模麻侯尤
第4部　真諄臻文欣魂痕元先庚耕清青山仙侵
第5部　寒桓山刪先仙元鹽添嚴覃談咸銜
第6部　蕭宵肴豪尤幽
第7部　歌戈麻
第8部　陽唐東冬鐘江庚耕清青蒸登真侵
第9部　尤侯幽虞豪肴蕭之咍灰

이 9부는 경계가 명확하지 않아, 그 주음에도 적지 않은 착오가 있다. 예를 들어, "分"膚空切 ; "心"息容切로 주석하였다. 이는 고음이 아니며, 사실상 그의 민방언閩方言을 반영한 것이다. 그러나 오역은 방법에 있어 후세에 일정한 계시를 주었다. 즉, (1) 『광운』 206운과 비교하여 위의 고음을 유추하였다. (2) 운어·이문·성훈과 형성자 등의 자료를 운용하였다.

송대에는 또 정상鄭庠(년도·본적 미상)이 있고, 저서 『고음변古音辯』에서 고운을 6부로 나누었는데, 그 저작은 이미 소실되었다. 청조 말기, 하흔夏昕의 『시고운표22부집설詩古韻表二十二部集說』에 수록된 바로는 "평수운平水韻" 운목을 이용하였는데, 출처는 어디인지 모른다. 원대元代의 웅붕래熊朋來(1246~1323, 강서(江西) 남창인(南昌人))은 『웅선생경설熊先生經說』에서 정상의 학설을 인용하고 『광운』의 운목韻目을 적용하였다.

第1部　東冬鍾江陽唐庚耕清青蒸登 (入聲: 屋沃燭覺藥鐸陌麥昔錫職德)
第2部　支脂之微齊皆佳灰咍 (祭泰夬廢)
第3部　魚虞模歌戈麻
第4部　真諄臻文欣元魂痕寒桓删山先仙 (入聲: 質術櫛物迄月没曷末
　　　　點鎋屑薛)
第5部　蕭宵肴豪尤侯幽
第6部　侵覃談鹽添咸銜嚴凡 (入聲: 緝合盍葉帖洽狎業乏)

　　정씨 6부는 『광운』을 기계적으로 합병했을 뿐이다. 강유고江有誥는 "비
록 분부分部는 적으나, 여전히 출운이 있는데, 대개는 오직 『唐韻』에서
그 통합에만 주목하고, 『唐韻』의 분리를 분석하지 못하였으니, 당연히
적절하지 않다."[8]고 비판하여 정씨의 허점을 찔렀다.
　　명대에 고운을 연구한 학자로 유명한 두 사람이 있다. 한 사람은 양신
楊慎(1488~1559)으로, 자는 용수用修, 호는 승암升庵, 사천四川 신도新都(본적
은 노릉(盧陵)—지금의 강서(江西) 길안(吉安)) 사람이고, 저서로 『고음병자古音
駢字』·『전주고음략轉注古音略』·『고음총목古音叢目』·『고음약례古音略例』
등이 있지만, 대부분 "고금을 고증하고, 그에 의탁하여 지어낸 것"이다.
그 중 『고음약례』는 오역吳棫의 저작에 자료만 다소 보충한 것이므로 성
과라고 할 수 없다.
　　또 한 사람은 명대 말기의 진제陳第(1541~1617)인데, 그의 영향은 비교
적 크다. 진제는 복건성福建省 연강連江 사람으로, 만력년萬曆年 간의 수재
로 여러 생도와 함께 종군從軍하였고, 계진薊鎮 유격장군遊擊將軍의 관직
에까지 이르렀다. 저작으로는 『모시고음고毛詩古音考』·『굴송고음고屈宋古
音考』가 있다. 그의 가장 두드러진 공헌은 "협음설叶音說"을 없애고, 명확
하게 고음이 현대음과 다르다는 관점을 제기한 것이다. 그는 "시간에 고

금이 있고, 땅에는 남북이 있으며, 글자에 변혁이 있고, 음에도 전이가 있으니, 이러한 형세 또한 필연적인 것이다.蓋時有古今, 地有南北, 字有更革, 音有轉移, 亦勢所必至。"라고 하고, 또 "따라서 오늘의 음으로 옛 작품을 읽으면 괴팍하고 맞지 않는 것을 피할 수 없으므로, 모두 협음에 의존한다. 결국은 협음에서 나온 것으로, 어느 한 사람의 작품이 아니고, 어느 한 나라에서만 취한 것도 아니다. 왜 '母'를 米로 읽을까? 반드시 '杞' '止'운이 아니면, '祉'운이나 '喜'운일 것이다. '馬'는 필히 '姥(姆)'로 읽을 것이고, '組'운이나 '黼'운이 아니면, '旅'운이나 '土' 운일 것이다. …… 그 규칙이 엄격한 것은 『당운唐韻』뿐만이 아니다. 이러한 까닭은 무엇일까? 그리고 『左』『國』『易象』『離騷』『楚辭』『秦碑』『漢賦』, 심지어 상고의 가요·잠箴·명銘·찬贊·송誦도 흔히 운이 『詩』와 부합하는데, 이는 고음의 증거이다. 어떤 사람은 『三百篇詩經』을 시사詩辭의 시조로, 훗날에 글 짓는 이가 그 운을 규칙으로 삼을 따름이라고 하였다. 그러나 왠지 위진魏晉 시기에는 고음이 꽤 많았으나 수당隋唐에 이르러서는 점차 사라졌다.)"[9]라고 하였다. 진제는 선진先秦의 한자는 모두 고정적인 독음이 있고, 후세에 독음이 달라진 것은 어음에 변화가 있었기 때문이라고 여겼다. 그의 이런 역사적 관점은 청대의 고음학자에게 아주 큰 계시와 영향을 주었다. 그러나 진제의 『모시고음고』는 단지 『시경』의 운자韻字를 직음법直音法으로 그가 생각한(혹은 추정한) 고음을 주注로 달았다. 예를 들면, "服音逼" "采音此" "友音以" "馬音姥" 등이다. 책 전체에는 모두 444개 문자를 열거하였고, 글자마다 그 "고음"을 달아 놓은 후, 본증本證과 방증旁證도 열거하였다. 그러나 고음이란 무엇인가? 진제는 여전히 이에 대한 명확한 기준을 제시하지 않았으므로, 그의 주음注音은 오류를 면치 못하였다. 예를 들면, "婦音喜" "南音寧" "歲音試, 後轉音泄" "國音役" "業音岳" "嚴音莊" 등이다. 이러한 착오는 대부분 그의 민방언閩方音의 영향을 받은 것이며, 동시에 그가 더 체계적으로 고음과 현대음의 같은 점과 다른 점을 연구하지 못하고, 고운古韻에 대해 체계적이고 포괄적인 인식이 없었기 때문이다. 이는 역사적 한계이기도 하다.

가장 먼저 고운 연구를 체계적인 과학 연구로 이끈 것은 명말 청초의 위대한 사상가이자 경학經學의 대가인 고염무顧炎武(1613~1682)이다. 고염무는 강소성江蘇省 곤산昆山 사람으로, 처음의 이름은 강絳, 자는 충청忠淸이었는데, 후에 이름을 염무炎武, 자를 영인寧人, 호를 정림亭林으로 바꾸었다. 고음학 방면의 저작으로는 『음학오서音學五書』(『음론音論』·『시본음詩本音』·『역음易音』·『당운정唐韻正』·『고음표古音表』를 포함)가 있다. 고염무는 진제陳第의 역사관을 받아들이고, 고인古人의 용운이 후세와는 다른 것, 즉 고음과 현대음의 표현이 다르다는 것을 인식하였다. 동시에 그는 오역吳棫 등 학자의 교훈을 받아들여, 자료의 선별에 주의하였다. 즉, 기본적으로 선진의 운어韻語를 취하고 『시경』을 위주로 하였다.(그러나 그도 한위漢魏 이후 심지어 당대의 시운詩韻으로 자신의 고운古韻 체계를 증명하였다. 이는 그의 역사적 관점이 철저하지 않았음을 보여준다). 방법에 있어, 고염무는 객관적인 귀납에 주목하여, 압운하는 글자를 한 부류로 귀납하고, 압운하지 않는 글자는 따로 처리하여, 『광운』과 비교한 후 고인古人의 용운을 십대十大 부류로 분류하였는데, 그는 이를 "고운십부古韻十部"라 하였다.

第1部　東冬鍾江
第2部　脂之微齊佳皆灰·支之半·尤之半, 入聲: 質術櫛物迄月沒曷末黠鎋屑薛·職德·屋之半·麥之半·昔之半·錫之半;
第3部　魚虞模侯, 麻之半, 入聲: 屋之半·沃之半·燭之半·覺之半·藥之半·鐸之半·陌之半·麥之半·昔之半;
第4部　真諄臻文欣元魂痕寒桓刪山先仙;
第5部　簫宵肴豪幽, 尤之半, 入聲: 屋之半·沃之半·覺之半·藥之半·鐸之半·錫之半;

第6部　歌戈, 麻之半・支之半;
第7部　陽唐, 庚之半;
第8部　耕清靑, 庚之半;
第9部　蒸登;
第10部　侵覃談鹽添咸銜嚴凡, 入聲: 緝合盍葉帖洽狎業乏.

　　고씨 10부 분류의 특징(그의 공적이기도 함)은 우선 전통 운서韻書의 속박에서 벗어나기 시작하였다는 데 있다. 즉,『절운切韻』계열 운서의 제약을 받지 않고 "離析唐韻당운(唐韻)을 판별분석"할 수 있었다. 다시 말하면,『시경』의 운각韻脚을 귀납할 때, 후대 운서韻書 분운分韻의 제한을 받지 않도록 주의하였다는 것이다. 어떤 글자는 후대의 운서에서 비록 같은 운韻에 속하지만, 선진의 운문에서는 각기 다른 자신의 위치에 있고 서로 관련이 없어, 이들을 각각 다른 운부에 속하게 하였다. 예로, 우운尤韻의 "尤牛丘郵裘謀"등 자는 제2부에, "鳩憂留流秋州"등 자는 제5부에 귀속시켰다, 마운麻韻 "麻嗟加嘉沙蛇也"등 자는 제6부에, "䕌車奢賒牙華家"등 자는 제3부에 넣었다. 또 예로, 지운支韻의 "奇宜垂義池難移"등 자는 제6부에, "支知吹是歸斯此兒"등 자는 제2부에 넣었다. 즉, 소위 말하는 모운지반某韻之半이다. 이는 관점과 방법에서 모두 선인을 초월하였다. 후에 고운古韻 연구에 있어 계속 성과를 낼 수 있었던 고운학자들은 모두 이 길을 따른 것이다. 다시 말하면, 선진 운문 용운의 객관적 사실에 근거하여 "離析唐韻" 하였다.

　　다음으로, 고염무는 상고의 입성운入聲韻과 음성운陰聲韻의 관계가 후대의 것과 다른 것에 주목하였다. 중고『절운』음계는 입성운이 양성운에 배합하였으나,『시경』및 기타 선진의 운문에서 음성운자와 입성운자는 흔히 서로 압운하였다. 예를 들면,『빈풍豳風・칠월七月』1장은 다음과 같다.

七月流火, 九月授衣。一之日觱發, 二之日栗烈。無衣無褐, 何以卒歲!

　"歲세"는『광운』거성去聲 폐운廢韻에 속하고, 입성入聲 월운月韻의 "發발", 설운薛韻의 "烈열", 갈운曷韻의 "褐갈"과 서로 압운한다. 또 예로,『주남周南·관저關雎』3장에 "參差荇菜, 左右芼之。窈窕淑女, 鐘鼓樂之。"에서 거성去聲 호운號韻의 "芼모"자와 입성 탁운鐸韻의 "樂락"이 서로 압운한다. 고염무는 이에 근거하여 입성운과 음성운을 같은 부部에 귀속시켰다. 예를 들면, 제2, 3, 5부(제10부의 [-p] 입성운이 [-m] 양성운에 귀속된 것은 제외함)이다. 이것은 그가 고운古韻으로 고운을 논하고, 후세의 운서韻書가 입入이 양陽에 배합되는 그런 제한을 받지 않을 수 있었으니, 분명 그의 독창적인 견해라 할 수 있다.

　그러나 고염무의 분부分部는 너무 대략적이고, 초보적으로 고운古韻 체계의 틀을 잡았을 뿐이어서,『시경』의 운부체계를 진정으로 반영하였다고 할 수 없다. 강영江永은 고염무를 "옛 것을 연구한 공은 크나, 심음審音의 공은 작다.考古之功多, 審音之功淺。"[10]고 비판하였다. 이 비판은 맞는 말이다. 고염무는 음을 분석하는 데 미흡할 뿐만 아니라, 옛것을 연구하는 면에서도 문제가 있다. 예를 들면, 옥운屋韻을 어운魚韻에 배합하고, 질운質韻을 지지반支之半에 배합시켰다. 후대의 고음학자는 고염무의 연구를 기반으로 고운의 부部를 점점 더 세분화하고 정밀하게 하여, 선진의 실제 고운과 점점 더 가깝게 하였다. 고염무와 동시에, 그리고 그 이후로 고음학을 연구하는 학자는 아주 많다. 예로, 시소병柴紹炳·모선서毛先舒·방이지方以智·왕부지王夫之·모기령毛奇齡·이인독李因篤·만광태萬光泰 등이 있다.[11] 아래에 그 후의 몇몇 중요한 공헌을 한 학자를 소개하고자 한다.

　강영江永(1681~1762), 자는 신수愼修이고, 휘주徽州 무원婺源(오늘의 강서성 무원현) 사람이다. 그의 고운을 연구한 주요 저작은『고운표준古韻標準』이다. 그는 "고씨의 책을 수정하여, 13부로 늘렸다.因本顧氏書修正之,

增爲十三部.”고 하였다. 그의 성과는 고염무의 제4부를 “眞諄文欣魂痕·分先”과 “元寒桓删山仙·分先”의 두 부部로 나눈 것이다. 즉, 선운자先韻字를 두 부로 나누어, “千田天堅賢年顚淵玄扁沔先烟”등 자를 제4부(진문眞文)에 귀속시키고, “肩箋前涓典犬懸見宴燕片”등 자로 새로운 제5부(원한元寒)로 만들었다. 그는 같은 방법으로 또 고씨 제3부 중의 우운虞韻을 두 부로 나누었다. 즉 일부분 글자, 예를 들면, “夫吁虞膚羽雨舞甫父武栩賦瞿釜芋”등 자는 제3부(魚어)에 남기고, “駒株蹰樞姝驅俞愚侮主乳樹數取具句”등 자는 그가 새로 만든 제11부(유후幽侯)에 귀속시켰다. 그는 또 고염무의 제5부를 두 부로 나누었다. 즉, “蕭宵肴豪소소효호”네 개 운韻의 각 절반(예로, “寥潦窈苕, 夭苗昭朝遥驕郊, 肴巢效教, 高刀毛勞號盜到”등)을 그의 제6부에 넣고; 그 나머지 절반(예로, “蕭條聊凋烏, 僬, 包茅膠卯炮, 曹陶牢好老道草寶報”등) 및 유幽와 우지반尤之半을 제11부에 병합하였다. 다시 말하면, 강영은 고염무의 제3, 5부를 나누어, 그의 제3, 6과 제11부에 넣었다. 이 외에 강영은 또 고염무의 제10부를 둘로 나누었다. 즉, 侵침과 軍군의 대부분(예로, “驂南男覃潭堪含”), 談담의 일부(예로, “三”), 鹽염의 일부(예로, “潛”), 添첨의 일부(예로, “僭簟”) 및 그 입성入聲을 제12부로 하고, 기타 談담의 대부분(예로, “談藍甘敢淡濫”), 覃담의 일부(예로, “涵”)와 咸함·衝함·嚴엄·凡범의 네 개 운과 鹽염의 대부분(예로, “鹽詹沾炎廉冉染”), 添첨의 대부분(예를 들면 “玷恬點兼謙歉”) 및 그 입성入聲을 제13부에 넣었다.

강영은 저명한 등운等韻 학자로 고운 입성운부의 독립 문제를 주목하기 시작하였다. 비록 형식 상에서 그의 고운 13부는 입성운을 포함하고, “數韻共一入여러 운은 입성 하나를 공유한다.”을 주장하였으나, 그 또한 명확하게 8개 입성운부로 분류하였다.

第1部　屋·燭·分沃·分覺;

第2部　質·術·櫛·物·迄·沒·分屑·分薛;

第3部　月·曷·末·黠·轄·分屑·分薛;

第4部　藥·鐸·分沃·分覺·分陌·分麥 (此韻은 실제 3분의 1, 下同)· 分昔·分錫;

第5部　分麥·分昔·分錫;

第6部　職·德·分麥;

第7部　緝·分合·分葉·分洽;

第8部　盍·帖·業·狎·乏·分合·分葉·分洽

강영의 분류 역시 그다지 세밀하지는 못하다.

단옥재段玉裁(1735~1815), 자는 응당膺堂, 호는 懋(茂)堂, 강소성江蘇省 금단金壇 사람으로, 그의 저작 『육서음균표六書音均表』(『설문해자주說文解字注』에 첨부됨)는 고운古韻을 17부로 나누었다. 그의 주요 공헌은 다음과 같다.


(1) 부部를 분류함에 있어, 고염무의 제2부를 세 개의 부로 나누었다. 즉, 제1부, 之·咍·灰半·尤半; 제2부, 支半·齊半·佳; 제3부, 脂·微·皆·齊半·灰半이다. 그는 또 고염무의 제3부를 제4부(侯·虞半)와 제5부(魚·模·虞半·麻半)의 두 부분으로 나누었다.(강영은 비록 어부魚部에서 후부侯部를 분리해냈으나, 이를 또 유부幽部에 병합시켰다.) 단씨는 또 더 나아가 강영의 제4부를 제12부(眞半·臻·先半·諄半)와 제13부 文·欣·眞半·諄半·魂·痕"의 두 개 부로 나누었다. 이렇게 단씨의 운부 분류는 강영의 13부보다 네 개가 더 많아져 17부가 된다.


(2) 체계적으로 형성자 자료를 활용하고, 아울러 "십칠부해성표十七部諧聲表"를 만들었다. 단옥재는 "주진周秦의 운문을 고찰해보면, 어느 소리는 반드시 어느 부部에 속해 있고, 아주 심오하여 함부로 해서는 안 된

다. 따라서 편방偏旁이 어떤 글자로 소리를 내는 가에 따라, 그 음이 어느 부에 있는지 알며, 아주 간단하게 천하의 이치를 얻게 된다. 허숙중許叔重이 『설문해자説文解字』를 만들 때는 반어反語가 없었으나, 모성모성某聲某聲을 말하였으니, 운서로 볼 수 있다. 그 후 음에 변화가 있어, 같은 소리가 각 부部 각 운韻에 분산되었다. 예로, '某'의 소리는, '某'가 후운厚韻에 속하고, '媒'와 '腜'는 회운灰韻에 속한다. 또 예로, '每'의 소리는, '悔'와 '晦'가 대운隊韻에 속하고, '敏'은 진운軫韻에 속하며, '晦'와 '痗'는 후운厚韻에 속한다는 것 등으로, 뒤섞여 고르지 않으니, 배움을 이어나가는데 의문점이 많다. 그 근원을 보면, 같은 해성자는 반드시 같은 부에 속한다.

考周秦有韻之文, 某聲必在某部, 至嘖而不可亂。故視其偏旁以何字爲聲, 而知其音在某部, 易簡而天下之理得也。許叔重作『説文解字』時未有反語, 但云某聲某聲, 即以爲韻書可也。自音有變轉, 同一聲而分散于各部各韻。如一'某'聲, 而'某'在厚韻, '媒''腜'在灰韻；'每'聲, 而'悔''晦'在隊韻, '敏'在軫韻, '晦''痗'在厚韻之類, 參縒不齊, 承學多疑之。要其始, 則同諧聲者必同部也。"[12]라고 하였다. "같은 해성자는 반드시 같은 부에 속한다."함을 제기한 것은 단옥재의 중대한 발견으로, 선진 고운을 연구하고 파악하는 데 아주 큰 공헌을 하였다. 예를 들면, "以"는 지부之部에 속하는데, "以(目)"로부터 소리를 얻은 "似·矣·台·怡·胎·詒·抬·怠·貽·殆·迨·笞·治·飴·胎·紿·苔·姒·駘·邰·耜·俟·佁·鮐·駘·佁·珆·秮·緦·軩·哈·蕩·鉿·颱·誒" 등도 모두 지부之部에 속한다. 또 예를 들면 "工"자는 동부東部에 속하는데, "工"으로부터 소리를 얻은 "攻·仝·貢·空·江·鞏·汞·紅·虹·倥·貢·控·倥·訌·茳·珙·崆·豇·恐·箜·嗊·舡·悾·矼·鞚·荭·澒·玒·鴻" 등도 모두 동부東部에 속한다. 이처럼 한 성부聲符에 많은 글자가 따르게 된다. 따라서 "同諧聲者必同部"의 원칙에 근거하여, 기본적으로 같은 성부의 글자를 같은 운부韻部에 귀속시킬 수 있다는 것이다. 이는 개괄적이면서도 편리하다. 『시경』의 용운을 이용하면, 입운入韻하는 자만 귀납해낼 수 있으나, 형성자

를 이용하면 선진에서 나타난 전부 혹은 대부분의 글자를 귀납할 수 있다. 이러한 고대 운부韻部 연구의 결론은 더욱 완전하고 신뢰성이 있게 하였다.

물론, "同諧聲者必同部"라는 원칙도 기계적으로 운용하여서는 안 되고, 『시경』 등 선진 운문의 용운과 결합하여 고찰하여야 한다. 예를 들면, 『시경·소아小雅·유월六月』에 "四牡修廣, 其大有顒。薄伐玁狁, 以奏膚公。"이 있는데, 그 중 "顒옹"자는 "禺옹"으로부터 소리를 얻어 원래 후부侯部에 속하였지만, 여기서는 동부東部 "公공"과 압운한다. 이는 "顒옹"자가 후부侯部로부터 동부東部로 전입하였다는 것을 나타낸다. 『제풍齊風·보전甫田』 2장에 "無田甫田, 維莠桀桀。無思遠人, 勞心怛怛。"이 있는데, "怛달"은 "旦단"의 소리를 따라 원부元部에 속하여야 하지만, 이 시詩에서는 "桀걸"과 압운하므로 "dá"로 발음하여 이미 월부月部로 전입되었다. 또 예로, "等" "特" "待" 세 글자는 모두 "寺"의 소리를 따르지만, "寺·待"는 지부之部, "特"은 직부職部, "等"은 증부蒸部에 속한다. 이는 글자가 만들어진 시대가 멀리 『시경』 이전으로, 시간이 지나면서 자연스레 변화가 일어났기 때문이다. 따라서 『시경』 및 선진의 운문은 상고 운부를 고찰하는 기초와 기준이 되며, 형성자는 중요 보충자료가 된다.


(3) 단옥재가 고음을 연구한 세 번째 두드러진 성과는 바로 최초로 지부之部로 시작하는 고운부古韻部 배열법을 만든 것이다. 그 이전에는 『광운』의 순서에만 의존하여 고운부를 배열하였는데, 단씨는 각 부 모음의 원근에 근거하여, 『당운唐韻』의 순서를 바꾸고, 고운부를 새로 배열하기 시작하였다. 그의 17부 배열순서는 다음과 같다.

第1部　之咍, 職德;
第2部　宵蕭肴豪;

第3部　　幽尤, 屋沃燭覺;

第4部　　侯;

第5部　　魚虞模, 藥鐸;

第6部　　蒸登;

第7部　　侵鹽添, 緝葉帖;

第8部　　覃談咸銜嚴凡, 合盍洽狎業乏;

第9部　　東冬鍾江;

第10部　　陽唐;

第11部　　耕庚清青;

第12部　　真臻先, 質櫛屑;

第13部　　文諄欣魂痕;

第14部　　元寒桓刪山仙;

第15部　　脂微齊皆灰, 祭泰夬廢, 術物迄月沒曷末鎋鎋薛;

第16部　　支佳, 陌麥昔錫;

第17部　　歌戈麻


　이는 실제의 고운 체계와 비교적 가깝다. 물론 단옥재의 이 고운표도 더 조정하고 보완할 필요가 있다.

　대진戴震(1723~1777), 자는 동원東原이고, 안휘성安徽省 휴녕休寧 사람으로, 그의 저작 『성류표聲類表』는 고운古韻을 9종류 25부로 나누었다.[13]


| 第1類 | 1. 阿 (歌) | 第2類 | 4. 膺 (蒸) |
|---|---|---|---|
| | 2. 烏 (魚) | | 5. 噫 (之) |
| | 3. 堊 (鐸) | | 6. 億 (職) |
| 第3類 | 7. 翁 (東) | 第4類 | 10. 央 (陽) |
| | 8. 謳 (幽·侯) | | 11. 夭 (宵) |
| | 9. 屋 (屋·覺) | | 12. 約 (藥) |
| 第5類 | 13. 嬰 (耕) | 第6類 | 16. 殷 (眞·文) |
| | 14. 娃 (支) | | 17. 衣 (脂) |
| | 15. 厄 (錫) | | 18. 乙 (質) |

| 第7類 | 19. 安 (元) | | 第8類 | 22. 音 (侵) |
| | 20. 靄 (祭) | | | 23. 邑 (緝) |
| | 21. 遏 (月) | | | |
| 第9類 | 24. 醶 (談) | | | |
| | 25. 譅 (盍) | | | |

　대진戴震은 본래 단옥재의 스승이었으나, 그의 고음 연구 및『성류표』의 완성은 모두 단씨의『육서음균표六書音均表』이후이다. 그의 고운 25부는 단씨가 "支·脂·之" 세 부部를 구분한 성과를 받아들였다. 그는『答段若膺論韻』이란 서신에서 "支·脂·之가 구분된다는 이 자네의 탁월한 견식은 천고에 전해질 것이네."라고 하였다. 그러나 그는 단씨의 "眞·文"두 부의 분류에 관련된 의견을 받아들이지 않았고, 그의 스승인 강영의 주장을 계승하였다. 이 외에 대진은 또 "幽·侯"를 한 부로 병합하고, 따로 靄(祭)部애(제)부를 분리해냈다(이는 그의 독창적인 견해임). 그래서 그의 분류는 음성·양성운부에 각각 8부로, 총 16부가 되며, 그 외에 입성운 9부가 있어, 강영보다 한 부가 더 많다. 대진의 공적은 입성운을 명확하게 독립하여 음·양·입 세 부분으로 나눈 데 있다. 9개 부류 중에서 제8부류와 제9부류만 음성운이 없다. 그리고 제1부류에서 가부歌部를 양성으로 본 것은 잘못된 것이다. 이 외에 그는 또 "일성지전一聲之轉"설을 제기하여, "성전聲轉"에 "동위同位·위동位同"이 있고, "운전韻轉"에 "정전正轉·방전旁轉"(입성운은 음양대전陰陽對轉의 중추임)이 있음을 논하고[14], 이러한 이론을 훈고학訓詁學에 응용하였다. 그 후, 공광삼孔廣森·왕념손王念孫 등이 이를 더 발전시켰으며, 이 이론은 중국의 경학經學과 전통 언어학의 역사적 발전에 적극적인 역할을 하였다.

　공광삼孔廣森(1752~1786), 자는 중중衆仲 또는 휘약撝約이고, 산동성 곡부曲阜 사람으로, 그의『시성류詩聲類』는 고운을 18부로 나누었다. "東·中(冬)"으로 부部를 나눈 것은 그가 처음으로 제기한 것이다. 그는 "동류冬類의 고음은 동東·종鍾과 크게 다르고, 침성侵聲과 가장 가깝고, 증성蒸聲과 조금 멀다"라고 하였다. 그는 『광운』의 동운東韻을 두 개로 나누었다. 그 중 "中宮蟲躬戎終崇" 등 자와 동운東韻 자는 중(동)부中(冬)部에 속하고, "公同東童功空紅" 등 자와 종운鍾韻·강운江韻 자는 동부東部에 속한다. 후에 엄가균嚴可均(1762~1843, 자는 경문(景文), 오정(烏程) 즉 현재의 절강성 오흥인(吳興人))이 공광삼의 견해를 진일보 발전시켜 冬을 侵에 병합시켰다.[15] 공광삼은 또 그의 스승인 대진戴震의 "음양대전陰陽對轉" 학설을 발전시켜, 그의 18부를 음양 각 9류(부)로 나누어 다음과 같이 둘씩 쌍을 지어 배합하였다.[16] 예는 다음과 같다.

原類 : 歌類,　　丁類 : 支類,　　辰類 : 脂類,
陽類 : 魚類,　　東類 : 侯類,　　冬類 : 幽類,
侵類 : 宵類,　　蒸類 : 之類,　　談類 : 合類.

그 중 "침류侵類"가 "소류宵類"와 배합된 것은 적합하지 않다. 왜냐하면 운복韻腹과 운미韻尾가 모두 관련이 없기 때문이다. 그리고 "合類"를 음성운으로 보는 것도 타당하지 않다. 이 9쌍의 배합은 형식주의의 착오를 범하였다. "合類" 외에 공광삼은 또 입성운을 음성에 병합시켰는데, 이는 그가 상고에 입성운과 입성조入聲調가 있다는 것을 부정하였기 때문이다. 그러나 그는 "음양대전陰陽對轉"을 말할 때, 또 "입성자는 음양호전의 중추이며, 고금변천의 자초지종, 즉 전 과정이다."라 하였으니, 이는 스스로 모순되는 것이다.

강유고江有誥(1773~1851), 자는 진삼晉三, 호는 고우古愚로, 안휘성 흡현歙縣 사람이다. 저작으로 『음학십서音學十書』 즉, 『시경운독詩經韻讀』·『군경운독群經韻讀』·『초사운독楚辭韻讀』·『선진운독先秦韻讀』·『한위운독漢魏韻讀』(미각未刻)·『이십일부운보二十一部韻譜』(미각)·『해성표諧聲表』·『입성표入聲表』·『사성운보四聲韻譜』와 『당운사성정唐韻四聲正』이 있다. 이 외

에 『입성표入聲表』에 첨부된 『등운총설等韻叢説』이 있다. 그의 고운 연구
는 단옥재 17부를 기반으로, 대진의 제부祭部 독립에 관련된 의견과 공광
삼의 동·동분부東·冬分部 학설, 그리고 강영과 대진이 집緝·엽葉 두 부를
침侵·담談에서 분리한 것을 받아들여, 그의 고운 21부部를 만들었다. 강
유고의 발견은 많지 않으며, 그가 고염무 이후의 강영·단옥재·대진·공
광삼 등을 포함한 많은 학자들의 고운 연구 성과를 총결지었다고 할 수
있다. 따라서 그의 "21부설"의 영향도 매우 크다. 그 후 일부 국내외의
학자들은 거의 모두 강유고의 21부를 사용하거나, 그의 21부를 기반으로
다소 추가 또는 조정하였고, 칼그렌도 그러 하였다. 강유고는 고음에 정
통하였을 뿐만 아니라, 등운학에도 능하였다. 단옥재는 그를 아주 마음
에 들어 하였고, 그의 『입성표』에 "서언"을 써줄 때 "등호 자모 학문에
정통하여, 고운에 밝을 뿐 아니라, 오늘날의 운을 206부로 나누게 한 것
은 상세한 분석을 얻었기 때문이다. 精於呼等字母之學, 不惟古音大明, 亦且使今
韻分爲二百六部者, 得其剖析之故."라 하였고, 또 "나와 고염무·공광삼은 오로
지 옛 것을 연구했고, 강영·대진은 심음을 겸했는데, 진삼(강유고)은 이
두 부류의 사람들보다 더욱 깊이 연구하여 스스로 얻더라. 余與顧氏、孔氏皆
一於考古, 江氏、戴氏則兼以審音；而晉三於二者尤深造自得."라고 하였다.

　　강유고와 거의 같은 시기에, 또 저명한 고음학자 왕념손王念孫(1744~
1832)이 있다. 자는 회조懷祖, 호는 석구石臞이며, 강소성 고우高郵 사람이
다. 저작으로, 『모시군경초사고운보毛詩群經楚辭古韻譜』에서 역시 고운을
21부로 나누었는데, 마찬가지로 선인의 연구 성과를 총결지은 것이다.
강유고와 다른 점은, 강영은 공광삼의 동·동분부東·冬分部를 받아들였으
나, 왕념손은 이 학설을 적용하지 않고 따로 지부脂部에서 지(질)至(質)부
를 분리하였다. 왕염손과 강유고는 여러 차례 서신을 주고받으며 이 차
이점을 토론하였으나, 일치된 의견을 얻지 못했다. 왕념손의 고운 21운
부는 다음과 같다.

|  |  |  |  |  |  |  |
|---|---|---|---|---|---|---|
| 1. 東 | 2. 蒸 | 3. 侵 | 4. 談 | 5. 陽 | 6. 耕 | 7. 真 |
| 8. 諄 | 9. 元 | 10. 歌 | 11. 支 | 12. 至 | 13. 脂 | 14. 祭 |
| 15. 盍 | 16. 緝 | 17. 之 | 18. 魚 | 19. 侯 | 20. 幽 | 21. 宵 |

만년에 그는 "東·冬分部"를 찬성하게 되었으므로, 22부가 되었다.

왕념손과 강유고 전후에 고운을 연구한 학자도 적지 않다. 예를 들면 장혜언張惠言(1761~1802, 자 고문(皋文), 강소성 무진인(武進人))·엄가균嚴可均(앞부분 참조)·유봉록劉逢禄(1776~1829, 자 신수(申受), 강소성 상주인(常州人))·주준성朱駿聲(1788~1858, 강소성 오현인(吳縣人)), 하흔夏炘(1789~1871, 자 심백(心伯), 안휘성 당도인(當塗人)), 장성손張成孫(1789~?, 장혜언의 아들), 황이주黃以周(1828~1899, 자 원동(元同), 절강성 정해인(定海人)) 등이 있다. 그 중 주준성은 저작 『설문통훈정성說文通訓定聲』에서 고운을 18부로 나누었다. 그는 단씨 17부를 근거로 왕념손의 학설을 참고하고, 자신은 아무런 새로운 발견도 없었으나, 그는 『역易』 괘卦로 스스로 고운부古韻部의 명칭을 만들었다.

|  |  |  |  |  |
|---|---|---|---|---|
| 1. 豊(東) | 2. 升(蒸) | 3. 臨(侵) | 4. 謙(談) | 5. 頤(之) |
| 6. 孚(幽) | 7. 小(宵) | 8. 需(侯) | 9. 豫(魚) | 10. 隨(歌) |
| 11. 解(支) | 12. 履(脂) | 13. 泰(祭) | 14. 乾(元) | 15. 屯(文) |
| 16. 坤(真) | 17. 鼎(耕) | 18. 壯(陽) |  |  |

그의 『설문통훈정성』은 그의 18부에 근거하여 『설문說文』 수록자를 배열한 것이니 반드시 알아야 한다. 그리고 하흔夏炘의 『시경22부고운표집설詩經卄二部古韻表集説』은 고염무 이후 청대 고음학자들의 연구 성과를 총결하였다. 특히, 왕념손·강유고 두 학자의 학설을 요약하였으므로 주목할 필요가 있다.

청말淸末 민국의 국학國學 대가 장병린章炳麟(1869~1936)은 자가 매숙

枚叔, 호는 태염太炎으로, 절강성 여항餘杭 사람이다. 저작『국고론형·이십삼부음준國故論衡·二十三部音準』은 자신이 왕씨의 21부를 기반으로, 공씨의 "동·동 분부東·冬分部"설을 참고하였다 하였고, 또한 "지부脂部의 거·입성 제 글자로『시경』에서 흔히 독용하는데, 다시 대(물)부隊(物)部를 분석하여 23부를 얻었다"고 하였다. 그의 "운목표韻目表"는 다음과 같다.

장병린은 만년에 또 동冬을 침侵에 병합시켰다. 그의 중요한 공헌은 대(물)부를 독립시킨 것이다.

장병린의 제자 황간黃侃(1886~1935)은, 자가 계강季剛으로, 호북성 기춘蘄春 사람이며, 저작은『음략音略』등이 있다.[17] 그는 고운을 28부로 나누었는데, 장씨 23부와 비교하면 입성운 錫석·鐸탁·屋옥·沃옥·德덕의 다섯 부가 더 많다. 그는『광운』206운 중에는 고본운古本韻과 금변운今變韻이 있다고 여겼다. 그래서 그의 고운 운목韻目은 모두『광운』의 "고본운"을 사용하였다. 그는 강영·대진의 심음파審音派 전통을 계승하여, 고운을 음·양·입 세 부류로 나누고, 아울러 서로 배합시켰다.

屑(質): 先(真);
灰(脂): 没(物): 魂痕(文);
歌戈(歌): 曷末(月): 寒桓(元);

齊(支): 錫: 靑(耕);

模(魚): 鐸: 唐(陽);

侯: 屋: 東;

蕭(幽)、豪(宵): 沃(覺、藥);

冬, 咍(之): 德(職): 登(蒸);

合(緝): 覃(侵);

帖(盍): 添(談)


    왕력 선생은 저작『상고운모계통연구上古韻母系統研究』[18]에서『시경』의 용운에 근거하여 지부脂部에서 미부微部를 분리해야 한다고 제기하였다. 그 후, 동동화董同龢는 그의『상고음운표고上古音韻表稿』에서 이를 다시 상세히 밝혔고, 현재는 모든 일반 학자들에게 공인되고 있다. 1950년대 왕력 선생의 저작『한어사고漢語史稿』에서는 선인의 연구성과를 총결하여 고운 11류類 29부部를 얻어냈다. 후에 그가 책임 편집한『고대한어古代漢語』에서는 전국戰國 이후에 동冬·침侵부를 나누어야 한다고 주장하여, 고운 30부가 되었다.


    第1類　之 職 蒸
    第2類　幽 覺 冬
    第3類　宵 藥
    第4類　侯 屋 東
    第5類　魚 鐸 陽
    第6類　支 錫 耕
    第7類　歌 月 元
    第8類　脂 質 眞
    第9類　微 物 文
    第10類　緝 侵
    第11類　盍 談


    상고운上古韻의 분부分部에 대해 현대 학자들은 아직도 일부 다른 의견을 갖고 있다. 예를 들면, 나상배羅常培·주조모周祖謨는 저작『한위진남북조운부연변연구漢魏晉南北朝韻部演變研究』에서 31부로 나누었다. 이는 30부 중의 "월부月部"에서 "제부祭部"를 분리해내어 1부가 더 많아진 것이다. 그리고 34부 혹은 35부 등으로 나눈 것도 있다. 이 외에 각 부 내부의 소속자에서 여전히 학자들 간에 일부 의견이 엇갈리고 있다. 즉, 어떤 글자를 어느 부에 넣을지에 대해 각자 다른 의견이 있다. 예를 들면, "妥타"자를 단옥재는 "가부歌部"에, 공광삼은 "지부脂部"에, 왕력은 "미부微部"에 넣었다. 또 "兮혜"자를 공광삼·엄가균은 "가부歌部"에, 단옥재·주준성·황간·왕력은 "지부支部"에 넣었고 ; "熊웅"자를 강유고·왕력은 "증부蒸部"에, 엄가균은 "담부談部"에, 주준성은 "풍부豐部(동부東部)"에 넣었으며 ; "顒옹"자를 강영·공광삼·왕념손·왕력은 "동부東部"에, 단옥재는 "후부侯部"에 실었다. 이런 상황이 나타난 주요 원인은 각 학자가 일부 해성자 혹은『시경』의 용운에 대한 견해와 처리가 다르기 때문이다.

## 2.3 상고 30운부체계

여기서 왕력 선생의 고운 30부를 위주로 소개하고, 상고의 운부와 관련된 몇 가지 특징 혹은 문제를 논하고자 한다.

첫째, 고운에는 아주 강한 체계성이 있다. 고운 30부를 11류로 나눈 것은 그들의 주요 모음이 같고 운미韻尾가 서로 배합되는 데에 근거하여 분류한 것이다. 예를 들면, 제5류 "魚·鐸·陽"의 주요 모음은 모두 [a], 즉 어부魚部 [a]이고, 그 입성운 탁부鐸部 [ak]은 [-k]로 끝나는데, [-ŋ]을 끝음으로 하는 양성운陽聲韻 양부陽部 [aŋ]과 배합된다. 다시 말하면, 운미가 모두 설근음이다. 이런 분류는 객관적인 상황에 근거하여 귀납해낸 것으로, 먼저 분류하고 나중에 부를 나눈 것이 아니다. 고운을 음·양 두 가지로 분류할 것인지, 아니면 음·입·양 세 가지로 분류할 것인

지는 고음학에서 고고파考古派와 심음파審音派를 구분하는 기본적인 차이이다.[19]

둘째, 이 30운부는 주로 『시경』의 용운에 근거하여 귀납해낸 것이다. 다시 말하면, 『시경』에서 같은 부部의 한자는 모두 서로 압운한다. 예를 들면, 지부之部 자와 지부之部 자가 서로 압운하고, 유부幽部 자와 유부幽部 자가 서로 압운한다. 그러나 이는 주로 혹은 일반적 상황으로, 또한 일부 특수한 예외 현상도 있다. 예를 들면, 『진풍陳風·월출月出』 1장의 "月出皎兮, 佼人僚兮 ; 舒窈糾兮, 勞心悄兮。"에서 유부幽部 자인 "糾"는 소부宵部 자인 "皎·僚·悄"와 압운된다. 또 예를 들면, 『용풍鄘風·체동蝃蝀』 2장 "朝隮于西, 崇朝其雨 ; 女子有行, 遠兄弟父母。"에서 지부之部의 "母" 자와 어부魚部의 "雨" 자가 압운되는데, 이런 현상을 고음학자들은 "합운合韻"이라고 한다. 이는 당대唐代 안사고顏師古가 주석한 『한서漢書』에서 말하는 "합운"과는 다르다. 후자는 사실상 "협운協韻"과 다를 바 없다. "합운"은 일반적으로 이웃하는 두 운부 사이에서 나타나는데, 그 이유는 이웃하는 운鄰韻의 주요 모음이 가깝기 때문이다. 단옥재는 일찍이 이 점을 발견하고 "고운차제원근설古韻次第遠近説"을 제기하였다. 그는 "합운은 17부 차례대로 6류로 나누어 구하고, 동류는 가깝고, 이류異類는 멀며 ; 비 동류同類는 차례대로 서로 이웃하는 것이 가깝고, 차례대로 서로 떨어진 것이 멀다."[20]라고 하였다. 따라서 부를 세분화할수록 합운의 상황도 점점 많아진다. 그러나 이 때문에 실제의 어음 상황을 무시하여서는 안 되며, 마땅히 일반적인 것과 특수한 상황을 구분해야 한다. 예를 들면, "母" 자는 『시경』에서 운각韻脚으로 17회 쓰였는데, 그 중 16회는 지부之部와 압운되고, 1회만 어부魚部 자와 압운되었다(위의 『용풍鄘風·체동蝃蝀』예시 참조). 『시경』 용운의 분부分部는 객관적인 현상이고, 동시에 또한 "합운" 현상도 객관적으로 존재한다는 것을 인정해야 한다. 먼저 분부分部를 인정해야만 합운을 논할 수 있으며 ; 반대로 합운을 논하지 않으면, 분부에도 문제가 있게 된다. 우선 각 부部 간의 경계를 명확히 하고 나서야, 각 부 간에 상호 압운되는 것을 "합운"이라 하는 것이다. 그래서 단옥재는 "고합운古合韻"을 논할 때, 합운이 있음을 모르면, 운이 없는 것으로 여긴다.不知有合韻, 則或以爲無韻.", "분부를 안 후에 합운을 알게 되고, 합운을 안 후에는 분부를 더 잘 알게 된다.知其分而後知其合, 知其合而後愈知其分."[21]라는 아주 적절한 표현을 하였다. "합운"은 일종의 예외적인 특수한 상황으로, 방언의 문제일 수도 있다.

셋째, 고음학자들이 고운을 연구할 때, 왜 "음양대전陰陽對轉"을 언급해야 하는가? 이는『시경』의 용운과 해성체계에 불일치가 나타난 현상을 해석하는 것이기 때문이다. 원래 "동성자필동부同聲者必同部"이지만, 이는 일반적인 원칙이다. 예를 들면, 다음은『시경·소아小雅·정료庭燎』이다.

夜如何其？夜未<u>央</u>, 庭燎之<u>光</u>。君子至止, 鸞聲<u>將將</u>。
夜如何其？夜未<u>艾</u>, 庭燎晰<u>晰</u>。君子至止, 鸞聲<u>噦噦</u>。
夜如何其？夜鄉<u>晨</u>, 庭燎有<u>煇</u>。君子至止, 言觀其<u>旂</u>。

이 시는 총 3장이다. 제1, 2장의 용운으로 보면, 제3장의 운각은 "晨신, 煇휘, 旂기"이다. 그 중, "煇·旂"는 오늘날 huī[xui]·qí[tɕˤiʔ]로 읽는데,『광운』에서도 각각 "許歸切"과 "渠希切"로 나누어 읽으며, 음성운 "微韻미운"에 속한다. 그러나 해성諧聲으로 보면, "煇"는 "軍군"의 소리를, "旂"는 "斤근"의 소리를 따르므로, "煇·旂"는 본래 [-n] 끝음의 양성으로 읽는데,『시경』에서는 이들과 압운되는 "晨"자가 상고에서는 함께 문부文部에 속한다. 해성시대諧聲時代가 비교적 이르므로 같은 해성의 글자가 이후에 독음에 변화가 일어난 것도 이해할 수 있다.『시경』시대에 이것 또한 개별적인 특수 현상이다. 예를 들면, 앞에서 열거된『시경·소아·유월』에는 "四牡修廣, 其大有顒。薄伐玁狁, 以奏膚公。"이 있는데, 이 중 "顒"자는 "禺"에서 소리를 얻어, 원래는 음성운 후부侯部에 속하며, [-ŋ]을 끝음으로 하는 동부자東部字 "公"과 압운된다. 여기에서 "顒"을 여전히 음성 [y]로 발음하여 양성자와 압운한다고 생각해서는 안 된다. "顒옹"자는 이미 [yŋ](『광운』 종운鍾韻, 魚容切)으로 발음이 바뀌었고, 이미 후부侯部에서 동부東部로 전입되었다는 것을 인정해야 한다. 고음학자는 이런 현상을 "음양대전陰陽對轉"이라고 칭하고, 입성운을 양성운에 포함시켰다. 예를 들면, 『제풍齊風·보전甫田』 2장에 "無田甫田, 維莠桀桀。無思遠人, 勞心怛怛。"이 있는데, "怛달"은 "旦단"의 소리를 따르므로 원래는 양성운 원부元部에 속하지만, 이 시에서는 입성운 월부자月部字 "桀걸"과 압운된다. 이로부터 "怛"이 이미 월부月部로 전입되어 [tat]로 읽게 되었다는 것(『광운』 갈운曷韻, 當割切, 지금은 dá로 발음)을 알 수 있다. 이는 양성운이 변하여 입성운이 된 것으로, 역시 "대전對轉"에 속한다. 또 예로, "裘구"는 "求구"의 소리를 따르고, "求"는 유부幽部에 속하는데, 『빈풍豳風·칠월七月』 4장에 "四月秀葽, 五月鳴蜩。八月其穫, 十月隕蘀 ; 一之日于貉, 取彼狐狸, 爲公子裘。二之日其同, 載纘武功 ; 言私其豵, 獻豣于公。"이 있다. 이 장은 구절마다 운이 있고, 운을 네 번이나 바꿨다. 첫 두 구절은 유부幽部 자 "葽요·蜩조", 다음 세 구절은 탁부자鐸部字 "穫확·蘀탁·貉맥", 마지막 네 구절은 동부자東部字 "同동·功공·豵종·公공"이 압운된다. 이 앞의 세 번째 운 단락의 두 구절은 "狸리·裘구"가 압운된다. "狸리"는 지부之部이고, "裘구"는 "求구"의 소리를 따르는데, "求"는 유부幽部에 속한다. 그런데 "裘"도 유부幽部에서 지부之部로 전입되었으므로 "狸"와 압운된다. 이는 『시경』에서만 이렇게 압운되는 것이 아니라, 기타 같은 시대 문헌의 용운도 이를 증명할 수 있다. 예를 들면, 『좌전左傳·양공4년襄公四年』에 "臧(紇)之狐裘, 敗我于狐駘。我君小子, 朱儒是使。"가 있는데, "裘"와 압운되는 "駘태"도 지부자之部字이다. 따라서 이를 "합운"으로 볼 수 없다. "裘"가 유부幽部에서 지부之部

로 전환한 것은 인근 운부韻部 간의 전환으로, 고음학에서는 이를 "방전旁轉"이라고 한다. "대전對轉" "방전旁轉" 현상은 현대 방언에도 적지 않은 예가 있다. 예를 들면, "閉폐"를 북경 구어에서는 [pin]으로 읽고, 또 "耳이"를 복건福建 건평화建甌話에서는 [neiŋ]로 읽는데, 모두 음성운이 양성운으로 변한 것이다. 또 예로, "單단"을 온주溫州에서는 [ta]로, 소주蘇州에서는 [tE]로 읽는데, 이는 양성운에서 음성운으로 변하여 읽는 것으로, 전자는 "대전對轉"이고 후자는 "방전旁轉"이다.

요컨대 "음양대전陰陽對轉"은 한어 어음 변천의 일종의 규율로, 이 역시 한어 어음의 계통성과 특징을 반영하였고, 한어 어음 구조 및 그 변천 규율을 제시하는 데 매우 큰 의미를 지닌다.

**주석**

[1] 陳第, 『毛詩古音考·自序』(康瑞琮 교정), 中華書局, 1988.

[2] 즉, 周南·召南·邶·鄘·衛·王·鄭·齊·魏·唐·秦·陳·檜·曹·豳.

[3] 顧炎武, 『音學五書·音論』, 中華書局, 1982.

[4] 孔廣森, 『詩聲類』, (부록 『詩聲分例』), 中華書局, 1983.

[5] 王力, 『詩經韻讀』, 上海古籍出版社, 1980 ; 『王力文集』 제6권 참조.

[6] 段玉裁, 『六書音均表』, 中華書局, 1983 참조 ; 王力의 30운부가 각각 어떤 성부(聲符)와 입운자를 관할하는지는 郭錫良 등의 『古代漢語』 하권 pp.1067~1074 "古韻三十部常見諧聲表", 商務印書館, 1999 참조.

[7] 李思敬, 「論吳棫在古音學上的光輝貢獻」, 『天津師範大學學報』, 1983:2.

[8] 江有誥, 『音學十書例』, 中華書局, 1993.

[9] 陳第, 『毛詩古音考』.

[10] 江永, 『古韻標準』, 中華書局, 1982.

[11] 張民權, 『清代前期古音學研究』, 北京廣播學院出版社, 2002.

[12] 段玉裁, 『六書音均表』 卷2.

[13] 戴震, 『聲類表』.

[14] 戴震, 『轉語二十章』, 이 책은 소실되었고, 현재 "序言"만 남음.

[15] 嚴可均, 『説文聲類』下篇 自注.

[16] 孔廣森, 『詩聲類』.

[17] 黄侃, 『黄侃論學雜著』, 上海古籍出版社, 1985.

[18] 『清華學報』12권 3기, 1937 ; 『王力文集』 제17권.

[19] 唐作藩, 「論清代古音學中的審音派」, 『語言研究』, 1994 增刊 참조.

[20] 段玉裁, 『六書音均表·古韻次第遠近説』.

### 주요 참고문헌

王力, 『漢語音韻』, 商務印書館, 1962 ; 『王力文集』 제5권, 山東教育出版社, 1986.

『清代古音學』, 中華書局, 1984 ; 『王力文集』 제12권, 山東教育出版社, 1990.

『漢語語音史』, 卷上 제1장 "先秦音系"—"先秦韻部", 中國社會科學出版社, 1985 ; 『王力文集』 제10권, 山東教育出版社, 1987 ; 商務印書館, 2008.

# ③ 상고 운부의 추정

본 절에서도 세 가지 문제로 나누어 논하기로 한다.

## 3.1 고음 추정 작업의 의의와 경과

상고 성모聲母에 몇 가지 종류가 있고 고운古韻에 몇 개의 부部가 있는 지를 연구하는 것은 전통 고음학古音學의 주요 내용이다. 그러나 이는 고음 연구의 한 부분이고, 다른 한 부분은 고음의 추정擬測(reconstruction, 복원 혹은 재건이라고도 함)이다. 이는 상고음의 성모와 운부韻部의 대체적인 독음을 복원하는 것이다. 이런 추정 작업의 역할은 우리가 더욱 명확하게 고음의 체계성을 알고, 고금 어음의 대응관계와 변화 규율을 논하는 데 도움이 되게 하는 데 있다. 이는 우리의 병음이 아닌 한자에 있어서 더욱 필요하다. 예를 들면 상고운上古韻 지支·지脂·지之 세 부部의 차이는 대체 어디에 있는가? 현대 보통화(표준어)와 각 지역의 방언은 대체로 차이가 없다. "支·脂·之" 세 글자가, 어떤 곳은 모두 [tsʅ](북경·제남濟南·합비合肥로, 어떤 곳은 모두 [tsʅ](서안西安·태원太原·무한武漢·성도成都·장사長沙·남창南昌·매주梅州)로, 어떤 곳은 모두 [tsɿ](소주蘇州)로, 어떤 곳은 모두 [tʃi](광주廣州·양강陽江)로, 어떤 곳은 모두 [tsi](하문廈門·건구建甌)로 읽는다.[1] 현대 방언에서 아마도 민閩 방언 지역의 일부 방언에서만 지支·지脂와 지之를 구분할 수 있다. 예를 들면, 복주화福州話는 지支·지脂 두 운의 글자를 [-ie]로 읽고, 지운之韻을 [-i]로 읽으며; 조주화潮州話는 지支·지脂 두 운을 [-i]로 읽고, 지운之韻을 [-ï]로 읽는다. 중고中古 『절운切韻』 음계는 일반적으로 이 세 운을 支[ĭe(ĭwe)]·脂[i(wi)]·之[ĭə]로 추정하지만, 이들의 상고음은 학자들이 추정하는 데 의견이 많이 엇갈린다. 왕력 선생은 이 세 부의 모음을 각각 支[e]·脂[ei]·之[ə]로 추정하였다.[2] 이런 추정은 완전히 역사적 사실에 부합되는지를 떠나 세 개의 한자漢字로 표시하는 것보다는 더욱 명확하고 훨씬 알기 쉽다.

중고음의 추정에 사용되는 것은 역사비교법歷史比較法인데[3], 상고음을 추정하는 방법은 중고음과 달리 내부추정법內部擬測法을 사용한다. 이 또한 현대 일반언어학이 중국에 전해진 이후의 일이다.

과거의 학자들은 고음의 분류를 연구하는 동시에, 그 독음讀音 문제도 주목하였는데, 이는 일찍이 명청시기에도 이미 그러했다. 그러나 그들은 병음倂音이 아닌 한자로 주음注音할 수 있을 뿐이었고, 직음直音의 방법으로 그들이 소위 말하는 고본음古本音과 금변음今變音을 주음하였다. 예를 들면, 명말 진제陳第는 그의 『모시고음고毛詩古音考』에 "采音此"·"友音以"·"家音姑"·"馬音姥"·"義音我"등을 기록하였다. 고염무의 『시본음詩本音』 등도 마찬가지다. 그는 때로는 반절反切을 사용하였다. 예를 들면, "母, 古音滿以反"·"泳, 古音羊向反"·"馬, 古音莫補反"·"豝, 古音伯吾反" 등이다. 또 어떤 것은 운목으로 고음을 주석하였다. 예를 들면, 단옥재의 『육서음균표六書音均表』는 "之止志職"을 지부之部의 고본음古本音으로 하고, "灰賄晦·尤有宥"를 변음變音 혹은 음전音轉으로 하였다. 이런 주음은 주희朱熹의 "협음叶音"에 비해 아주 크게 발전한 것이고, 우리가 『시경』 등 선진의 고음을 연구하는 데 일정한 도움이 되었다. 그러나 이는 아직 진정한 과학적 추정이 아니었다. 왜냐하면, 그들은 어음의 발전은 규율이 있고, 어음의 변천에 조건이 있다는 것을 몰랐으며; 동시에 과학적인 방법과 도구도 부족했기 때문이다. 그래서 그들은 오로지 동부同部 자字의 운모를 완전히 동음으로만 이해할 수 있을 뿐, 후세에 동음인데 상고에는 동부同部가 아닌 한자를 구분해낼 수 없었다. 단옥재는 『여진삼서與晉三書』에서 "그대는 支·脂·之가 세 부로 나누어지는 근원을 확실히 아시는가? 내 이미 연로하여 만일 이를 배우고 죽는다면, 어찌 큰 행운이 아닐까!足下能確知所以支、脂、之分爲三之本源乎? 僕老耄, 倘得聞而死, 豈非大幸乎!"라고 하였다. 단옥재는 고대의 실제 독음을 구분할 수 없었고, 강유고도 해결하지 못하였다. 이는 그들이 역사적 조건의 제한을 받았기 때문이다.

장병린의 저작 『이십삼부음준二十三部音準』도 한자로 각 부의 "표준음"을 정하였다. 예를 들면, "魚陽은 烏姎(『廣韻』烏郎切)이라 말하고; 支靑은 娃(『廣韻』烏携切)·頡 (靑部, 오늘날의 운으로 표음할 수 없는 글자, 頡(영)은 今音으로 嬰(영)이며, 고음으로는 一幷切임)이라 말하며; 至眞은 乙因이라 말한다. 脂隊諄은 威(『廣韻』於非切)·威(『廣韻』於胃切, 또는 紆物切)·鼂이라 하고; 歌泰寒은 阿遏安이라 하며, 侯東은 謳翁이라 한다. 幽冬侵緝은 幽讎(邑聲字, 요즘 사람들은 東部로 말하고, 『시경』에서는 禮讎을 韻으로 하고, 衝讎을 韻으로 사용하여, 역시 冬部에 전입시켰으므로 冬韻으로 간주함)·揞(『廣韻』乙咸切)·邑이라 하고, 之蒸은 埃膺이라 하며, 宵談盍는 夭菴唐(『廣韻』烏合切)이라 말한다."[4]고 하였다. 장병린의 이런 추정음은 대진戴震이 영성모자零聲母字를 운부로 한 표기법과 본질적인 차이가 없다. 장씨는 또 정운正韻·지운支韻의 개념을 제기하였는데, 또한 단옥재의 본음本音·변음變音설과도 성격이 같다. 다만 장병린은 현대 방음方音 자료를 운용하여 증거로 하였다. 예를 들면, "옛 태부泰部는 오늘날 중원에서 마麻로 발음한다.古之泰部如今中原呼麻", 그리고 "오늘날 오월吳越 간에 泰로 발음하는데, 기타 지역에서 마麻로 발음하는 것과 동일하다.今吳越間呼泰, 則與地方呼麻者同"라고 하였다. 이런 설명은 고염무가 소위 말하는 "마음麻音은 서역에서 온 것으로, 중원의 옛 발음이 아니다.麻音來自西域, 非中原舊讀"라는 견해보다 더 실제에 부합되므로, 한층 더 발전하였다고 볼 수 있다. 그러나 장병린은 그 이치를 설명하지 못하였다.

왕영보汪榮寶(년도 미상), 자는 곤보袞甫, 또는 태현太玄이고, 강소성 오현吳縣 사람으로, 1923년 저작의 『歌戈魚虞模古讀考』[5]에서는 중국에서 처음으로 중국과 외국의 역음譯音(범한대음梵漢對音과 일본어 중의 오음吳音·한음漢音을 포함)을 이용하여 고음을 추측한 학자이다. 그는 "고대의 소리는, 들어볼 수도 없고 문자로도 증명하기가 부족하니, 그 의문을 풀고자 하는 자는 오직 다른 나라의 표음문자 속에서 그들과 중국의 고어와 관계되는 것을 구하여, 방증으로 하는 수밖에 없다.夫古之聲音, 既不可得而聞, 而文字又不足以相印證, 則欲解此疑問者, 惟有從他國之記音文字中求其與中國古語有關者, 而取爲旁證而已."라고 하였다. 이 문장은 바로 그가 한위육조漢魏六朝에서 수당隋唐까지의 범한대음梵漢對音 등 자료로 가과歌戈 등 여러 운의 고음을 논증한 것이다. 예를 들면, namas(南無)·amitabhah(阿彌陀佛)·buddha(浮屠, 佛)·paraga(波羅伽, "度彼岸" 깨달음의 경지에 도달함을 의미)·kasyapamatanga(迦葉摩騰, 印度 高僧名) 등이다. 왕영보의 결론은 "당송 이전에는 무릇 가과운歌戈韻 자를 모두 a음으로 읽고, o음으로 읽지 않으며 ; 위진魏晉 이전에는 무릇 어우모운魚虞模韻 자를 모두 a음으로 읽고, u 혹은 ü음으로 읽지 않았다."는 것이다. 왕영보가 고찰하여 해석한 이 몇 개 운의 고음은 진제陳第 등의 고음 "家音姑""馬音姥" 등과 상반된다. 그러면 누구의 것이 비교적 객관적 사실에 가까운가? 당연히 왕영보이다. 그러나 그는 간단화하는 착오를 범하였다. 다시 말하면, 운부와 운모를 혼돈하여 하나로 동일시하여 논하였다. 후에 전현동錢玄同(1887~1939)의 『古韻廿八部音讀之假定』[6]에도 유사한 문제가 있다.

스웨덴 학자 칼그렌은 『中國音韻學研究』(중고음)를 완성한 후 바로 상고음을 연구하기 시작하여 일련의 논문을 발표하였다. 예를 들면,『中日漢字分析字典』(Analytic dictionary of Chinese and Sino-Japanese, 1923)·『詩經研究』(Shiking researches, 1932)·『漢語詞族』(Wordfamilies, 1934)·『中日漢字形聲論』(Grammataserica, Script and phonetics in Chinese and Sino-

Japanese, 역명『漢文典』, 1940), 그리고『中上古漢語音韻學綱要』(Compendium of phonetic in Anciend Archais Chinese, 1954) 등이 있다. 그는 형성자를 집중적으로 이용하고 연구 분석하여 자기의 해성 원칙을 제시하고, 또 청대 고음학자, 주로 강유고江有誥와 왕념손王念孫의『시경』운부체계를 참고로, 중고의『절운』음계를 연구하고 추정한 기초 위에서 일련의 상고음계를 재구성하였다. 그의 방법을 "내부추정법The methods of internal reconstruction"이라고 하는데, 이것은『절운』의 음계를 재구성한 역사비교법과는 다르다. 칼그렌과 동시에 혹은 그 후에 현대 언어학 이론방법을 이용하여 상고음을 연구한 중국과 외국의 학자로는 독일학자 월터 시몬 Walter Simon『論上古漢語韻尾輔音的構擬』(1927)·임어당林語堂(1895~1976)『支·脂·之三部古讀考』(1930)·이방계李方桂(1902~1987)『切韻 â的來源』(1931);『論東冬屋沃之上古音』(1933);『上古音研究』(1971)·동동화董同龢(1911~1963)『上古音表稿』(1945)·육지위陸志韋(1894~1970)『古音說略』(1947)·왕력『漢語史稿』(上冊, 1957), 오드리쿠르 Haudricourt A.G.『怎么擬惻上古漢語』(1954)·야콘토프 S.E. Yakhontov『上古漢語的韻母系統』(1959), 풀리블랑크 E.G. Pulleyblank『上古漢語的輔音系統』(1962);『關於漢語詞族一些新假設』(1973)·주법고周法高『論上古音』(1969)·정방신丁邦新『上古漢語的音節結構』(1979)·하구영何九盈·진복화陳復華『古韻通曉』, 1987, 스타로스틴 Sergei A Starostin『古代漢語音系的構擬』(1989)·윌리엄 박스터 William H.Baxter.III『漢語上古音手冊』(1992)·정장상방鄭張尙芳『上古音系』(2003) 등 학자는 계속 칼그렌의 방법 혹은 한장어漢藏語의 비교방법을 이용하여, 어떤 학자는 세부적인 문제에서, 어떤 학자는 체계면에서 칼그렌의 재현을 토론·수정하고 총결지었다.

## 3.2 추정의 방법과 절차

위에서 언급했듯이, 상고음을 추정하는 방법에 주로 사용한 것은 내부추정법이었다. 이런 방법은 한 독립된 언어 및 그 언어의 공시적共時的 묘사로부터 얻은 자료에서 이 언어의 역사적 구성 과정을 추측해내는 것이다. 다시 말하면 구조주의 분석법으로 언어의 역사적 발전을 연구하고, 언어 자료의 공시적 분석에서 역사적 결론을 얻는 것이다. 이는 중고음을 재구성하는 역사 비교법, 즉 일련의 친속언어 혹은 방언의 대응관계가 있는 어음의 다른 형식에 대한 비교를 통해, 공통된 역사적 근원을 추측하는 방법과는 다른 것이다. 다음은 내부추정법으로 상고음을 재현하는 구체적인 절차를 소개할 것이다. 일반적으로 네 개의 절차 혹은 과정으로 나눌 수 있다.

첫 번째, 우선 하나의 운부체계를 확립한다. 이 작업은 청대의 학자들이 이미 기본적으로 완성하였는데, 심음파審音派의 체계를 선택하는 것이 가장 좋다. 예를 들면, 대진의 25부, 황간의 28부, 왕력의 30부, 혹은 나상배·주조모의 31부이다. 강영·강유고는 등운학等韻學에 정통하였고, 사실상 역시 심음파에 속한다. 칼그렌이 사용한 26부는 사실상 강유고의 21부를 기반으로, 왕념손의 지부至部와 장병린의 대부隊部를 흡수하여 총 23부를 만들고 ; 다시 가歌·어魚·후侯를 운미 파열음의 차이로 각각 둘로 나누어 총 26부를 만들었다. 이는 왕력의 30부와 조금 다른데, 뒤에서 다시 설명할 것이다.

두 번째, 운부체계를 확정한 후, 운부 간의 합운合韻 상황이 반영한 피차간의 원근 소밀疏密 관계를 근거로, 범한대음梵漢對音 등 자료를 참고하여 각 운부에 하나의 주요 모음을 확정한다. 예를 들면, 범한대음(예로, 왕영보의 저작)에 근거하여 상고 어부魚部에 모음 [a]로 추정하는 것이다. 모두 알다시피, 후부侯部와 어부魚部는 합운은 비교적 많다. 그러면 후부의 주요 모음은 마땅히 어부와 가깝다. 그리고 소부宵部 또한 후부侯部와 비교적 많이 합운되므로, 이들의 관계도 비교적 밀접하다. 유부幽部도 소부宵部와 비교적 많은 합운 현상이 있어, 그 관계도 비교적 밀접하지만, 어부·후부와의 관계는 상대적으로 소원疏遠하다. 이들의 소밀 관계를 파악한 후, 현대 언어학의 원리와 국제음표의 모음설위도元音舌位圖에 근거하여, 각 운부에 비교적 합리적이고 내부적으로 모순되지 않는 주요 모음을 추정하는 것이다. 예를 들면, 어부魚部는 [a], 후부侯部는 [ɔ], 소부宵部는 [o], 유부幽部는 [u]인데, 발음부위가 점점 뒤쪽으로 이동하고 위로 올라간다.

세 번째, 형성자의 해성 관계와 음양대전陰陽對轉의 이론을 참고하여 각 부部의 운미를 확정한다. 예를 들면, 사寺의 소리는 "특特" "등等"이 있는데, "寺"는 지부之部에 속하고, "特"은 직부織部에 속하며, "等"은 증부蒸部에 속한다. 세 부의 주요 모음은 마땅히 같으므로, 왕력 선생은 소리를 [ə]로 추정하였다. 지부之部는 음성운에, 개운미開韻尾이니, "寺"를 [zǐə]로 추정, 증부蒸部는 양성운에, 운미는 [-ŋ]이니, "등"을 [təŋ]으로 추정, 직부織部는 입성운, 폐쇄음 운미 [-k]이니, "특"은 당연히 [dək]으로 추정하였다. 이 세 글자가 같은 성부聲符이지만 부部가 다른 것은 음양대전의 결과이다. 또 예를 들면, "달怛"은 旦의 소리를 따르고, "旦" 자는 원부元部에 속하니 [-n]운미이며 ; "달怛"은 『절운』에서 입성 갈운曷韻에 속하고 [-t]운미를 받는데, 『시경·제풍齊風·보전甫田』 2장에서 "걸桀" 자와 압운하여, 상고에 월부月部에 속하였고, 여전히 [-t]운미를 받았다. 또 예를 들면, "점占"의 소리는 "점苫" "첨沾" "점坫"이 있고, "첩帖" "첩怗" 도 있다. 전자는 [-m]운미(담부談部에 속함)을 받고, 후자는 [-p]운미(엽부葉部에 속함)를 받는다. 우선 먼저 음陰·양陽·입入을 구분하여야 하는데, 일반적으로 입성을 주축으로 점차 [-p]운미와 [-m]운미, [-t]운미와 [-n]운미, [-k]운미와 [-ŋ]운미를 가진 각 운부韻部 간의 대응관계를 확

정하여야 한다. 예를 들면,

之 ― 職 ― 蒸        侯 ― 屋 ― 東        脂 ― 質 ― 眞        緝 ― 侵

네 번째, 상고 운부와 『절운』 음계를 비교한다. 즉, 상고 각 운부에 소
속된 글자가 『광운』의 어느 운에 속하는지, 그 사이의 대응규율이 무엇
인지를 찾아낸 후, 각 부의 운모체계를 추정하는 것이다. 다시 말하면,
기본적으로 재구성한 중고 『광운』 운모의 등호等呼를 근거로 하여 위로
유추한다. 예를 들면, 상고의 지부之部와 『광운』의 之·咍·灰·尤半·脂
·侯 등 여러 운과 서로 대응시키는 것이다. 이들 운이 포함하는 운모는
나누어 개구 1·3등과 합구 1·3등에 속하게 되는데, 그러면 상고의 지부
之部 역시 적어도 4개의 운모가 있게 된다. 왕력 선생의 추정을 근거로
하면 다음과 같다.

[ə](開口1等)        ―― (舌齒牙喉) 咍[ɒi] (“台來才哀該”)
                  ―― (脣)侯[əu] (“某畝某”)
                  ―― 불규칙 변화: 皆[ɐi] (“埋霾”)
[ǐə](開口3等)       ―― (舌齒牙喉)之[ǐə] (“之思耳其疑喜”)
                  ―― (脣)脂[i] (“鄙丕”)
[uə](合口1等)       ―― 灰[uɒi] (“杯每媒灰蛕”)
                  ―― 불규칙 변화: 皆[uɒi] (“怪”)
[ǐwə](合口3等)      ―― 尤[ǐəu] (“否婦尤久丘牛有又”)
                  ―― 불규칙 변화: 脂[wi] (“龜洧”)

동동화 선생은 그의 『한어음운학』에서 이런 상고 운모를 추정하는 방
법을 아주 개괄적이고 명확하게 설명한 바 있다. 그는 "각 운부 내에 도
대체 몇 개의 운모가 있는지에 대해, 우리는 그것이 『절운』에 변입變入
한 결과에 근거하여 추측한 것이다. 만약 몇몇 중고 운모는 하나의 동일

한 상고 운모가 여러 가지 조건에서 변화한 것이라는 것을 증명할 수 있는 단서가 있다면, 그들은 기원이 같다고 할 수 있다. 만약 없다면, 당분간은 그들이 상고에는 차이가 있었다고 가정하는 수밖에 없다. 왜냐하면, 일반적인 어음 변화의 예로 알 수 있듯이, 같은 조건에서 음의 변화는 갑도 되고 을도 되는 것이 아니기 때문이다."라고 하였고, 또 "상고의 음독音讀은 직접 인증할 수 있는 자료가 없다. 지금은 그 변천의 결과, 즉 『절운』 시대의 음독에 근거하여 합리적인 추정을 하는 것이다. 추정해낸 음독은 한편으로 고어古語의 압운 혹은 해성의 현상을 해석할 수 있어야 하고, 다른 한편으로는 어떤 음이 어떻게 발전 변화하여 그 후의 어떤 음이 되었다는 것을 적절하게 설명할 수 있어야 한다."[7]고 하였다.

이 외에 현대의 일부 학자들은 한장어계漢藏語系의 연구 성과와 자료를 이용하여 상고음계를 재현하는데, 이는 새로운 시도이며 주목할 가치가 있다.


### 3.3 분쟁과 문제

현대 고음 학자들이 상고 운부체계를 추정하는 방법은 기본적으로 비슷하지만, 결론은 다르고, 심지어 분쟁이 심하다. 다음은 주요 모음과 운미, 그리고 개음介音의 세 방면에서 여러 학자들이 상고 운모체계를 추정하는 데 있어서의 주요 분쟁과 문제점을 논하고자 한다.

1) 상고 운부의 주요 모음은 단일한 것인가, 아니면 다원적인 것인가.
칼그렌·육지위·동동화 등 학자가 추정한 상고 운부는 거의 모든 부部에 2개 이상의 주요 모음이 있다. 예로, 칼그렌의 제20부(之部)[8]는 다음과 같다.

| | | | |
|---|---|---|---|
| êg — ǎi (咍) | | wêg — uǎi (灰 1/3) | |
| — ǝu (侯) | | | |
| æg — ai (皆) | | wæg — wai (皆) | |
| i̯êg — i (之) | | ĭwêg — wi (脂 일부) | |
| i̯ǔg — i̯ǝu (尤) | | | |

이 중에는 [ê] [æ] [u] 세 개의 주요 모음이 있다. 또 그의 제24부(支部)에는 [ê] [e] 두 개의 주요 모음이 있고 ; 제7부(脂部)에도 [ê] [E] 두 개의 주요 모음이 있다. 이런 추정은 우리의 운부 개념에 대한 이해(즉, 주요 모음과 운미가 같다)에 부합되지 않는다. 칼그렌은 사실상 운부와 운섭韻攝을 혼동하였다. 한 번 생각해 보자. 만약 같은 운부 글자의 주요 모음이 같지 않다면 어떻게 압운이 되겠는가? 주지하는 바와 같이, 시가 운문이 압운되는 주요 특징은, 운각자韻脚字의 주요 모음과 운미가 같다는 것이다. 그러나 칼그렌이 추정한 것은, 같은 운부 한자의 주요 모음이 종종 다른데, 어떤 다른 운부 한자의 주요 모음은 오히려 같거나 비슷하다. 이는 정말로 이해하기 어렵다.

왕력 선생의 추정은 동일 운부에 한 개의 주요 모음만 있다는 원칙을 고집하였다. 그의 고운 30부는 6개의 주요 모음, 즉 [u] [o] [ɔ] [a] [ə] [e] [8]를 사용하였고, 여기에 운미로 사용된 [-i]를 합하면 총 7개 모음이다. 이는 전통 음운학의 운부에 대한 이해에 부합된다. 멀리 미국에 있고 여러 해 연락이 끊어진 이방계 선생은 왕력 선생과 약속이라도 한 듯이 마찬가지로 상고 각 운부에 한 개의 주요 모음만 있다고 주장하였다. 그의 『上古音研究』에는 네 개의 주요 모음, 즉 [i] [u] [ə] [a]만을 사용하였다. 주법고 선생은 여기서 더 나아가 세 개의 주요 모음([ə] [a] [e])만을 사용하였다. 이는 전혀 상상할 수도 없다. 왜냐하면, 현대 한어 방언에서는 아직도 어떤 방언의 주요 모음도 세 개 밖에 없는 것을 발견할 수 없기 때문이다. 현대 티베트어藏語에는 [i] [u] [e] [o] [a]의 다섯 개 모음이 있다. 러시아계 학자 니콜라이 트루베츠코이Nikolay Trubetzkoy 『음위학원리音位學原理』(1960, 모스크바)에서 세계 여러 언어를 분석하여, 대부분 언어의 모음 수가 일반적으로 3~10개라고 밝혔다.

## 2) 운미의 추정에 관하여

칼그렌의 상고 운부에서는 가歌·어魚·후侯 세 부의 일부 자(예를 들면, "歌我多也宜""古下家女""口斗主朱")를 제외하고, 음성운부를 모두 [-b] [-d] [-g] [-r]로 추정하였다. 예를 들면, 제부祭部[ɑd, ɑt]·가부歌部[ɑr]·지부至部[ed, et]·대부隊部[êd, êt]·지부脂部[êr]·어부魚部[ɑg, ɑk]·지부支部[eg, ek]·지부之部[êg, êk]·유부幽部[ôg, ôk]·소부宵部[og, ok]·후부侯部[ug, uk] 등이다. 이렇게 그가 추정한 [-p] [-t] [-k] 운미의 입성운부와 청탁淸濁 두 종류의 파열음 운미를 이루었다. 따라서 칼그렌 등 학자의 주장에 의해 상고 한어는 기본적으로 개음절開音節이 없는 언어가 되었다. 이 어찌 가능할까? 야콥슨R. Jakobson은 『類型學研究及其對歷史比較語言學的貢獻』(1957)에서 "어떤 한 언어의 재현이 만약 유형학에서 발견한 통념적 규율과 모순된다면, 이런 추정은 의심할 가치가 있다."고 하였다. 그는 언어의 보편적 특징을 분석한 후 "세계에서 음절이 모음으로 시작하지 않거나 음절이 자음으로 끝나지 않는 언어는 존재한다. 그러나 음절이 자음으로 시작하지 않거나 음절이 모음으로 끝나지 않는 언어는 없다."고 주장하였다. 이는 아주 정확한 것이다. 만일 칼그렌의 추정음을 따른다면, 선진의 옛 사람이 길게 탄식하는 소리 "嗚呼오호"는 [agxag]가 되고, 어린아이의 울음소리 "呱呱고고"는 [kwagkwag]가 되고 만다. 이는 아주 우스운 일이며, 한어의 실제 상황에서 심각하게 이탈하게 된다. 다시 말해, 현대 방언으로부터 볼 때, 한어의 파열음 운미는 모두 파열하지 않는 일종의 폐쇄음(implosive, 내파음內破音)인데, 어떻게 [-p] [-t] [-k]과 [-b] [-d] [-g]의 청탁淸濁을 구분하겠는가? 이는 바로 칼그렌이 역사비교법 원칙에만 얽매인 결과이다. 그러나 고음 운미를 추정하는 문제에서 중국과 외국의 많은 학자들은 기본적으로 칼그렌의 관점과 방법에 동의하며, 육지위 선생 같은 경우는 심지어 더 멀리 나아갔다.

왕력 선생은 한어의 실제에서 출발하여 상고 운부체계에 일련의 청폐쇄음清塞音 운미만 재구성하고, 장단長短 모음으로 음陰·입入 통압通押 문제를 해석하였다.

## 3) 개음介音의 추정에 관하여

칼그렌이 추정한 상고 한어 운부의 주요 모음과 운미는 모두 비교적 복잡하지만, 그의 상고 개음체계는 상대적으로 비교적 간단하다. 즉, 합구合口는 u-(1等), w-(2·3·4等), 개합開合 1·2等에는 i- 개음이 없고, 三等은 -ĭ, 四等은 i-를 사용하였다. 이는 그의 중고음 개음체계와 비슷하다. 왕력 선생의 고음 추정은 주요 모음이 비교적 적으며, 각 운부 아래의 운모 문제를 해결하기 위해, 개음에서 방법을 찾을 수밖에 없었다. 예를 들면, 원부元部의 추정은 다음과 같다.

| | | | | | |
|---|---|---|---|---|---|
| an | → | ɑn (寒) | uan | → | uɑn (桓) |
| ean | → | an (刪) | oan | → | wan (刪) |
| | ↘ | æn (山) | | ↘ | wæn (山) |
| ĭan | → | ĭɐn (元) | ĭwan | → | ĭwɐn (元) |
| | ↘ | ĭɛn (仙) | | ↘ | ĭwɛn (仙) |
| ian | → | ien (先) | iwan | → | iwen (先) |

왕력 선생이 二等 개합구開合口 운모에 [e-] [o-] 두 개음을 넣은 것은 완전히 근거가 없는 것이 아니다. 베트남어에는 [o-] 개음이 있고, [u-] 개음과 대립을 이룬다. 예를 들면, lua(벼): loa(눈을 깜빡이다) ; tua(줍

다): toa(좌석) 등이다. 그러나 이들이 완전히 상고 한어의 실제에 부합된다고 말할 수는 없다. 왜냐하면, 추정은 일종의 과학적인 가설이기 때문이다. 고대인은 이미 죽었기에 조사하여 기록할 방법이 없다. 따라서 오로지 문제를 설명할 수 있는지, 우리가 어음 변천의 규율을 해석하는 데 도움이 되는지, 그 설이 스스로 성립되는지를 요구할 뿐이다. 요컨대, 상고음의 추정은 여전히 앞으로 계속 진일보 탐구하고 연구해야 할 문제이다.

아래에 왕력 선생의 고운 30부 추정음(주요 모음과 운미)을 소개한다.[9]

| 陰聲 | | 入聲 | | 陽聲 | |
|---|---|---|---|---|---|
| 無韻尾 | 之部 [ə] | 韻尾 -k | 職部 [ək] | 韻尾 -ŋ | 蒸部 [əŋ] |
| | 支部 [e] | | 錫部 [ek] | | 耕部 [eŋ] |
| | 魚部 [a] | | 鐸部 [ak] | | 陽部 [aŋ] |
| | 侯部 [ɔ] | | 屋部 [ɔk] | | 東部 [ɔŋ] |
| | 宵部 [o] | | 藥部 [ok] | | |
| | 幽部 [u] | | 覺部 [uk] | | 冬部 [uŋ] |
| 韻尾 -i | 微部 [əi] | 韻尾 -t | 物部 [ət] | 韻尾 -n | 文部 [ən] |
| | 脂部 [ei] | | 質部 [et] | | 眞部 [en] |
| | 歌部 [ai] | | 月部 [at] | | 元部 [an] |
| | | 韻尾 -p | 緝部 [əp] | 韻尾 -m | 侵部 [əm] |
| | | | 盍部 [ap] | | 談部 [am] |

각 운부의 운모 및 중고 『절운』 음계와의 대응관계는 『漢語史稿』(上冊) 제13절~제15절 혹은 『漢語語音史』상권 제1장의 "先秦29韻部例字表"를 참고할 수 있다.

마지막으로 원고遠古시대 혹은 원시 한어 어음체계의 추정 문제를 논하기로 한다.

최근 20여 년간 외국의 일부 학자들은 원시 한어에 대한 연구, 특히 그 어음체계를 추정하는 데 매우 큰 관심을 갖고 있다. 예를 들면 미국의 보드맨 N.C. Bodman · 장곤張琨과 베티장貝蒂張 부부 · 양복면楊福綿 · 폴 베네딕트 Paul K.Benedict · 마티소프 J.A. Matisoff · 제리 노먼 J. Norman · 하시모토 앤 Anne Hashimoto · 캐나다의 풀리블랑크 E.G. Pulleyblank, 蒲立本와 일본의 하시모토 만타로橋本萬太郞, Hashimoto 등이 있다. 그들은 대부분 『절운』은 종합적인 체계로, 이를 기초로 단일한 『시경』음계를 추정하는 것은 비과학적이라고 여긴다. 그들은 전통적인 『절운』음계와 『시경』 음에서 벗어나, 직접 현대 한어 방언으로부터 접근하거나, 한장漢藏 언어에 대한 비교를 통하여 연구할 것을 주장한다. 이런 학자들은 대부분 미국 프린스턴 대학교 출신이므로, 이들 현대 방언으로부터 접근하여 소위 말하는 원시 한어를 재현하고자 하는 학자를 프린스턴 학파라고 한다. 그들의 방법은 다음과 같다. 즉, 중국 한어 방언은 7대 지역, 즉 7대 방언군으로 나누어지는데, 이에 근거하여 우선 각 방언군群에 대해 보편적인 조사를 하거나, 각 방언군의 몇 개 방언 특징을 선택하여 전형적인 조사를 진행하는 것이다. 이를 기초로, 역사 비교법을 이용하여 각 방언의 원시 언어들 proto-languages, 예를 들면, 원시민어原始閩語 · 원시월어原始粵語 · 원시오어原始吳語 · 원시객가어原始客家語 · 원시상어原始湘語 · 원시감어原始贛語 · 원시관화原始官話 등을 추정한다. 그리고는 원시민어 · 원시월어 등을 기반으로 비교적 전면적인 더 오래된 원시한어proto-Han를 재현한다. 그러나 그들은 이런 전면적인 원시한어 또한 하나의 통일된 내부가 일치된 언어가 아니라, 내부에 변이를 지닌 몇 가지 통시적 체계가 있다고 본다. 이런 원시적 체계protostem의 일부 특징은 전통적인 음운학 방법으로는 재현할 수 없다. 왜냐하면, 이런 특징은 오로지 일부 비주류 방언군, 예를 들면 민방언閩方言 등에만 존재하기 때문이다. 이것이 바로 프린스턴 학파의 주장이다.

이 학파 대표인물의 대표 저작은 제리 노먼의 『兩個元始閩方言的塞

音聲母和聲調』(1968)·『原始閩語的聲母』(1974), W.L. Bellord의『原始漢語: 塞擦音初探』(1968)·『原始湘語及其他』(1970), H.M. Stimson의『漢語原始北方話的研究』(1969), 하시모토 앤의『原始粤語的輔音和複輔音』(1970), 오코너 K.A.O'connor의『原始客家語』(Proto-hakka), 장곤과 베티장의『原始漢語的韻母系統與「切韻」』(1972), 보드맨의『原始漢語與漢藏語』(1980), 양복면의『現代漢語方言中的前綴kê-與原始漢語』등이 있다.

우리가 현대 방언과 한장어계 언어에 관한 연구 성과를 참고하고 운용하여, 원시 혹은 원고遠古 한어의 어음체계를 탐색하는 것은 매우 의의가 있다고 여겨진다. 재현한 원시 혹은 원고 한어를 현대 각 방언의 시조로 보고, 이것이 한장어계 기타 언어와 발생학적 관계가 있다고 가정하는 것도 가능한 것이어서, 진일보 연구할 가치가 있다. 그러나 절대로 한어의 역사를 반영한 풍부한 전통 문헌자료(『切韻』계 운서 포함)를 버려서는 안 된다. 버린다는 것은 있을 수 없는 일이고 매우 위험한 것이기도 하다.

**주석**

[1] 각 지역 방언의 독음은 북경대학 중문과 語言學敎硏室이 편집한『漢語方言字彙』(第二版重排本)에 근거하였음. 語文出版社, 2003. 下同.

[2] 王力,『漢語史稿』및『漢語語音史』참조.

[3] 唐作藩,『音韻學敎程』(제5판) 제3장 제8절, 北京大學出版社, 2016 참조.

[4] 章炳麟,『國故論衡·音理論』.

[5] 『國學季刊』제1권 제2호, 1923.

[6] 『師大月刊』, 사대(師大) 32주년 기념 특집호, 1934.

[7] 董同龢,『漢語音韻學』, 臺北文史哲出版社, 1979년 5판, p.266.

[8] 칼그렌,『中上古漢語音韻學綱要』, 聶鴻音 역, 齊魯書社, 1987.

[9] 王力, 『漢語史稿』(上冊), 유부(幽部)를 [êu]로, 소부(宵部)를 [au]로 함. 5 개의 주요모음 [ə] [u] [o] [a] [e] 만 있음; 王力, 『漢語語音史』 p.34, 中 國社會科學出版社, 1985.

**주요 참고문헌**

王力, 「先秦古韻構擬問題」, 『北京大學學報』(人文社科版), 1964 : 5; 『王力 文集』 第17卷, 山東教育出版社, 1989에도 수록.

王力, 『漢語史稿』(上冊), 科學出版社, 1957.

李方桂, 『上古音研究』, 商務印書館, 1980.

칼그렌, 『中上古漢語音韻學綱要』, 聶鴻音 역, 齊魯書社, 1987.

# 4 상고 한어의 성조

상고 한어의 성조聲調 문제에서 고음 학자의 관점은 줄곧 엇갈리고 있어, 지금까지도 비교적 일치된 의견이 없다. 명청시기, 즉 고음을 논하기 시작한 초기에는 일반적으로 선진先秦 한어에는 성조가 없다고 여겼다. 예를 들면, 진제陳第는 "四聲之辨古人未有고인은 4성의 변별이 없었다", "四聲之分起自江左4성의 구분은 남북조시대부터 시작되었다"[1]고 주장하였다. 그는 또 "時有古今, 地有南北때에는 고금이 있듯이, 땅에는 남북이 있다"하여, 남북조시대에 이미 4성이 있었기 때문에 선진에도 성조의 구분이 있다고 봐서는 안 되며, 고대에 성조가 없는 것은 바로 고금의 음이 다르다는 표현이라 하였다. 진제의 이런 추론은 표면적으로는 일정한 논리성이 있어 보이지만, 사실상 맞지 않는 것이다. 현존하는 사료史料의 기록에 근거하면, 한어에 평상거입平上去入 4성의 발견과 명칭은 확실히 육조 이후부터 시작된다. 남제南齊 심약沈約(441~513)은 저작 『사성보四聲譜』가 있고, 또 『남사南史·육궐전陸厥傳』에는 "여남의 주옹은 음운에 해박하여, 문장에 모두 궁상宮商을 사용했으며, 평상거입을 4성으로 하였다."고 하였다. 그래서 과거에 적지 않은 사람이 4성의 변별은 심약沈約·주옹周顒 등이 창조하였다고 여겼다. 이런 관점은 정확하지 않다. 우리는 한어에서 4성의 구분은 아마도 이 시기가 되어서야 비로소 심약 등 학자에 의해 발견되었다고 볼 수 있다. 절대로 "강좌江左"로부터 기원한 것이 아니다. 왜냐하면, 어떤 한 언어의 기본 요소와 특징은 모두 갑자기 나타난 것이 아니고, 더욱이 개인이 창조해 낸 것일 수 없기 때문이다. 성聲·운韻·조調는 한어 어음의 세 가지 기본 요소이고, 모두 역사의 기나긴 과정에서 형성된 것이다. 우리는 현재 비록 성조, 즉 음의 높이로 다른 의미를 나타내는 것이 한장어계漢藏語系 언어의 원시적 특징인지를 확정하기 어렵지만, 우리가 현재 알고 있는 한장어계의 언어는 대부분 성조가 있다. 그

러나 한어와 비교적 가까운 캄타이어족壯侗語族·묘요어족苗瑤語族(몽멘어
족)의 성조체계는 중고 한어의 특징과 더욱 유사하여, 즉 사성팔류四聲八類
로, 대응 관계가 비교적 뚜렷하다.

　모두 알다시피, 인도유럽어계 언어 간의 관계는 모두 비교적 밀접하다.
이들 각 어족 언어의 분화 역사는 그다지 길지 않고, 연구도 비교적 명확하
게 되어 있어, 일반적으로 모두 비교적 잘 이해되고 있다. 소위 말하는
"원시 공통 인도유럽어"는 지금으로부터 약 3천여 년으로 추측되고 있다.
그러나 한장어계 각 언어 간의 관계는 그다지 뚜렷하지 않은데, 이는 그들
이 분화한 시간이 훨씬 더 이르기 때문이다. 한어가 한장어계에서 분리해
나온 시간은 적어도 한어를 기록하는 한자가 형성되기 이전으로, 5천년은
넘으니, 원시 한장어의 유구한 역사는 더 말할 나위도 없다. 단지 한어로
만 볼 때, 성조는 한어의 기본 특징으로, 갑골문 시대, 즉 은상殷商 이전의
시기에 이미 구비되어 있었다고 추측해 볼 수 있다. 우리가 상고 한어는
성조가 있는 언어라고 말하는 것은 이론적으로 성립된다. 더욱이 『시경』
의 압운으로부터 보면, 상고에는 확실히 이미 성조의 구분이 존재하였다.
예를 들어, 그 첫 수首『주남周南·관저關雎』는 다음과 같다.

> 關關雎鳩, 在河之洲。窈窕淑女, 君子好逑。
> 參差荇菜, 左右流之。窈窕淑女, 寤寐求之。
> 求之不得, 寤寐思服。悠哉悠哉, 輾转反側。
> 參差荇菜, 左右采之。窈窕淑女, 琴瑟友之。
> 參差荇菜, 左右芼之。窈窕淑女, 鐘鼓樂之。

　이 시 1장과 2장의 앞 네 마디는 평성자平聲字 "鳩구" "洲주"와 "逑구",
"流류"와 "求구"가 압운되고, 2장 뒤의 네 마디는 입성자入聲字 "得득" "服
복" "側측"이 서로 압운하며, 3장은 상성자上聲字 "采채"와 "友우"가 압운
하고, 4장에서는 거성자去聲字 "芼모"와 입성자 "樂락"이 서로 압운한다.

이는 『시경』도 기본적으로 "동조상압同調相押, 같은 성조 자가 서로 압운된다"의 원칙을 지켰다는 것을 설명한다. 한 장章 안에서 압운하는 운각은 같은 운부에 속할 뿐만 아니라 같은 성조 부류에 속하기도 한다. 더 나아가 전면적으로 『시경』의 압운을 고찰해보면, 동일한 한자가 일반적인 상황에서 같은 성조류聲調類의 글자와 압운한다는 것을 발견할 수 있다. 예를 들면, "求" 자는 여기에서 "流" 자와 압운되었고, 『주남周南·한경漢庚』 1장("南有喬木, 不可休思。漢有游女, 不可求思。")에서는 "休"와, 『소아小雅·상체常棣』 2장("原隰裒矣, 兄弟求矣。")에서는 "裒"와, 『소아小雅·상호桑扈』 4장("兕觥其觓, 旨酒思柔。彼交匪敖, 萬福來求。)에서는 또 "觓·柔·敖" 등과 압운된다. 이는 모두 평성자이다. 또 예를 들면, 상성자 "友"는 여기에서는 "采"와 압운되고, 『패풍邶風·포유고엽匏有苦葉』 3장("招招舟子, 人涉卬否。人涉卬否, 卬須我友。")에서는 "子·否"와, 『소아小雅·유월六月』 6장("吉甫燕喜, 既多受祉。來歸自鎬, 我行永久。飮御諸友, 炰鱉膾鯉。侯誰在矣, 張仲孝友。")에서는 또 "喜·祉·久·鯉·矣" 등 상성자와 압운된다. 이는 모두 우연이 아니다. 게다가 상고의 성조는 후세의 성조, 예로 『절운』 음계의 4성과 적지 않은 공통점이 있다. 물론 일치하지 않는 점도 있기는 하다.

상고에 성조가 있었는가 하는 문제가 생기게 된 것은, 사람들이 후세 4성의 각도에서 『시경』의 용운을 관찰하고, 상고 일부 한자의 성조분류調類가 후세와 다르다는 것을 발견하여 회의가 생겼기 때문이다. 예를 들면, 『소아小雅·천보天保』 4장은 다음과 같다.

吉蠲爲饎, 是用孝享。禴祠烝嘗, 于公先王。君曰卜爾, 萬壽無疆。

여기 운각의 상성자 "享"은 평성자 "嘗·王·疆"과 압운한다. "享"자 외에, 『시경』에는 또 "饗" "額" 등 후세에는 상성으로 읽는 한자가 흔히 평성자와 압운되고 있다. 이 외에 "慶" "訟" "震" "憲" "患" "化" 등 후세에는 거성으로 읽는 한자가 『시경』에서는 흔히 평성자와 압운된다. 예를 들면 『소아·유월』 5장은 다음과 같다.

戎居既安, 如輊如軒. 四牡既佶, 既佶且閑. 薄伐玁狁, 至于大原. 文武吉甫, 萬邦爲憲.

후세에 거성으로 읽는 한자가 『시경』에서 흔히 입성자와 압운되는 것이 적지 않다. 위에서 언급한 『주남周南·관저關雎』 중의 "芼"자 외에, "夜·射·戒·路·奏·數·代·意·富·易·帝·告·泰·大·氣" 등이 있다. 이런 경우를 만약 완전히 후세의 4성 각도에서 고찰한다면 당연히 혼란스럽다. 그래서 진제陳第 등 학자는 이로부터 상고 성조의 존재를 부인하였다. 그러나 이는 객관적 사실에 부합하지 않는 것이다.

청대 고음 학자는 일반적으로 상고에 성조가 있었다고 여겼다. 그러나 상고의 성조가 도대체 어떤 것인가에 대해서는 학자마다 견해가 다르다. 예를 들면 고염무顧炎武는 상고에는 후세와 마찬가지로 "평·상·거·입" 4성이 있었는데, 다만 옛 사람들의 용운은 비교적 광범하여 "4성을 병용할 수 있었다"고 여겨, "4성일관四聲一貫"설을 주장하였다.[2] 강영도 고염무의 이런 관점에 찬성하였다. 그러나 고음 연구가 깊어지면서 그 후의 학자들은 모두 "4성일관설"에 회의를 가졌다. 단옥재는 고금 성조의 차이를 알아채기 시작하였다. 그는 "고대 4성은 지금의 운과 다르다. 마치 옛 원음이 지금의 운과 다른 것과 마찬가지다. 주·진·한 초기의 문장을 고찰해 보면, 평성·상성·입성이 있고 거성은 없다.古四聲不同今韻, 猶古本音不同今韻也。考周秦漢初之文, 有平, 上, 入而無去。"고 하였다.[3] 그는 상고에는 3개 성조, 즉 평·상·입성만 있다고 주장하였다. 이는 그가 선진의 운문에서 거성자가 흔히 입성자와 압운하고, 형성자의 거성과 입성이 또한 많이 서로 해성하는 것을 보았기 때문이다. 예를 들면 "試"는 "式"의 소리를, "室"은 "至"의 소리를, "路"는 "各"의 소리를, "暮"는 "莫"의 소리를 따른다. 그러나 동일한 현상에 근거하여, 공광삼은 상고에는 평·상·거 세 성조만 있고 입성이 없다는 결론을 얻었다. 그는 "입성은 강좌江左, 즉 남북조시대부터 발원된 것으로, 중원의 구독舊讀이 아니다. 入聲創自江左, 非中原舊讀。"라 하였다.[4] 그는 또 상고의 거성은 긴 것과 짧은 것으로 나누어지는데, 짧은 거성이 후에 입성으로 변했다고 여겼다. 근대의 장병린도 공광삼의 관점과 비슷하다. 장병린은 상고에는 [-p]를 끝음으로 하는 입성만 있고, [-t] [-k]를 끝음으로 하는 입성이 없다고 여겼다.[5] 그러나 황간은 상고에는 평·입성의 두 개 성조만 있고, 상·거성이 없다고 주장하였다.[6] 이것도 사실상 상고 성조의 존재를 부인한 것이다.

청대의 학자 중에서 왕념손과 강유고는 명확하게 고대에는 후세와는 다른 평·상·거·입의 4성이 존재하였음을 제시하였다. 강유고는 왕념손에게 보낸 서신에 "유고의 초견으로는, 소위 고대에 4성이 없다는 학설이 초각 범례에 기재되어 있는데, 지금까지 반복적으로 그 실마리를 찾아내어, 처음으로 고대에 사실상 4성이 있었다는 것을 알았습니다. 다만 고인이 읽는 소리가 후세와 다를 뿐입니다. ……이처럼 21부의 분류가 요연하고 질서정연하여, 그 중에는 서로 통용하는 것과 합용하는 것이 있는데, 이것에 빠져 다른 것을 전부 부정해서는 안 되는 것이니……그래서 유고 제가 『唐韻四聲正』을 편집한 것입니다."라고 적었다. 왕념손은 회신에서 강씨의 의견에 "내 소견과 서로 어울려 상응하니 더욱 기쁘기 그지없음을 느끼오. 고씨의 4성 일관설을 나는 줄곧 그렇지 않다고 생각하였오."라고 하였다. 왕념손의 『고운보古韻譜』에서 분류한 4성은 강유고와 같다. 그래서 그는 "기왕 귀작과 대략 비슷하니, 졸작은 새기지(출간하지) 않아도 가하다."고 하였다.[7] 하흔夏炘도 그들의 이런 관점에 동의하고, 이론적으로 추가 설명하였다. 하흔은 "4성은 자연의 소리에서 나오는 것이니, 어찌 고대에 4성이 없을 수 있겠는가! ……『三百篇』을 보면, 평平은 평성운에서 나오고, 회灰는 측성운에서 나온 것이 명확하고 흐트러짐이 없다. 이에 부합하지 않는 것은, 고인이 읽는 4성이 지금 사람과 다른 게 있는 것이다.四聲出于天籟, 豈有古無四聲之理！……觀『三百篇』中, 平自韻平, 灰自韻仄, 劃然不紊。其不合者, 古人所讀之四聲 , 有與今人不同者也。" 그리고 "대체로 후세 사람들은 흔히 『唐韻』의 4성으로 고대의 발음을 구하는데 부합하지 않는 것이 많았고, 그래서 고대에 4성이 없는 것이 아닌가 의심하게 되었으니, 이는 통론이 아니다. 고대 4성은 독용獨用되는 것이 있고, 통용되는 것이 있다. 통용되는 것은 17부의 병합과 같은 것이며, 또한 『廣韻』의 兩收·三收가 그런 것이다. 그 분리를 알고, 또 그 합치는 것을 알면, 고대에 4성이 있다는 학설을 의심할 수 없다.大抵後人多以 『唐韻』 四聲求古人, 故多不合, 而遂疑古無四聲, 非通論也。古四聲有獨用, 有通用。通用者若十七部之合。又『廣韻』之兩收、三收者是也。知其以分, 又知其所以合, 然後可以無疑于古有四聲之説也。"고 하였다.[8]

왕력 선생은 『漢語史稿』(상권)에서 새로운 주장을 제기하였다. 그는 상고의 성조는 우선 서舒·촉促 두 가지로 크게 분류되고, 이는 다시 각각 장長·단短 두 가지로 작게 나누어진다고 주장한다. 왕 선생은 "선진의 성조는 특정한 음고音高(음의 높이)를 그 특징으로 하는 외에, 서촉舒促 두 가지로 크게 분류되고, 또 장단으로 나누어진다. 완만하고 긴(舒而長) 성조가 평성이고, 완만하고 짧은(舒而短) 성조가 상성이다. 촉성은 장단을 불문하고 모두 입성이다. 급하고 긴(促而長) 성조는 장입長入이고, 급하고 짧은(促而短) 성조가 단입短入이다.先秦的聲調除了以特定的音高爲其特徵外, 分爲舒促兩大類, 但又分爲長短。舒而長的聲調就是平聲, 舒而短的聲調就是上聲。促聲不論長短, 我們一律爲入聲。促而長的聲調就是長入, 促而短的聲調就是短入。"라고 하였다.[9]

왕력 선생의 이 주장도 단옥재의 관점에서 영감을 얻은 것이다. 단옥재는 "고음에서 평·상이 한 부류이고, 거·입이 한 부류이다. 상과 평이 같고, 거와 입이 같다.古音平、上爲一類, 去、入爲一類。上與平一也, 去與入一

也。"[10]라고 한 적이 있다. 왜냐하면『시경』의 용운으로 보면, 평성과 상성의 협음叶音이 많고, 거성과 입성의 협음이 많기 때문이다. 또 해성 관계로 보면, 평성과 상성은 흔히 상통하고(예를 들면, '褒포'는 '保보'의 소리를, '雌자'는 '此차'의 소리를, '脂지'는 '旨지'의 소리를 따르며, '高고'성에 '稿고'가 있고, '羊양'성에 '瘍양'이 있는 등), 거성과 입성은 흔히 서로 상통한다(예를 들면, '置치'는 '直직'의 소리를, '路로'는 '各각'의 소리를, '例례'는 '列렬'의 소리를 따르며, '告고'성에 '酷혹'이 있고, '害해'성에 '轄할'이 있는 등). 또한 고서古書에는 소위 "장언長言" "단언短言" "급언急言" "완언緩言"의 언급도 있다. 예를 들면,『공양전公羊傳·장공이십팔년莊公二十八年』에 "春秋伐者爲客, 伐者爲主。"가 있는데, 하휴何休는 "伐人者爲客의 벌伐은 길게 읽으니, 이는 제齊나라 사람의 말이고 ; 見伐者爲主의 벌伐은 짧게 읽으니, 이것도 제齊나라 사람의 말이다."라고 주석하였다. 이는 상고 한어는 적어도 일부 방언에서는 음의 높이뿐만 아니라 음의 길이도 성조의 중요한 요인으로 보고 있다는 것을 말한다. 마학량馬學良과 나계광羅季光 두 선생은 1960년대 초에『我國漢藏語系語言元音的長短』이라는 문장을 발표하여, 대량의 자료로써 주요 모음이 장단長短으로 나누어지는 것이 한장어계의 중요 특징 중 하나라는 것을 증명하였다.[11] 이로부터 그들은 현대 한어 및 각 지역 방언은 일반적으로 모음 장단의 차이가 없지만[12], 중고 한어, 특히 상고 한어는 분명 장단 모음의 분별이 있었을 것으로 추측하였다. 이는 아주 재미있는 것이다. 모음의 장단과 성조의 고저高低는 필경 다르다. 원가화袁家驊 선생도 상고 한어의 모음이 장단으로 나누어진다고 주장하였으나, 그는 상고에 성조가 있음을 부인한다는 전제 아래, 이 관점을 제기한 것이다.[13] 이 외에 일부 학자, 예를 들면, 奧德里古爾Haudricourt(1954), 풀리블랑크 Pulleyblank, 蒲立本(1962), 매조린梅祖麟(1970), 사가트 Sagart, 沙加爾(1986), 정장상방鄭張尙芳(1944) 등 학자는 중고의 4성은 상고의 운미가 변화한 것이라고 주장하였다. 즉, 상성은 [-q] 혹은 [-ʔ]로부터, 거성은 [-s] 혹은 [-h]로부터, 입성은 [-b] [-d] [-g] 혹은 [-G]으로부터 변화하였고, 평성은 이런 운미가 없다. 그러나 정방신丁邦新(1981)과 서통장徐通鏘(1998)은 이에 의문을 제기하였다. 아무튼, 이는 더 연구할 가치가 있는 문제이다.

우리는 왕력 선생의 상술한 주장이 비교적 실제에 부합된다고 생각한다. 즉, 상고의 성조는 우선 평平과 입入 두 종류로 나누어지고, 또 각각 서舒와 촉促 두 성조로 나누어진다. 다시 말해, 장평長平 · 단평短平 · 장입長入 · 단입短入 4성이 된다. 중고『절운』시대에 이르러서는 평 · 상 · 거 · 입의 4성으로 발전하였다. 『절운』4성과 『시경』성조는 일맥상통한다. 필자(당작번唐作藩)는 최근 몇 년간 『시경』 297수, 1134장의 운韻이 있는 시편 총 1755개 단락의 같은 성조가 서로 압운하는 것과 다른 성조가 서로 압운하는 자료에 대한 분석 · 통계와 연구를 통해, 상고 한어에는 평 · 상 · 거 · 장입長入, 단입短入의 5성조가 있다는 견해를 제기하여, 왕력 선생의 상고 성조 학설을 보충하고자 한다.[14] 중요한 것은 거성이 한 종류로 이루어질 수 있는가 하는 문제이다.

『시경』의 1755개 운문 단락에서 평성자가 서로 압운되는 것은 829단락, 상성자가 서로 압운되는 것은 294단락, 입성자가 서로 압운되는 것은 261단락, 거성자가 서로 압운되는 것이 가장 적어 95단락으로, 총 1479개 운문 단락이며, 전체 운문 단락의 약 84.3%를 차지한다. 4성의 독립성은 매우 명확하다. 나머지 276개는 모두 각 성조 간에 서로 압운되는 것이다. 그 중 거성자와 기타 3성이 서로 압운되는 것이 비교적 많은데, 평 · 거성이 서로 압운되는 것은 58회, 상 · 거성이 압운하는 것이 47회, 평 · 상 · 거성이 압운되는 것이 21회, 거 · 입성이 압운되는 것은 52회이다. 우리의 통계에 의하면, 『시경』에 입운入韻된 거성자는 총 224개로, 그 중 양성운자陽聲韻字는 334개(주로 원부元部 한자), 용운이 49회인데, 입성과 관계가 없다. 음성운자陰聲韻字는 99개, 용운이 208회(독용獨

用으로 서로 압운된 것이 83회, 평·상성자와 압운된 것이 98회, 입성자와 압운된 것이 27회)이다. 그리고 상고 입성운부에 귀속되는 한자가 91개, 용운이 204회(독용獨用으로 서로 압운된 것이 131회, 평·상성자와 압운된 것이 28회, 입성자와 압운된 것이 45회)이다. 상술한 통계 분석 상황으로 보면, 『시경』시대의 거성자는 비록 비교적 적으나, 그 독립성은 여전히 매우 강하다. 그리고 흔히 입성자와 서로 압운되는, 왕력 선생이 입성운부에 귀속시킨 대부분의 거성자는 장입長入으로 볼 수 있다. 이는 즉 상고의 성조는 여전히 음의 높이를 주요 체제로 하고, 음·양성운부 중에 평·상·거성의 구별을 포괄하며, 음의 길이는 입성운부에서만 역할을 한다는 것을 말한다. 그래서 우리는 상고 음계에 5개 성조, 즉 평성·상성·거성과 장입·단입이 있다고 주장한다. 이 5성은 왕국유王國維 선생의 "5성설五聲說"과는 다르다.[15]

**주석**

[1] 陳第, 『讀詩拙言』참조. "江左"는 본래 지리적 개념으로, 장강 하류 일대를 가리키지만, 남북조(南北朝) 시기의 남조(南朝)가 강의 좌측에 있었으므로, 또한 남북조시대를 가리키는 데 쓰이기도 함.

[2] 顧炎武, 『音學五書』 중의 『音論』과 『唐韻正』 참조.

[3] 段玉裁, 『六書音均表』 중의 『今韻古分十七部表第一』 "古四聲說" 참조.

[4] 孔廣森, 『詩聲類』 참조.

[5] 章炳麟, 『國故論衡』 참조.

[6] 黃侃, 『音略』 참조.

[7] 江有誥, 『音學十書·唐韻四聲正』 "再寄王石臞先生書" 및 "石臞先生復書".

[8] 夏炘, 『古韻表集說』(下); 『述韻』.

[9] 王力, 『漢語史稿』(上冊) 제2장 제11절.

[10] 段玉裁, 『六書音均表』 중의 表 第一 "古四聲說".

[11] 『中國語文』제五기 ; 陳其光은 『民族語文』 1979:1에 발표한 『苗瑤語入
　　 聲的發展』에서도 "현대 묘어(苗語)·요어(瑤語)에는 여전히 장입(長入),
　　 단입(短入)의 차이가 있다."고 제기하였다.

[12] 그러나 廣州語에는 장모음과 단모음의 구별이 있을 가능성이 있다. 예로,
　　 街[kai]와 鷄[kɐi], 找[tʃau]와 帚[tʃɐu], 販[fan]과 份[fɐn] 등.

[13] 袁家華, 「漢藏語聲調的起源和演變」, 『語文硏究』 1981:2 참조.

[14] 唐作藩, 「上古漢語有五聲説」, 『語言學論叢』 제33집, 2006 참조.

[15] 王國維, 『観堂集林』 卷5 ; 王力, 『淸代古音學』 제13장 結論(五) 聲調問
　　 題 (7) "古有五聲説" 참조.


**주요 참고문헌**

王力, 『漢語史稿』(上冊) 제2장 제16절 『上古聲調的發展』, 科學出版社, 1957

＿＿, 「古無去聲例證」, 南開大學 『語言硏究論叢』, 1980 ; 『王力文集』 제17
　　 권, 山東教育出版社, 1989.

周祖謨, 「古音有無上去二聲辨」, 『問學集』(上冊), 中華書局, 1966.

平山久雄, 「漢語聲調起源窺探」, 『語言硏究』 1991:1.

唐作藩, 「上古漢語有五聲説——從『詩經』用韻看上古的聲調」, 『語言學論叢』
　　 제33집, 商務印書館, 2006.

제**3**장
# 상고에서 중고까지
# 한어 어음체계의 발전

 **『절운』의 음계와 중고 한어의 어음체계**

　『절운切韻』과 『당운唐韻』, 『광운廣韻』은 모두 같은 체계의 운서韻書에 속한다. 이들의 성聲·운韻·조調 체계는 기본적으로 일치하며, 반영하는 어음의 성질도 같다. 이에 관한 문제를 우리는 『음운학교정音韻學敎程』에서 이미 집중적으로 토론한 바 있으므로, 여기서 『절운』 계열 운서의 체제·내용 및 그 연구 방법을 다시 설명하지 않을 것이다. 그러나 한 가지 문제를 여기서 더 명확하게 할 필요가 있는데, 바로 『절운』의 음계, 즉 『광운』 음계를 중고 음계의 대표로 볼 수 있는가 하는 문제이다. 이것은 바로 『절운』계 운서의 성격 문제이기도 하다. 만약 『절운』을 근거로 하지 않는다면, 무엇을 기반으로 중고 음운 체계를 구축할 것인가? 본 절에서는 이 문제를 토론할 것이다.

　『절운』의 성격에 관해, 그간 역대로 서로 다른 여러 관점이 있다. 20세기 50년대 말에서, 60년대 초에, 『中國語文』에서 치열한 논쟁이 있었고, 많은 의견이 오갔으나, 줄곧 일치된 견해를 얻지 못하였는데, 아마도 이 논쟁은 긴 시간동안 지속될 것이다.

우리는 『음운학교정』에서도 『광운』의 성질에 대한 의견을 논의한 바 있다. 본 절에서는 한어어음사의 각도에서 중고 음운체계 문제와 결합하여 토론하고자 한다.

『절운』계 운서의 성질에 관한 문제를 다음과 같은 세 가지 면에서 접근할 수 있다.

우선, 『광운』 권수卷首에 기재된 육법언陸法言의 『절운』 "서언"으로 알아보기로 한다. 이는 매우 중요한 음운학 논문으로, 편폭은 길지 않아 500여 자에 불과하나, 내용은 풍부하다. 서언에는 『절운』의 편찬 과정 및 편집 목적과 원칙을 설명하였다.[1] 육법언은 당시 아직 젊었고, 수문제隋文帝 개황開皇 초년에, 그 아버지 연배의 8-9명 문인 학자(대부분 직위가 낮지 않은 관리이었음)가 모여 논의하고 결정한 요강을 기록하였다. 그리고 10여 년 후, 즉 인수仁壽 원년(기원 601년)에 육법언은 또 당시 유행하는 여러 운서·자서字書, 그리고 그 자신의 각 지역 방언에 대한 이해를 참고하여 책을 편찬하였다. 이를 근거로 그들의 목적이 "광문로廣文路(문맥을 풍부하게 하다)", 즉 운문을 창작하기 위하여 운을 사용하고, "스스로 청탁에 모두 통용自可淸濁皆通"하게 한 것만이 아니라, 주로 "賞知音지음을 장려"하고, "음에 경중의 차이가 있어야 할 것卽須輕重有異"을 요구하기 위한 것이라는 것을 알 수 있다. 그래서 그들은 "남북의 음이 (같거나) 다르고, 고금의 음이 (통하거나) 통하지 않음을 논하며論南北是非, 古今通塞" 어음을 분석하였다. 그들은 일반적으로 각 지역 혹은 여러 운서가 분별할 수 있는 음이 바로 "是"와 "通"이고, 그렇지 않으면 "非"와 "塞"이라고 여겼다. 그들의 방법은 "티끌만큼의 차이도 상세히 분석하여, 서루黍累(기장쌀 한 알의 무게)까지도 가려내어剖析毫釐, 分別黍累" 최대한 가능한 음을 분별하였다. 그래서 육법언의 『절운』 "서언"에는 『절운』 4성 분운分韻이 193개(그 후 『광운』은 206운으로 나누어짐)이고, 그 반절反

切 체계가 단순하게 어느 한 지방의 어음체계가 아니며, 그 중에는 방언의 요소도 있을 뿐만 아니라 위진魏晉 이후의 고음 성분도 포함하였다고 명확하게 밝혔다. 이는 바로 장병린章炳麟이 지적한 바와 같이 『절운』은 한 부의 "兼有古今方國之音고금의 주변국 음을 겸비"한 운서다.

두 번째, 같은 시대의 문헌 자료, 즉 남북조南北朝 후기에서 수당隋唐 사이의 음운 자료를 근거로 고찰하기로 한다. 예를 들면, 안지추顏之推, (531~?)의 『안씨가훈顏氏家訓·음사편音辭篇』이다. 안지추는 『절운』의 주요 작자 중 한 명이다(『절운』 "서언"에는 "蕭, 顏多所決定소·안씨가 여러 곳을 결정"이라 지적함). 이 『음사편』또한 중국음운학사에서 중요한 논문 중의 한 편으로, 여기에는 적지 않은 어음 문제를 다루고 있다. 그 중에서 관련이 있는 부분을 『절운』과 비교해 보면, 『절운』 음과 당시 남북 방언의 어떤 구체적인 차이를 알 수 있다. 예를 들면, 『음사편』에는 이런 문장이 있다.

"남인은 '錢전'(인용자 注: 『廣韻』昨仙切, 從母 仙韻. 하동)을 '涎연'(夕連切, 邪母 仙韻)으로 발음하고, '石석'(常隻切, 禪母 昔韻)을 '射사'(神夜切, 船母 禡韻, 혹은 羊益切, 喻母 昔韻)로 발음하고, '賤천'(才線切, 從母 線韻)을 '羨선'(似面切, 邪母 線韻)으로, '是시'(承紙切, 禪母 紙韻)를 '舐지'(神紙切, 船母 紙韻)로 발음한다 ; 북인은 '庶서'(商署切, 書母 御韻)를 '戌수'(商遇切, 書母 遇韻)로, '如여'(人諸切, 日母 魚韻)를 '儒유'(人朱切, 日母 虞韻)로, '紫자'(將此切, 精母 紙韻)를 '姊자'(將幾切, 精母 旨韻)로, '洽흡'(侯夾切, 匣母 洽韻)을 '狎압'(胡甲切, 匣母 狎韻)으로 발음한다. 이런 예는 아주 많다. 북인의 음은 대부분 '舉거·莒거'(居許切, 見母 語韻)를 '矩구'(俱雨切, 見母 麌韻)로 발음한다. 오직 이계절李季節만이 말하기를 : 제환공齊桓公과 관중管仲이 대상臺上에서 거莒를 벌伐하고자 하는데, 동곽아東郭牙는 환공의 입술이 닫히지 않고, 열린 것을 보고, 환공이 말하는 것이 궁宮이라는 것을 알았다. 그런

즉 '莒거'와 '矩구'는 반드시 발음이 달랐을 것이다. 이것이 지음知音이다."
이어서 또 "河北切 '攻공'자는 '古琮고종'(『廣韻』 冬韻, 古冬切)인데, '工
공·公공·功공' 세 글자(『광운』 東韻, 古紅切)와는 달리 특별하고 드물
다."고 하였다. 안지추의 문장에서 인용된 예를 보면 알 수 있듯이, 당시
남방의 어음은 從종·邪사 두 성모가 이미 혼동되었으나, 『절운』계열 운
서는 북방음에 근거하여 이를 분리하였고; 반대로 북방의 일부 방언에
서는 이미 '魚어·虞우', '支지·脂지', '洽흡·狎압'을 구분하지 않았으나,
『절운』계열 운서는 남방 어음에 근거하여 이들을 분리하였다. 그러나
"攻공"자에 대해 안지추는 하북河北에서 동운冬韻으로 읽는데, 동운東韻의
"工공"등 자로 읽지 않는 한자는 잘 쓰이지 않는다고 주장하였다. 다시
말하면, 당시 황하 이북의 일부 방언에서는 '東동·冬동'의 차이가 있을
뿐만 아니라, 동운東韻에 넣을 수 있는 "功공"자(『광운』에는 古紅切의 독
음도 있음)도 동운冬韻으로 발음하였다. 안지추는 당시 남북 방언 차이의
예를 제기한 후, 그 원인을 분석하여 이르기를 "남방은 산수가 부드러워,
그 음이 청아하고 발음이 급하지만, 폐단은 깊이가 없고, 어휘가 대부분
비속하다. 북방은 산천이 깊고 웅장하여, 그 음이 낮고 묵직하며 날카롭
지 않아, 질박하고 정직한 장점이 있으며, 어휘에 고어가 많다."[2]고 하였
다. 이로부터 안지추가 고어와 고음이 방언 속에 보존되어 있다는 것을
매우 잘 이해하고 있었음을 알 수 있다.

　또 예를 들면, 수당 시기 조헌曹憲(양주(揚州) 강도인(江都人))의 저작『박
아음博雅音』이 있다. 조헌은 손염孫炎(삼국 위(魏) 나라 낙안(樂安), 즉 오늘의
산동성(山東省) 박흥인(博興人)), 저작『이아음의爾雅音義』, 곽박郭璞(276~342,
동진(東晉) 문희(聞喜), 즉 오늘의 산서성 문희인(聞喜人)), 저작『이아음爾雅音』,
이궤李軌(동진 강하(江夏), 즉 오늘의 호북성 운몽인(雲夢人)), 저작『주역음周易
音』·『주례음周禮音』등, 서막徐邈(?~397, 동진 동완고막(東莞姑幕), 즉 오늘의 산
동성 제성인(諸城人)), 저작『오경음五經音』, 류창종劉昌宗(동진인(東晉人)), 저작

『삼례음三禮音』 등의 고적에 발음을 표기하는 전통을 이어받아 직음直音과 반절反切 및 모방 등 방법, 그리고 위진魏晉 이후의 운서·자서字書의 주음注音 자료를 이용하여 『광아廣雅』(수양제隋煬帝 양광楊廣의 이름을 피하여 『박아博雅』로 개명)의 발음을 표기하였다. 황전성黃典誠 선생의 연구에 의하면[3], 조헌의 음계는 『절운』의 음계와 거의 일치하며, 또한 일종의 독서음讀書音이다.

또 예를 들면, 송렴宋濂이 왕인후王仁煦(당 중종(中宗) 때 사람)의 『간류보결절운刊謬補缺切韻』 운목韻目 아래의 주석小注을 보면, 『절운』은 확실히 조기운서 중에 반영한 일부 성분을 적절히 받아들였다는 것을 알 수 있다. 예를 들면 『절운』은 원元과 혼魂(흔(痕)을 분운分韻하였는데, 『간류보결절운』에서 원운元韻 아래에 "陽·夏侯·杜는 魂과 같고; 呂는 다름. 지금은 呂를 따름."[4] 또한 진운眞韻 아래에 "呂와 文은 같고, 夏侯·陽·杜는 다름. 지금은 夏侯·陽·杜를 따름." 그리고 은운殷韻 아래에 "陽·杜와 文이 같으며, 夏侯와 臻이 같음. 지금은 병렬함."이라고 주석하였다. 따라서 『절운』의 작자는 여러 대가의 운서를 참고할 때, 어느 대가의 것이 나누어지면 어느 대가를 따랐다는 것을 알 수 있다. 세 번째, 당시 시운 용운의 실제 상황과 『절운』의 음계를 비교하여, 그 공통점과 차이점을 살펴볼 수 있다. 왕력 선생은 『남북조시인용운고南北朝詩人用韻考』[5]를 썼는데, 그의 연구에 의하면, 남북조 시인의 용운은 세 개의 시기로 나눌 수 있다. 제1기는 기원 4~5세기로, 대표인물은 하승천何承天(370~447, 산동인)·안연지顏延之(384~456, 산동인)·사령운謝靈運(385~433, 하남인)·사혜련謝惠連, 397~433)·사장謝莊(421~466)·포조鮑照(405~466, 산동인) 등 ; 제 2기는 기원 5~6세기로, 대표인물은 심약沈約(441~513, 절강인)·강엄江淹(444~505, 하남인)·사조謝朓(464~499, 하남인)·왕융王融(468~494, 산동인) 등 ; 제 3기는 기원 6~7세기로, 대표인물은 서릉徐陵(507~583, 산동인)·유신庾信(513~581, 하남 남양 신야인(新野人))·왕포王褒(519~594, 하남 난

고인(蘭考人))·강총江總(519~594, 하남 난고인)·안지추顏之推(531~?)·노사도盧思道(미상)·설도형薛道衡(540~609, 산서인(山西人)) 등이 있다. 각 시기 시인의 용운 특징은 다음과 같다.

| 제1기 | 제2기 | 제3기 |
| --- | --- | --- |
| 東冬鍾江混 | 東不與冬鍾混 | 江歸陽唐 |
| 支脂之三分 | 脂之同用 | 脂之同用 |
| 魚虞模混 | 虞模不與魚混 | 虞模不與魚混 |
| 歌戈麻混 | 歌戈不與麻混 | 歌戈不與麻混 |
| 真(諄臻)殷分 | 殷與真(諄臻)同用 | 殷與真(諄臻)同用 |

당대唐代 시인의 용운은 똑같이 『절운』음운 체계의 복잡성을 반영하였다. 예를 들면 초당4걸初唐四杰(노조린盧照鄰, 낙빈왕駱賓王, 왕발王勃, 양형楊炯)[6]은 虞우와 模모는 구분하지 않았으나 魚어는 달리하였고, 脂지와 之지를 구분하지 않았으나 支지와는 서로 압운하지 않았으며, 真진·諄순·臻진·殷은 혼용하였으나 文문과는 분리하였다. 성당盛唐 이후, 시인의 용운은 또 변화가 일어났다. 예를 들면, 두보杜甫의 근체시近體詩[7]는 魚와 虞·模를 나누어 사용하고(세 운을 모두 60회 사용, 그 중 魚를 독용獨用으로 26회, 虞를 독용으로 2회, 模를 독용으로 3회 사용하고, 虞·模를 동용同用한 것이 26회 ; 魚와 虞·模를 동용한 것은 3회에 불과함) ; 支와 脂·之·微미를 나누어 사용하고, 東동과 冬동, 鍾종을 분용하였다. 그러나 그의 고체시古體詩는 魚·虞·模를 같이 사용하였고(세 운을 총 23회 공용, 그 중 魚를 독용으로 5회, 虞를 독용으로 1회, 虞와 模의 동용이 10회, 그리고 魚·虞·模를 동용한 것이 7회) ; 支·脂·之·微를 동용하고, 東·冬·鍾을 동용하였다. 일반적으로 시인이 고체시에서의 용운은 근체시보다 더욱 구어口語의 실제를 반영하였다. 석가釋家 시인, 예로, 왕범지王梵志·한산자寒山子 등[8]의 시가詩歌는 용운이 더욱 자

유롭고 당시의 실제 구어를 더 잘 반영하였다.

위의 세 가지 사실이 나타내듯이, 『절운』음계는 단순하게 어느 한 시기, 어느 한 지역의 어음의 실록이 아니다. 이는 당시 구어의 실제를 완전히 반영하는 것이 아니라, 고금남북 어음의 일부 특징을 요약한 것이다. 어떤 사람은 『절운』의 음계가 너무 복잡하고, 분운分韻에서 운류·운모가 너무 세분(『절운』의 193운, 293개 운류, 140여 개 운모, 혹은 『광운』의 206운, 320여 개 운류, 150여 개 운모를 막론하고)되었으며, 고금을 통틀어 그 어떤 방언도 이렇게 복잡한 음계가 없다고 지적하였다. 이는 일리가 있다. 그러나 우리는 『절운』음계가 완전히 현실을 이탈한, 인위적으로 뒤섞어 놓은 관점이라는 지적에 동의하지 않는다. 왜냐하면, 『절운』음계는 필경 하나의 내부적으로 통일된, 완전한 어음체계이기 때문이다. 이를 상고음 혹은 근현대음과 비교하면 아주 뚜렷한 시대적 특징을 가지고 있다는 것을 알 수 있다. 예를 들면, 『절운』의 마운麻韻 자는 상고에서 어魚와 가歌의 두 부에 각각 속하였으나, 근대 이후에 가마家麻와 차차車遮 두 부로 변하였고, 현대에 와서 차차車遮는 또 먀사㑒斜와 가과歌戈 두 운으로 분화하였다. 또 예로, 『절운』의 지支·지脂·지之 세 운韻과 상고의 지支·지脂·지之 세 부部의 내함 또한 많이 다르다. 『절운』의 분운分韻과 당시(남북조~수당) 운문의 용운은 비록 차이가 있으나, 큰 분류는 역시 상당히 일치하며, 엄격한 범위 내에서만 차이가 있다. 다시 말하면, 『절운』은 여전히 매우 큰 정도 상에서 있어 당시의 실제 어음을 아주 많이 반영하였다는 것이다. 따라서 『절운』의 음계는 여전히 당시 공통어의 기초 방언(즉 중원中原 판락화汴洛話)을 기반으로 하여, 아울러 일부 고금 남북 방언의 성분을 흡수한 어음체계라고 본다. 마치 초기의 "국어음國語音"이 첨단尖團으로 나뉘는가 하면, "万[v]" "3[n]" 등의 성모도 있고, 심지어 입성入聲도 있으나, 그 역시 여전히 북경어의 어음을 기초로 한 것과 같다.

| 陰聲韻 | 陽聲韻 | 入聲韻 |
|---|---|---|
| 1. 支 | 14. 眞(諄臻) | 29. 質(術櫛) |
| 2. 之(脂) | 15. 文(欣) | 30. 物(迄) |
| 3. 微 | 16. 元(魂痕) | 31. 月(没) |
| 4. 魚 | 17. 寒(桓删) | 32. 曷(末) |
| 5. 模(虞) | 18. 先(先山) | 33. 屑(薛黠) |
| 6. 齊(祭) | 19. 東 | 34. 屋 |
| 7. 昏(佳夬廢泰)) | 20. 冬(鐘) | 35. 沃(燭) |
| 8. 哈(灰) | 21. 江 | 36. 覺 |
| 9. 宵(蕭肴) | 22. 陽(唐) | 37. 鐸(藥) |
| 10. 豪 | 23. 耕(庚清) | 38. 麥(陌昔) |
| 11. 歌(戈) | 24. 青 | 39. 錫 |
| 12. 麻 | 25. 蒸(登) | 40. 職(德) |
| 13. 侯(尤幽) | 26. 侵 | 41. 緝 |
|  | 27. 談(覃銜) | 42. 合(盍狎) |
|  | 28. 鹽(添咸嚴凡) | 43. 葉(帖洽業乏) |

『절운』이 이런 종합적인 성질과 특징을 가지고 있다면, 우리는 이를 기초로 남북조에서 수당隋唐에 이르는 시문詩文의 용운을 참고하여 중고中古 시기의 운부韻部 체계를 요약해낼 수 있다. 앞의 표는 제량齊梁에서 수대隋代에 이르는 시문의 용운을 근거로 요약해낸 중고 전기前期의 43운부韻部이다.

왕력 선생의 『한어어음사』는 위진 남북조 시기를 42부部(음성운 12부, 입성운 15부, 양성운 15부)로 나누고, 수隋에서 중당中唐 시기를 50부(음성운 14부, 입성운 18부, 양성운 18부)로 나누었다. 왕력 선생은 『漢語音韻』에서 『廣韻』의 운목 아래에 주석한 동용同用·독용獨用의 예에 근거하여, 54개 운부와 107개 운모로 귀납하였다.[9]

중고의 성모체계에 관하여 『廣韻』의 반절反切 상자上字를 근거로 35개 성모를 요약하였는데, 이 역시 대체로 대표성이 있다고 할 수 있다.[10]

| 脣音: | 幫[p] | 滂[pʻ] | 並[b] | 明[m] | | |
|---|---|---|---|---|---|---|
| 舌音: | 端[t] | 透[tʻ] | 定[d] | 泥[n] | 來[l] | |
| | 知[ʈ] | 徹[ʈʻ] | 澄[ɖ] | | | |
| 齒音: | 精[ts] | 淸[tsʻ] | 從[dz] | | 心[S] | 邪[z] |
| | 莊[tʃ] | 初[tʃʻ] | 崇[dʒ] | | 生[ʃ] | 禪[ʑ] |
| | 章[tɕ] | 昌[tɕʻ] | 船[dʑ] | 日[nʑ] | 書[ɕ] | |
| 牙音: | 見[k] | 溪[kʻ] | 群[g] | 疑[ŋ] | | |
| 喉音: | 影[ø] | 曉[x] | 匣[ɣ] | 喩[j] | | |

　　중고의 성조체계도 『절운』계 운서에 근거하여, 평·상·거·입의 네 가지 성조로 나눌 수 있다.

주석

[1] [10] 『音韻學敎程』(제5판) 제3장 제2절, 북경대학출판사, 2016 참조.

[2] 北齊 顔之推 著, 王利器 集解 『顔氏家訓集解』, 上海古籍出版社, 1980.

[3] 黃典誠, 「曹憲『博雅音』研究」, 『音韻學研究』 제2집, 中華書局, 1986.

[4] "陽"은 양휴지(陽休之, 509~582, 北齊·北周右北平, 즉 오늘의 천진(天津) 계현인(薊縣人))의 『운략(韻略)』을 가리키킴; "하후(夏侯)"는 하후영(夏侯詠, 남조(南朝) 초군(譙郡), 즉 오늘의 안휘성 박주인(亳州人))의 『운략(韻略)』을 가리킴; "두(杜)"는 두대경(杜臺卿, 남제(南齊)에서 수양곡(隋陽曲)에 이르는, 즉 오늘의 하북성 정현인(定縣人))의 『운략(韻略)』을 말하고; "려(呂)"는 여정(呂靜, 서진(西晋) 임성(任城), 즉 오늘의 산동성(山東省) 제녕인(濟寧人))의 『운집(韻集)』을 말함.

[5] 『淸華學報』 11권 3기, 1936 ; 『王力文集』 18권, 山東敎育出版社, 1990. 에도 수록됨.

[6] 李維一·曹廣順·喩遂生, 「初唐四杰詩韻」, 『語言學論叢』 제9집, 1982.

[7] 張世祿, 「杜甫與詩韻」, 『復旦大學學報』 1962:1; 『張世祿語言學論文集』, 學林出版社, 1984.

[8] 劉麗川,「王志梵白話詩的韻」,『語言論集』제2집, 中國人民大學出版社,
    1984 ; 若凡,『寒山子詩韻』,『語言學論叢』제5집, 1963.

[9] 王力,『漢語語音史』, 中國社會科學出版社, 1985,『王力文集』제10권에
    수록 ;『漢語音韻』, 中華書局, 1962,『王力文集』제5권에 수록됨.

[10] 注[1]과 같음.

**주요 참고문헌**

周祖謨,『唐五代韻書集存』(全2冊), 中華書局, 1983.

李榮,『切韻音系』, 科學出版社, 1956.

邵榮芬,『切韻研究』, 中國社會科學出版社, 1981.

周祖謨,『切韻的性質和它的音系基礎』,『語言學論叢』제5집, 商務印書館, 1963.

_____,『中國語文』關於『切韻』性質問題的討論, 1961:4,9, 1962:2,10,12.

方孝岳・羅偉豪,『廣韻研究』, 中山大學出版社, 1988.

張渭毅,『中古音論』, 河南大學出版社, 2006.

# ② 중고 성모체계의 발전

중고 한어 성모체계의 변천은 상고 32성모와 『절운』의 반절反切 상자上字가 반영하는 중고 35개 성모와의 비교를 통하여 알아낼 수 있다. 그 간의 뚜렷한 변화는 세 방면에 있다. 즉, (1) 설음의 분화. 상고의 설두음 端[t]·透[tʻ]·定[d] 세 성모는 중고에서는 端[t]·透[tʻ]·定[d]과 知[ʈ]·徹[ʈʻ]·澄[ɖ]으로 나누어진다; (2) 설음의 장조章組 성모 중의 章·昌·船·日 네 성모의 음가는 변화가 일어났다. 다시 말하면, 설면파열음舌面塞音 [ȶ]·[ȶʻ]·[ȡ]·[ȵ]에서 설면파찰음舌面塞擦音 [tɕ]·[tɕʻ]·[dʑ]·[nʑ]로 변하였다. (3) 喩4(혹은 以母로 칭함)의 음가는 설면변음舌面邊音 [ʎ]에서 반모음 [j]로 변하였다. 기타 순음脣音 幫[p]·滂[pʻ]·並[b]·明[m], 치음齒音 精[ts]·清[tsʻ]·從[dz]·心[s]·邪[z], 莊[tʃ]·初[tʃʻ]·崇[dʒ]·生[ʃ], 아후음牙喉音 見[k]·溪[kʻ]·群[g]·疑[ŋ]·曉[x]·匣[ɣ]·影[ø] 등은 변화가 일어나지 않았다.

다만 우리는 어음의 발전 변화를 연구할 때 반드시 그 역사적 배경과 사회 조건, 그리고 역사 조건의 문제도 주목하여야 한다. 다시 말하면, 한어의 성모체계는 왜 상고에서 중고 시기로 될 때 변화가 일어났을까? 왜 설음의 변화가 비교적 클까? 그 변천의 분화 조건은 무엇인가? 이런 것들은 모두 우리가 한어 어음사를 연구할 때 반드시 염두에 두고 깊이 있게 탐구하여야 할 문제이다.

중고 시기는 위진魏晉에서 수당隋唐(기원 3세기~9세기)까지의 약 6, 7백년이 된다. 만약 선진先秦의 『시경』 시대부터 계산한다면, 당唐 말기까지는 약 1,200년이 된다. 그 동안의 사회 변화는 아주 크다. 중국 사회는 분열에서 통일로, 또 다시 통일에서 분열을 거듭하면서 한어의 발전 변화가 끊임없이 추진되었다. 따라서 그 어음체계에 매우 커다란 변화가 일어났으니, 이 또한 아주 자연스러운 일이다. 하지만, 어음의 변화는 모두 과정이 있는 것이고, 갑자기 일어나는 것이 아니며, 변천의 과정이 있다. 동시에 그것은 싹트는 시작의 시대가 있다. 예를 들어, 성모 설음의 분화로 보면, 상고 한어는 설두舌頭·설상舌上이 구분되지 않는다. 즉, 설두음 "端透定泥"는 전통 36자모 중의 설상음 "知徹澄娘"을 포함하였다. 이는 전대흔錢大昕이 이미 증명한 바 있다. 그러나 『절운』 음계의 성모체계에서 설음은 이미 두 종류가 있었다. 왜냐하면, 그 반절상자가 기본적으로 두 가지로 나누어졌기 때문이다. 예를 들면 다음과 같다.

端: 德·得·多·冬·當·都·丁·眠(都奚切)·卓(丁角切)(『切韻』)
　　都·丁·多·當·得·德·冬 (『廣韻』)
知: 知·智·猪·中·追·張·竹·陟 (『切韻』)
　　陟·竹·知·張·中·猪·征·追·卓·珍 (『廣韻』)

『절운』의 반절 용자用字와 『광운』은 완전히 같지는 않지만, 모두 이미 두 가지로 나누어졌다. 그럼 수대隋代의 『절운』 이전에 이미 분화하기 시작하였는가? 도대체 언제부터 분화하기 시작한 것인가? 이는 모두 앞으로 진일보 연구할 가치가 있는 문제이다. 우리가 현재 파악한 재료로 본다면, 제량齊梁 시대(기원 6세기) 이전까지 설상음 "知徹澄"은 여전히 설두음 "端透定"과 같게 발음하였다. 예를 들면, 곽박郭璞『이아주爾雅注』및 손염孫炎『이아음의爾雅音義』에는 : "長, 丁丈反""竺, 丁毒反""丁, 豬耕反""姪, 大結反""轉, 丁戀反"; 그리고 "釣, 郭陟孝反, 孫都耗反"; "挃, 郭丁秩反"[1]이다. 이런 예시자의 절어切語는 모두 설두·설상이 서로 절상자切上字를 이룬다. 또 예를 들면, 북위北魏(386~534) 양현지楊衒之(북평(北平) 즉 오늘의 하북성 만성인(滿城人))『낙양가람기洛陽伽藍記』 5권에는 이런 내용이 있다. "唯冠軍將軍郭文遠游憩其中(按 : 指洛陽城東北上商里), 堂宇園林, 匹于邦君。時隴西李元謙樂雙聲語。常經文遠宅前過,

見其門閥華美, 乃曰 : '是誰第宅? 過佳!' 婢春風出曰 : '郭冠軍家.' 元謙曰 : '凡婢雙聲!' 春風曰 : '儜奴謾罵!' 元謙服奴婢之能. 于是京邑翕然傳之."[2] 이 단락의 문자가 기록한 고사 중에는 많은 쌍성어雙聲語가 사용되었다. 예를 들면, "是誰"는 선모禪母 쌍성이고, "過佳"와 "郭冠軍家"는 모두 견모見母 쌍성, "凡婢"는 봉奉·병並모 쌍성, "雙聲"은 생生·심審모 쌍성, "儜奴"는 니모泥母 쌍성, "謾罵"는 명모明母 쌍성, "第宅"은 정定·징澄모 쌍성이다. 이는 설음에 분화가 없다는 것을 설명한다. 또 예를 들면, 양梁 고야왕顧野王 『옥편玉篇』의 반절에는 "都類切 竹類가 많다. 都類切竹類爲多"고 하였는데[3], 예를 들면 다음과 같다.

| 例字 | 原本 『玉篇』 | 今本 『玉篇』 |
|---|---|---|
| 琢 | 都角反 | 陟角切 |
| 侸 | 竹候反 | 丁候切 |
| 湯 | 他郎反 | 耻郎切 |
| 怵訹絀黜炪出欻 | 他出反 | 醜律切 |
| 濁 | 徒角反 | 直角切 |

대음對音 자료에도 반영되어 있다. 예를 들면, 동진東晉에서는 범어梵語 Uddiyana(국명)를 "烏萇"(『위서魏書』) 혹은 "烏場"으로 번역하였고 ; Samghabata(인명)를 僧伽跋澄으로 번역하였다. 또 일본의 오음吳音(육조(六朝) 때 차용하여 읽은 한자음)도 이런 현상을 반영하여, 예로, "鄭"을 오음에서 [ten]으로 읽었다.

그러나 『절운』계 운서의 반절상자反切上字는 이미 기본적으로 두 종류로 나누어져, 대략 기원 6세기 이후 한민족漢民族 공통어의 기초 방언에서 설음이 이미 분화하기 시작하였다는 것을 나타냈다. 같은 시대 『박아음博雅音』의 반절 주음注音인 설음 단端·지知 두 종류도 기본적으로 두 종류로 나누어진다.[4]

| 聲母 | 切上字自切數 | 混切數 | 混切百分率 |
|---|---|---|---|
| 端 | 50 | | |
| 知 | 37 | 12 | 14% |
| 透 | 64 | | |
| 徹 | 48 | 6 | 4.4% |
| 定 | 98 | | |
| 澄 | 49 | 6 | 4.1% |
| 총계 | | 24 | 7.5% |

혼절混切 총수는 7.5% 밖에 안 되므로, 뚜렷이 분화 추세가 있다고 볼 수 있다. 방증旁證 대음對音 자료가 될 수 있는 것으로, 예를 들면, 일본 한음漢音(당대唐代에 차음한 한자음)은 “多”를 [ta]로, “知”를 [tʃi]로 발음 하고; 또 한월음漢越音에서 “多”는 [da]로, “知”는 [tʂɿ]로 읽는다; 또한 범어梵語 Uddiyana를 진晉에서는 “烏萇”으로, 당대唐代에는 “越底延”으 로 고쳐 번역하였다(『신당서新唐書‧토화라전土火羅傳』). 따라서 설음의 분화가 기원 6세기부터라는 결론은 기본적으로 성립된다고 볼 수 있다.

어음의 발전을 연구하려면 반드시 조건, 특히 어음 분화의 조건을 고 려하여야 한다. 이는 역사비교언어학의 기본 원칙이다. 예를 들면, 지조 知組 성모는 상고에서 단조端組 성모와 하나로 통합되어 있었으나, 중고 에 와서 지조의 “知徹澄”이 단조에서 분화되어 나와, [ṭ] [ḍ] [ṭʻ] 로 발음 하게 되고, 단조의 세 성모는 여전히 [t] [tʻ] [d]로 발음되었다.

그러면, 왜 지조에는 변화가 있었는데, 단조에는 없었던 것일까? 지조 는 어떤 조건 아래에서 변화가 일어난 것이며, 단조는 또 어떤 조건에서 변화가 일어나지 않았던 것일까? 이는 성聲‧운韻의 결합관계에서 고찰하 여, 단조 성모가 어떤 운모韻母와 서로 연결될 수 있고, 지조 성모 또한 어떤 운모와 서로 연결될 수 있는지를 보아야 한다. 그 결과, 우리는 『절 운』 계열 운서에서 다음과 같은 것을 발견하였다.

단조端組와 연결될 수 있는 운韻[5]:

歌(多)·戈(惰)·模(都)·咍(台)·泰(帶)·灰(堆)·豪(刀)·侯(頭)·覃
(貪)·合(答), 談(擔)·盍(塔)·寒(丹)·曷(達)·桓(端)·末(掇)·痕
(吞)·魂(敦)·沒(突)·唐(當)·鐸(託)·登(騰)·德(得)·東(通)·屋
(獨)·冬(統)·沃(篤)(以上 一等韻)；齊(低)·蕭(刁)·幽(丟)·添(甜)·
帖(跕)·先(天)·屑(鐵)·青(丁)·錫(的)(以上 四等韻)；

지조知組와 연결될 수 있는 운韻 :

麻二(茶)·皆(鉺 zhǎi)·肴(罩)·咸(站)·洽(劄)·山(綻)·江(樁)·覺(卓),
庚二(澄)·陌二(澤)·耕(橙)·麥(摘)(以上 二等韻)；魚(豬)·虞(誅)·祭
(滯)·支(知)·脂(遲)·之(癡)·宵(朝)·尤(抽)·鹽(沾)·緝(蟄)·仙(纏)·
薛(哲)·真(珍)·質(質)·諄(椿)·術(術)·陽(張)·藥(著)·蒸(征)·職(直)
清(貞)·昔(擲)·東三(中)·屋三(竹)·鍾(重)(以上 三等韻)

이처럼 상고의 단조端組 성모는 『切韻』 시대에 이르러 1·4등운 앞에서 [t] [tʻ] [d]의 독음법이 변하지 않았으나, 2·3등운 앞에서는 [ṭ] [ṭʻ] [ḍ]로 독음이 바뀌었다. 마운麻韻 3등 중의 지모자知母字 "爹"가 지금까지 여전히 [t]로 읽는 것은 예외이다. 이는 아마도 구어 속에 고음이 보존되어 있기 때문일 것이다.

설두음의 분화 외에 상고의 장조章組 성모도 설음에 속한다. 그 중 "章·昌·船" 세 성모의 발음 방법은 본래 설면파열음 [ṭ] [ṭʻ] [ḍ]인데, 중고에 설면파찰음으로 변하여 [tɕ] [tɕʻ] [dʑ]으로 독음되고, 전통 36자모에서 치음齒音(정치음正齒音)에 속하게 되었다. 사실상 그냥 발음 방법만 변했을 뿐 발음 부위는 변화가 없다. 파열음에서 파찰음으로 변하는 이러한 현상은 한어에서 흔히 보여지고 있다. 예로, 고대의 견조見組 성모 [k] [kʻ] [x]가 현대에 [tɕ] [tɕʻ] [ɕ]로 변한 것과 같은 것이다. 이것은 장조章組의 음가에 변화가 있게 되어, 지조知組가 단조端組에서 분리하여 나온 후, 장조章組와 한 부류로 될 수 없었기 때문이며, 사실상 결코 서로 혼동되지도 않았다. 그 뿐만 아니라, 장조章組 성모는 중고 초기에 정조精組 성모 및 장조莊組 성모와도 모두 구분되어 일사불란하였다. 범한대음梵漢對音 자료는 바로 이 점을 잘 반영하였다.

kaśmira (迦濕彌羅國)(『大唐西域記』 卷12)
kaṣaya (袈裟)
samgharma (僧伽羅摩, 僧院, 佛寺)

여기서 ś는 심모자審母字 "濕"으로 대역對譯하고, ṣ는 생모자生母字 "袈"로 대역하고, s는 심모자心母字 "僧"으로 대역하였다. 이는 무성마찰음淸擦音 心·生·審이 3분된 예다. 그러나 또한 이는 "정精·장莊·장章" 세 개 조組의 기타 성모 상황도 반영하였다.

선모禪母와 선모船母는, 『절운』의 반절이 모두 한 종류로 이루어지고 있지만, 『절운』계 운서 전후의 기타 일부 운서 혹은 음의서音義書 중의 반절 및 30자모와 현대 한어 방음에서는 모두 서로 뒤섞여 있다. 예를 들면, 현대 보통화普通話 "선船" "선禪" 두 성모의 독음은 다음과 같다.

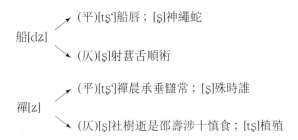

船[dz]　　(平)[tʂʻ]船唇 ; [ʂ]神繩蛇
　　　　　(仄)[ʂ]射葚舌順術

禪[z]　　(平)[tʂʻ]禪晨承垂鷓常 ; [ʂ]殊時誰
　　　　　(仄)[ʂ]社樹逝是邵壽涉十慎食 ; [tʂ]植殖

조기의 불경 번역에서 범문梵文 ya는 선모자船母字 "蛇邪"로 대역하고, ja 혹은 jha는 선모자禪母字 "社·闍·禪"으로 대역하여 차이를 두었다.

일모日母의 독음은 중고 초기에는 아마도 여전히 [ɳ]로 발음하였을 것이다. 당唐 이전에 범문의 ña[ɳa]는 모두 일모자日母字 "若·壞·偌"로 대역하고, 중당中唐 이후에야 "娘(孃)"자로 바꾸어 사용하였다. 칼그렌이 [nz]로 추정한 것은 아마도 당대唐代 이후의 변화일 것이다. 현재 강소江蘇 북부의 흥화興化 방언은 일모자日母字를 여전히 [nz]로 발음한다. 당말唐末 30자모에는 원래 "낭모娘母"가 없었고, "일모日母"를 知·徹·澄과 합쳐서 설상음이라 하였다. 이는 아마 일정한 근거가 있을 것이다. 불경에서 "娘孃"자로 바꾸어 범문 [n,a]를 대역한 것 또한 아마도 泥와 娘이 분립되었기 때문이 아니라, 일모에 변화가 있었기 때문일 것이다. 음가의 변화가 있었던 것은 유사모喩4母도 있다. 이는 설면변음舌面邊音 [ʎ]에서 마찰음 성격을 띤 반자음半輔音 [j]으로 변화되었다. 喩4母 자는 등운도等韻圖 상에서 4등四等에 배열되고, 실제 오로지 3등운과 서로 병합된다. 예를 들면, "庸 (東3)·移 (支)·姨 (脂)·飴 (之)·逾 (虞)·寅 (真)·勻 (諄)·延 (仙)·遙 (宵)·耶 (麻3)·羊 (陽)·盈 (清)·由 (尤)·淫 (侵)·鹽 (鹽)" 등이다. 『절운』 반절 상자上字는 "以·余·羊·弋·夷·移·翼·餘·與·營(予·悅)" 등을 사용한다. 이런 글자들은 해성체계에서 설두음 정모定母 혹은 단모端母와 관계를 갖는다. 예를 들면, "以"성聲은 "台"를, "弋"성은 "代"를 지니고, "移"는 "多"성을, "悅"은 "兌"성을 따르며; 또 흔히 치두음齒頭音 사모邪母와 관계를 갖는다. 예로, "餘"성에 "徐"가, "羊"성에 "祥"이 있고, "夜"는 "夕"의 소리를 따르는 등이다. 현대 한어 방언에서 일부 방언, 예를 들면, 안휘성 비동肥東 방언에서 "以"를 [zei] [6]로 발음하는데, 그 외 보편적으로는 모두 영성모零聲母로 변하였다. 현대 보통화에서 소수자, 예를 들면 "融·容·銳"를 같은 일모로 읽고, 그 외에는 역시 대부분 영성모로 읽는다. 즉, 연화軟化(softening)하여 [j]가 된 것으로, 마치 고대 프랑스어의 [l]가 현대 프랑스어에서 반모음半元音 [j]로 연화된 것과 같은 것이다. 예를 들면, fille(여자)를 현대에서는 [fij]로, bouillon(고기스프)을 [bújɔ]로 읽는다.

칼그렌은 유사喩4를 파찰음 [d]로 추정하고, 그가 재구성한 정모定母 [dʻ]

와 대응시켰다. 그는 무기無氣 파열음 [d]가 가장 쉽게 탈락한다고 여겼다. 한어 방언에서도 그 예증을 찾아볼 수 있다. 예를 들면, 운남雲南 옥계玉溪 방언에서는 "高"를 au ← kau ; 광동廣東 대산台山 방언에서는 "單"을 an ← tan, "地"를 i ← ti ← di로 발음한다.

유사喻4의 독음에 변화가 일어난 후, 당唐 이후의 사람들은 일반적으로 이 사실을 이해하지 못했고, 고대에 유사의 독음이 정모定母에 가깝거나 정모와 밀접한 관계가 있다는 것을 모르고 있었으므로 잘못된 판단을 하게 되었다. 예를 들면, 『설문說文』에 "代, 从弋聲 代는 弋의 소리를 따른다"와 같은 것이다. 서현徐鉉은 『설문』을 교정할 때, 이를 이해하지 못하고, 결국은 주관적으로 "익弋, 소리가 아니며, 특忒의 소리를 겸하여 지닌 것으로 의심된다.弋, 非聲, 疑兼有忒音"고 하였다. 그는 "忒特"도 "弋익"의 소리를 따른다는 것을 몰랐다. 또 예를 들면, 『설문』에 "移, 从多聲 移는 多의 소리를 따른다"고 되어 있는데, 서현은 역시 "다多와 이移의 소리가 가깝지 않다多與移聲不相近"라고 하였다. 이는 그가 고음을 잘 몰랐기 때문이다. 그래서 『설문』과 고문자학을 연구하려면 고음학도 공부해야 한다.

이상으로 상고에서 『절운』시대에 이르기까지, 즉 중고 전기까지 한어 성모체계의 변천을 설명하였다. 『절운』시대에서 당말唐末 오대五代, 즉 중고 후기까지는 또 300여 년이 흘렀고, 한어의 성모체계 또한 일부 변화가 일어났다. 그 두드러진 것으로 다음의 세 가지 면을 들 수 있다.

## 2.1 순음의 분화와 변천

여러분들은 또한 기억하고 있는가? 음운학 과정의 학습에서, 『절운』계 운서의 순음脣音 幫·滂·並·明은 후세에 이르러 중순重脣 幫·滂·並·明과 경순輕脣 非·敷·奉·微로 분화하였다는 것을 우리는 알고 있다. 현대 보통화의 [f]가 바로 非·敷·奉 세 성모에서 변화되어 나온 것이다. 그렇다면, 순음의 분화는 도대체 어느 시대부터 시작되었는가? 경순음의 형성조건은 무엇인가? 이에 대한 음운학자의 의견도 서로 엇갈리고 있다.

순음이 분화한 시대에 관하여, 어떤 학자는 『광아廣雅』·『옥편玉篇』과 『절운』의 반절에 근거하여, 일찍이 남북조시대에 경순음輕脣音이 이미 중순음에서 분화하였다고 여긴다.[7] 그들이 보기에, 이 세 권의 책에서 순음의 반절 상자上字는 이미 분류의 추세가 있다고 보았기 때문이다. 그러나 소홀히 할 수 없는 것은, 그 중에 여전히 경순과 중순이 일부 혼절混切되는 현상이 있다는 것이다. 예를 들면, 다음과 같다.

> 『切韻』：“卑, 府移切”, “鄙, 方美切”；『廣韻』은 이 두 절어切語를 그대로
> 사용, 그리고 “彼, 甫委切”(『切韻』作 “補靡切”)·“兵, 甫明切”
> (『切韻』作 “補榮切”)·“並, 府盈切”(『切韻』作 “補盈切”) 등.
> 『廣雅』：“峯, 布孔切”, “販, 方寄切”.
> 『玉篇』：“廢, 薄匹切”, “紕, 方基切”.

이런 것들은 모두 고음의 잔류殘留라고 볼 수 없다. 게다가 단지 서면書面의 반절만을 근거로 하기에는 역시 충분치 못하다.

또 어떤 학자는 『석명釋名·석천釋天』 중의 한 자료, 즉 “風, 兗·豫·司·冀橫口合脣言之, 風, 氾也。…… 青·徐蹴口開脣推氣言之, 風, 放也。”에 근거하여, 그 중 소위 “입은 평평히 하고 입술을 벌려蹴口開脣”가 아마 [f]음을 가리킬 것으로 여기어, 이로 인해 동한 때부터 이미 경순음輕脣音[8]이 형성되었다고 추정하였다. 이것은 매우 믿기 어려운 것으로, 어느 정도의 이치는 있다 해도, 역시 증거가 불충분하다. 사실상, 기원 8세기(당唐 천보天寶 연간), 하초何超 『진서음의晋書音義』의 반절은 여전히 경순음과 중순음이 구분되지 않았다. 예를 들면, “猋, 甫遙反；扁, 方典反；癖, 芳辟反；愎, 符逼反；么, 無可反” 등[9]이다. 조선어 중의 한

어 차사借詞 경순자는 여전히 중순음으로 발음한다. 예를 들면, "風풍"을 [p'əŋ]으로 읽는다. 장어壯語 초기의 한어 차사도 경순과 중순을 구분하지 않았다. 예를 들면, "分"을 [baen]으로 읽었다. 그러나 비교적 이후의 차사는 이미 분화되었으니, 예로, "筆필"을 [bit]로 읽었으나, "法법"은 [fap]으로 읽었다.

한민족漢民族 공통어에서 경순음의 발생 역시 성당盛唐 시기, 즉 기원 8세기보다 늦지 않을 것인데, 당시에 이미 비교적 많은 증거가 이를 말하고 있기 때문이다. 예를 들면, 혜림慧琳 『일절경음의一切經音義』의 주음注音은 『운영韻英』, 『운전韻詮』, 『고성절운考聲切韻』 등 당시 진음秦音을 반영한 운서의 반절을 기준으로 하고 있고, 그 경순과 중순 성모는 이미 상당히 명확하게 구분되었다.[10] 그리고 후당後唐 명종明宗 시기(926~933) 돈황敦煌 방언 『개몽요훈開蒙要訓』의 주음과 대서본大徐本 『설문』 음 중의 경·중순음 또한 모두 분리 사용되었다. 전자前者의 예로는, "犎, 音奉" (『광운』 邊孔切) ; 후자의 예로는, "鸚鵡"를 『설문』에서 "鸚䳇"로 기록하였고, 뒷 글자는 "鳥"로 분류되고 모母의 소리라 하였다. 삼국의 제갈諸葛은 일찍이 "世上祇有鸚母, 未有鸚父.세상에는 오직 앵모만 있고 앵부는 없다."라고 말한 적이 있다. 육법언陸法言의 『절운』에는 "䳇, 莫後反"이라 되어 있고, 이선李善의 『문선文選』 주注에는 "莫口反"이라 하여, 모두 중순이 경순의 반절에 쓰였다. 대서본大徐本은 아예 "문보절文甫切"로 고쳤고, 만당晚唐 오대五代에 "䳇"자가 이미 확실히 경순으로 독음되었음을 알 수 있게 한다. 왕력 선생은 남당南唐 서개徐鍇의 『설문계전說文繫傳』에서 사용된 주고朱翱의 반절에 근거하여, 역시 기원 10세기 때 경순과 중순이 이미 분화되었음을 고증하였다.[11] 또한 만당晚唐 『수온운학잔권守溫韻學殘卷』에는 자모가 30개 있는데, 책의 부록에 "辨類隔切"의 예에 "切輕韻重例경순이 중순에 반절된 예"와 "切重韻輕例중순이 경순에 반절된 예"가 열거되어 있다. 예를 들면, "方美切鄙, 芳逼切堛, 符巾切貧, 武悲切眉(이상

은 切輕韻重例), 疋(匹)問切忿(이는 切重韻輕例)"이다. 이미 이들이
유격절類隔切이라 여겼으니, 당시 구어에는 순음에 이미 경중의 구분이
있었음을 나타낸다. 더욱 분명한 것은 『광운』前4권 뒤에 부록된 "今更
類隔爲音和切오늘날 유격을 고쳐 음화절로 한다."라는 것으로, 예를 들면,
"卑, 府移切"을 必移切로, "胚, 芳杯切"을 偏杯切로, "頻, 符眞切"을
步眞切로, "眉, 武悲切"을 目悲切로 바꾼 것이다. 이는 저자가 이런 변
화에 대해 인정한 것이다. 『집운集韻』의 저자는 모두 본문에서 수정하였
다. 백척주白滌洲의 고증에 의하면, 『집운』에는 모두 39개 성모가 있고,
그 중 경순음 非·敷·奉·微 네 개 성모와 중순음 幫·滂·並·明은 병렬
되어 있다.[12] 송인宋人 36자모는 다만 기정사실을 기록하였을 뿐이다.
물론 어느 지역 방언의 순음 분화가 좀 더 일찍 혹은 좀 더 늦게 일어났
을 가능성을 배제할 수 없다.

순음 분화의 초기 상황, 즉 중순음에서 막 분화된 非敷奉微는 전현동
錢玄同 선생이 추정한 것처럼 아마도 여전히 순치脣齒 파찰음 [pf] [p'f]
[bv] [ɱ](현대 서안화西安話와 진晉 서남西南 방언에는 아직도 이런 음이
있음)으로 발음하였을 것이다. 그 후 非敷奉 세 개 성모가 마찰음 [f]로
합류되고, 미모微母는 [ɱ]에서 [v]로 변하였으며, 일부 방언은 분화되자
바로 [f]로 합류되었을지도 모른다. 예를 들면, 혜림慧琳 『일절경음의』의
반절 "非·敷"는 구분이 없다.

芬, 方文切, 又芳文切, 忿雲切, 麩文切;
斐, 非尾切, 又妃尾切, 孚尾切。
(按: "芬·芳·忿·麩·斐·妃·孚"爲敷母; "方·非"爲非母。

『개몽요훈開蒙要訓』에는 "芬音分, 芳音方, 蜂音風, 肺音匪" 등과 같은
"非·敷"를 혼용하는 예가 있을 뿐만 아니라, "腐音父, 負音父" 등과 같

은 "非·奉"을 구분하지 않는 예도 있다. 대서본大徐本『설문』의 음에도 "附袁切番"의 예도 있다. 『광운』의 반절에도 가끔 "非·敷"를 혼용하는 예가 있다. 예를 들면, 우운尤韻 중의 "呼"자는 "不" 소운 아래에 있고, 절어切語는 甫鳩切로, "甫"는 非母이다. 그리고 또 "浮"자와 소운小韻이 같고, "縛謀切"이라 하고는, 이 글자 아래에 또 拂謀切로 되어 있다. "拂"은 물운物韻에 속하고, 敷勿切로, 敷母이다. 당말 시인 온정균溫庭筠의 쌍성시雙聲詩『망승사보찰望僧捨寶刹』의 마지막 구절 "彷彿復芬芳마치 다시 향내가 나는 듯하다"는 한 개의 봉모奉母 자 "復"과 네 개의 敷母 자가 쌍성을 이룬다. 따라서 奉母를 청음 [f]로 읽은 것은 비교적 이른 시기였음을 알 수 있다.

순음 분화의 조건에 관하여 19세기 말 네덜란드의 한학자漢學者 샹크 Schaank가 "합구3등운"이 순음 분화의 조건이라는 설을 제기한 후, 칼그렌은 이를 지지하고 발전시켰고[13], 왕력 선생도 이 설에 동의하였다.[14] 『광운』을 보면, 다음 여러 운韻에서 경순음자가 나타났다.

東三[15] (風豐馮)·屋三(服復伏)·鐘(封奉)·陽(方芳房, 亡網望)·藥 (縛)·文(分芬墳, 文吻問)·物(佛物)·元(番藩反, 晚萬)·月(發, 襪)· 凡(帆泛)·乏(法)·微(非菲肥, 微尾未)·廢(肺廢)·虞(夫敷符, 無武務) ·尤 (否負婦, 副富)등이다.

평(上·去포함)·입성에 모두 14운이 들어있다. 이런 운들은 『운경韻鏡』등 등운도等韻圖에서 모두 합구3등에 속한다. 그러나 우운尤韻은 운도에서 개구3등에 속하며, 그 순음자, 예를 들면 "婦負浮富否"도 경순음으로 변하여 조건에 부합되지 않는 것 같다. 그러나 사실상 그렇지 않다. 왜냐하면, 이런 글자들는 경순음이 변하기 전에 이미 3등 합구 우운虞韻으로 옮겨졌기 때문이다. 예를 들면, 백거이白居易 『비파행琵琶行』은 다음과 같다.

自言本是京城女, 家在蛤蟆陵下住。十三學得琵琶成, 名屬教坊
第一部。曲罷曾教善才伏,
　　妝成每被秋娘妒。五陵年少爭纏頭, 一曲紅綃不知數。鈿頭銀篦
擊節碎, 血色羅裙翻酒污。
　　今年歡笑復明年, 秋月春風等閒度。弟走從軍阿姨死, 暮去朝來
顏色故。門前冷落鞍馬稀,
　　老大嫁作商人婦。商人重利輕別離, 前月浮梁買茶去。


위 시 중의 운각韻脚 "部"는 『광운』 상성 모운姥韻(여기에서 이미 거성
모운暮韻으로 변독)에 속하고, "妒度故"는 모운暮韻에 속하며, "去"는 어
운御韻에, "數污住"는 우운遇韻에 속한다. 그러나 "婦"는 본래 우운尤韻
상성 유운자有韻字인데, 이 때 이들 합구자와 압운되어 이미 합구3등 우
운虞韻 거성去聲 우운遇韻에 전입되었음을 알 수 있다. (按 : 이 시는 "魚
虞模" 세 개 운이 동용同用되고, 일등 모운模韻의 순음자는 분화되지 않
았다. 어운魚韻은 순음자가 없고 본래 개구에 속하므로, "婦"자는 우운虞
韻 거성으로 되었다). 그리고 우운尤韻의 기타 순음자 "負富" 등은 후에
모두 "婦"와 동음으로 되었으므로, 이들의 변화 발전도 마찬가지일 것이
다. 대서본大徐本 『설문』에 주석한 주고朱翱 반절에는 "富, 福務反"(반절
하자下字 "務"는 우운遇韻에 속함)로 되어 있다. "否"자는 현대 보통화에
서 [fou](방언에는 [fu]로 읽는 것도 있음)로 발음하며, 운모 [ou]는 개구
에 속하고, 경순음으로 변하였는데, 이것도 조건에 부합되지 않는 듯 하
다. 그러나 "否"자 역시 비교적 일찍이 우운遇韻으로 전입되었다. 송사宋
詞에서 "否"자는 이미 우운자遇韻字와 압운되고 있다.[16] 『중원음운中原音
韻』에서 "否"자는 두 가지 독음이 있다. 그 하나는 어모魚模에 속하여
[fu]로 독음되고, 또 하나는 우후尤侯에 속하여 [fou]로 독음된다. "浮"자
는 『중원음운』에서 어모魚模에만 속하여 [fu]로 발음된다. 따라서 "否"와
"浮"도 이미 13세기 이전에 합구로 전환되었으므로, 역시 조건에 부합된

다. 그러나 동운東韻 3등과 옥운屋韻 3등의 순음자는 幫·滂·並 세 성모에서만 경순음이 분리되고, 명모자明母字는 여전히 중순으로 독음된다. 예를 들면, "夢"과 "目·牧·穆"이다. 이 외에 우운尤韻의 "謀·矛"와 양운陽韻의 "芒"도 경순음으로 변화하지 않았다. 이는 이들 글자들이 같은 운의 순음 분화 이전에 이미 1등 개구로 전입되었기 때문이다. 예를 들면, 『절운지장도切韻指掌圖』는 "謀"자를 개구 1등에 열거하였다. 조건에 부합되지 않으므로 변하지 않았다.

이들 非·敷·奉·微에서 나온 경순음은 현대 방언에서 非·敷·奉자가 이미 대부분 [f], 혹은 [f] [v], 혹은 [f] [h]로 발음된다. 微母에서는 대부분 영성모 혹은 [v]로 발음하게 되었다. 오직 남부의 민閩·월粵·객가客家 방언에서만 여전히 微母의 옛 독음 [m]이 보존되고 있다. 민 방언에는 아직도 더 많은 중순음을 보존하고 있다. 예를 들면, "肥"를 민남에서는 [pui]로, 민북에서는 [pi]로 독음하고 ; [h]로 독음되기도 한다. 예를 들면, "婦"를 민남에서는 [hu]로, 민북에서는 [hou]로 독음된다. 그리고 일부 글자의 중순음 독음법이 유지되는 것은 많은 방언에도 있다. 예를 들면, "浮"자는 옛 상湘 방언의 구어에서 [p'əu]로 발음한다.

순음 분화의 조건 문제에 관하여 현대 음운학자들은 여러 가지 주장을 갖고 있다. 예를 들면, 이방계李方桂 선생의 3등운에 개음 [j] 추가설, 동동화董同龢 선생의 주요 모음 편앙설偏央説, 주법고周法高 선생의 후설모음後元音 혹은 중설모음설央元音說, 이영李榮 선생의 무조건설 등이 있다.[17] 1981년 대만의 두기용杜其容 교수는 『輕脣音之演變條件』[18]을 발표하였고, 다시 "3등운 개음 [j] 뒤에 순모음脣元音이 이어진다"는 주장을 제기하였다. 그는 또 왕력 선생의 "우운尤韻 순음자는 순치음으로 변하기 이전에 이미 우운虞韻으로 전입되었다"는 견해를 비판하였다. 필자(당작번唐作藩)는 『晚唐尤韻脣音字轉入虞韻補正』이란 문장을 써서 이에 답하였다.[19] 이제 다시 또 한 예를 보충하면, 『광운廣韻·우운虞韻』"防無切"소운小韻 아래에 "洐"자가 있는데, "水上洐漚。『說文』曰編木以渡也。本音孚, 或作'泭'。"라고 주석되어 있다. 요합姚合(약 779~846, 합주(陝州), 즉 오늘날 하남 섬현인(陝縣人))의 『酬任疇協律夏中苦雨見寄』라는 시詩에는 "走童驚掣電, 飢鳥啄浮漚。"가 있는데, "浮漚부구"가 바로 "洐漚부구"이다. 이 예는 "浮"자를 우운虞韻에 전입한 시간을 기원 8~9세기 사이로 앞당겼다.

## 2.2 정치음의 합류

중고 전기의 정치음正齒音은 두 가지로 분류된다. 즉, "莊·初·崇·生"과 "章·昌·船·書·禪"이다. 만당晚唐에 이르러 수온守溫 30자모에는 오직 "審穿禪照是正齒音"이라 하였고, 송인宋人 36자모에는 "照·穿·床·審·禪" 다섯 개 성모가 있다. 이것은 照2(莊組)·照3(章組)이 이미 한 부류로 합류되었다는 것을 나타낸다. 이 외에 『절운지장도切韻指掌圖』 19 합구合口 止攝지섭에는 照3의 "惴췌"자(『광운』 거성 치운寘韻, 之睡切[20]) 가 照母 2등의 위치에 배열되고; 또 穿2 "毳취"자(『광운』 거성 제운祭韻, 楚稅切)[21])는 穿母 3등에, 그리고 禪3의 "睡수"자(『광운』 거성 치운寘韻, 是僞切)은 禪母 3등에 배열되어 있다. 이는 두 부류의 성모가 혼돈된 상황을 반영하였다. 그러나 만당 이후의 일부 자료는 또 다른 한 가지 사실을 반영하였다. 즉, 章組와 知組의 혼돈이다. 예를 들면, 돈황敦煌 문학초본文學抄本은 "知"를 "之"로, "諸"를 "誅"로 적은 것 등이다. 상황이 비교적 복잡하므로, 이 문제는 다음 장에서 근대 권설음의 형성을 논할 때 다시 언급할 것이다.

## 2.3 喻3·喻4의 합류

중고 이전에 유모喻母 4등, 즉 喻4는 한 종류였고, 喻3은 갑모匣母에 귀속되었다. 예를 들면, 해성자諧聲字 "域从或聲, 賄从有聲, 諱从韋聲 域은 或소리를 따르며, 賄은 有소리를 따르며, 諱는 韋소리를 따른다" 등이다. 또 예로, 『시경詩經·제풍齊風·환환』 1장의 "子之還兮"를 『한서漢書·지리지地理志』에서는 "子之營兮"로 인용하였다. 안사고顏師古의 주注에는 "齊詩作 '營', 毛詩作 '還'."이라 하였다. 그리고 『노자老子』 10장 "營魄抱一"의 주석에 "營魄, 魂魄也.영백이란 혼백이다."라고 하였다. 또한 『한비자韓非子·오두五蠹』의 "自環謂之私"를 『설문』에서는 "自營爲私"로 인용하였다. 사조謝朓 『망삼호望三湖』 시詩에 "葳蕤向青秀, 蕓黃共秋色."라 하였는데, 이 중 "葳蕤위유"는 첩운疊韻이고, "芸黃"은 쌍성雙聲이다. 그리고 북주北周 유신庾信의 쌍성시雙聲詩 『問疾封中録』에는: "形骸違學宦, 狹巷幸爲間。虹廻或有雨, 雲合又含寒。橫湖韻鶴下, 廻溪狹猿還。懷賢爲榮衛, 和緩惠綺紈。"이라 하였다. 이처럼 기원 5, 6세기, 다시 말하면 『절운』 시대까지 喻3은 여전히 갑모匣母와 같게 독음되었다는 것을 알 수 있다.

그러나 늦게야 만당晩唐에 이르러, 喻3은 이미 갑모에서 분리되어 나왔다. 왜냐하면, 수온守溫 30자모의 후두음喉音 "匣·喻·影" 중의 "喻"에 이미 喻3과 喻4를 포괄시켰기 때문이다. 喻3이 갑모에서 분화하여 나오는 조건은 3등운자3等韻字였고, 1·2·4등운자는 여전히 갑匣[ɣ]로 발음되었다. 그 변천 상황은 다음과 같다.

匣[ɣ]
  ┌── 1·2·4等韻字("何桓黃下學還兮賢型") ⟶ [ɣ](匣)
  └── 3等韻字("于王雲曰爲有雨位員") ⟶ [j](喻)

喻4 ── 3等韻字("以移與餘由演用勇羊")

喩3·4 합류의 예는 『광운』에 새로 형성된 쌍성연면자雙聲聯綿字가 있는데, 喩3와 영모影母의 조합("棑楠"이 있을 뿐만 아니라, 喩3과 영모의 조합("蟢蠁")[22]도 있다. 그리고 소식蘇軾의 『죽시竹詩』 "隱約安幽奧, 蕭騷雪數西。……引葉由雲遠……邂逅盍閑携。"에서, 첫 구절 "隱約安幽奧"는 영모 쌍성이고, 마지막 구절 "邂逅盍閑携"는 갑모匣母 쌍성이며, 세 번째 구절 "引葉由雲速"은 喩4와 喩3의 쌍성이다.

이는 바로 중고 후기에 이르러 위의 세 가지 변화가 일어났고, 한어의 성모체계가 중고 전기의 35개에서 34개로 변하였기 때문이다. 이것은 단지 성모의 수가 한 개 많아지거나 적어진 차이만이 아니라, 전체 체계의 변화였던 것이다. 다음 표는 중고 후기, 즉 만당에서 송초宋初에 이르는 한어의 34개 성모이다.(그 특징과 독음에 유의하기 바람.)

| 喉音 | 影 [ø] | | | 喻 [j] | | 曉 [x] | 匣 [ɣ] |
|---|---|---|---|---|---|---|---|
| 牙音 | 見 [k] | 溪 [kʻ] | 群 [g] | 疑 [ŋ] | | | |
| 舌音 | 端 [t] | 透 [tʻ] | 定 [d] | 泥 [n] | 來 [l] | | |
| | 知 [tɕ] | 徹 [tɕʻ] | 澄 [dʑ] | | | | |
| 齒音 | 精 [ts] | 清 [tsʻ] | 從 [dz] | | | 心 [s] | 邪 [z] |
| | 照 [tʃ] | 穿 [tʃʻ] | 床 [dʒ] | 日 [nʑ] | | 審 [ʃ] | 禪 [ʒ] |
| 唇音 | 幫 [p] | 滂 [pʻ] | 並 [b] | 明 [m] | | | |
| | 非 [f] | | 奉 [v] | 微 [ɱ] | | | |

이 외에 만약 상고시기 한어에 복자음 성모가 여전히 존재하였다면, 중고시기에 이르러서는 조금의 흔적도 찾아볼 수 없다. 이는 바로, 예를 들면, "彔"에서 소리를 얻은 "祿"과 "剝"이 이 시기에 이미 각각 [pl-]에서 각각 [l-] 혹은 [p-]로, "豊"에서 소리를 얻은 "禮"와 "體"는 각각 [tl-]에서 [l-] 혹은 [tʻ-]로, "監"에서 소리를 얻은 "藍"과 "鑑"이 각각 [kl-]에서 각각 [l-] 혹은 [k-] 등으로 변했다는 것이다. 이런 현상을 어음학에서는 어음성분의 "편파적 소실偏失, diviatelose"이라고 한다.

## 주석

[1] 郭璞, 『爾雅注』, 世界書局 影印阮刻 『十三經注疏』에 근거함. 1935.

[2] 楊街之, 『洛陽伽藍記』, 周祖謨 校釋本, 中華書局, 1963.

[3] 周祖謨, 「萬象名義中之原本『玉篇』音系」, 『問學集』(上), 中華書局, 1996 참조.

[4] 黃典誠, 「曹憲『博雅音』研究」, 『音韻學研究』 제2집, 中華書局, 1986.

[5] 괄호 안의 것은 예자例字임.

[6] 북경대학 중문과 언어전공 1959학번 서민화(徐民和) 학생의 방언에 근거함. 또한 한월어(漢越語)에서 "以"를 [zi]로, "演"을 [zien]으로 발음하여, 喻3의 "云"[vən] ·"速"[vien]과 구별됨. 王力, 「漢越語研究」, 『嶺南學報』 제9권 제1기, 1948 참조 ; 『王力文集』 제18권에도 수록됨.

[7] 북경대학 중문과 언어전공 1956학번 『漢語發展史』(上編), 등사본.

[8] 張潔, 「論『切韻』時代輕重脣音的分化」, 『漢語史學報』 제2집, 上海教育出版社, 2002.

[9] 邵榮芬, 「『晋書音義』反切的語音系統」, 『言語研究』 창간호, 1981.

[10] 黃淬伯, 『慧琳一切經音義反切考』의 연구에서 얻은 37개 聲類에 근거함. 그 중, 脣齒音(輕脣) 3개 "方 ·扶 ·武", 雙脣音(重脣) 4개 "補 ·普 ·蒲 · 莫".

[11] 王力, 『朱翺反切考』, 『龍蟲並雕齋文集』, 中華書局, 1982 ; 『王力文集』 제18권에도 수록됨.

[12] 白滌洲, 「『集韻』聲類考」, 『史語所集刊』 第3本 第2分, 1931.

[13] 칼그렌, 『中國音韻學研究』 제14~15장, 趙元任 · 李方桂 · 羅常培 공역, 商務印書館, 1984.

[14] 王力, 『漢語史稿』(上冊), 中華書局, 2004.

[15] 平으로 上 · 去를 포괄키로 한다. 운목(韻目) 괄호 안의 것은 예자(例字)임.

[16] 唐作藩, 「蘇軾詩韻考」, 『王力先生紀念論文集』, 商務印書館, 1990 ; 魯國堯, 「宋代蘇軾等四川詞人用韻考」, 『語言學論叢』 제8집, 商務印書館, 1981.

[17] 李方桂, 『上古音研究』, 商務印書館, 1980 ; 董同龢, 『上古音表稿』, 商務印書館, 1984, 周法高, 『上古音』 ; 李榮, 『切韻音系』, 科學出版社, 1956.

[18] 杜其容, 「輕脣音之演變條件」, 『第1屆國際漢學會議論文集』(語言文字組), 1981.

[19] 唐作藩,「晚唐尤韻脣音字轉入虞韻補證」,『紀念王力先生九十誕辰文集』, 山東教育出版社, 1992.

[20] 이 글자는 chuǎn으로도 읽으며,『廣韻』上聲 獮韻 川兗切로, "喘" 혹은 "踹"으로 차용.

[21] 이 글자는 cuì로도 읽으며,『廣韻』去聲 祭韻, 此芮切, 淸母.

[22] 陳燕,「『廣韻』雙聲疊韻聯綿字的語音研究」,『語言學論叢』제17집, 1992 참조.

**주요참고문헌**

王力,『漢語史稿』제2장 제12절 "上古聲母的發展", 中華書局, 2004.

___,『漢語語音史』卷下 "語音發展的規律", 商務印書館, 2008.

羅常培,『知徹澄娘音值考』,『史語所集刊』第3本 第1分, 1931.

李方桂,『上古音研究』"中古音系", 商務印書館, 1980 .

馬伯樂,「唐代長安方言的聲母系統」(姚銘 역),『音韻學通訊』제14기, 1990.

# ③ 중고 운부체계의 발전

한어의 운부韻部 체계는 상고의 30부에서 중고 전기(제량(齊梁)~수당(隋唐))의 43부에 이르기까지 매우 큰 변화가 일어났다. 운부의 수량이 증가하였을 뿐만 아니라 많은 운부의 내부에도 변화가 일어나고 분화와 발전을 하였다.

우리는 한어 어음사의 분기에 관해, 상고 시기는 서주西周 시대로부터 시작되며, 주대周代 초기(기원전 11세기)에서 당말唐末 오대五代(기원 9, 10세기)까지로 보면 2천년이 넘고; 한대漢代 말년까지로 하면 천 2백년이 된다. 어음의 발전이 갑자기 이루어진 것이 아니라, 2천년 동안 필연코 점진적으로 변화가 일어난 것이다. 주대에서 한대까지도 변화가 없을 수 없다. 앞 장에서 상고 한어의 성聲·운韻·조調 체계를 논할 때의 상황과 완전히 같지는 않다. 상고 성모체계의 구축은 주진周秦 양한兩漢의 자료를 근거로 한다. 예를 들면, "성훈聲訓" "이문異文" "고독古讀" 등은 주로 한대의 것이고, 형성자만 비교적 이르다. 따라서 상고 32개 성모는 단지 상고 성모체계의 일반상황을 반영할 수 있을 뿐이다. 상고 운부체계에 대해서는 주로 『시경』의 용운에 근거하여 분석하고 귀납한 것이다. 보충과 인증에 이용된 형성자 자료는 비교적 복잡하고, 대부분 진한秦漢 이전의 것이다. 그러나 만약 『시경』의 용운과 차이가 있게 되면, 『시경』의 용운을 기준으로 하였다. 따라서 상고 30개 운부는 사실상 주대(기원전 11세기~기원전 3세기)의 한어 운부체계만 대표할 뿐이다. 그렇다면 양한 시기의 상황은 어떠한가? 한대의 운부체계는 주대의 것과 어떤 공통점과 차이점이 있는가? 이 문제를 명확하게 하지 않고 상고에서 중고의 운부 발전을 논하는 것은 전면적이라 하기에 부족하다. 과거에 한어음운학 혹은 한어어음사를 논할 때, 예를 들면, 칼그렌·동동화·이방계 등은 오로지 주대의 『시경』 음과 수대隋代의 『절운』 음을 비교하여, 그들 간의 공통점과 차이점, 그리고 변화를 논하였다. 이 역시 진정으로 상고에서 중고까지의 한어 어음 발전사를 구축하였다고 말할 수 없다.

사실상, 양한 시대는 상고에서 중고까지의 한어 발전에서 앞뒤를 이어주는 시기이다. 이 시기 운문韻文의 용운은 이 점을 뚜렷하게 반영하였다. 예로, 한부漢賦·악부시가樂府詩歌 같은 것들이다. 과거에 왕념손王念孫의 『양한운보兩漢韻譜』, 홍량길洪亮吉의 『한위음漢魏音』, 그리고 근래 우해안于海晏의 『한위육조운보漢魏六朝韻譜』[1]가 있지만, 진일보된 정리가 부족하여, 운부체계를 귀납해내지 못하였다. 나상배羅常培·주조모周祖謨 두 선생은 1950년대에 『兩漢魏晉南北朝韻部演變研究』(第1分冊)[2]를 발표하였는데, 주로 한부·악부 등 운문 및 성훈·고독古讀 자료에 근거하여 비교적 전면적이고 체계적인 연구를 하였다. 아울러 서한과 동한을 나누고 그 사이의 일부 변화를 탐구하였다. 왕력 선생의 『한어어음사』도 한대(기원전 206년~기원 220년)를 한 시기로 구분하였다.[3] 그들의 연구에 근거하여, 우리는 주대의 『시경』 30운부에서 양한에 이르기까지 음성운陰聲韻의 변화가 비교적 뚜렷하고, 그 다음은 양성운陽聲韻이며, 입성운의 변화는 매우 작다는 것을 이해하게 되었다. 양한 4백년의 역사만 본다면, 동한 시대의 운부 변화가 서한 시대보다 좀 더 크다. 이런 변화는 주로 두 방면에서 나타나고 있는데, 그 하나는 운부의 분합分合이 다른 것이고, 다른 하나는 동부同部 간의 소속자 분류에 변동이 있다는 것이다.

운부의 분합分合 면에서 가장 뚜렷한 변화는 어魚·후侯 두 부가 한대에서 합류하는 추세가 있었다는 것이다. 예를 들면, 장형張衡 『사수시四愁詩』 3의 "美人贈我貂襜褕, 何以報之明月珠。路遠莫致倚踟躕, 何爲懷憂心煩紆?", 또 예로, 『한악부漢樂府·맥상상陌上桑』 4 『염가라부행艶歌羅敷行』의 "日出東南隅, 照我秦氏樓。秦氏有好女, 自名爲羅敷。羅敷善蠶桑, 採桑城南隅, 青絲爲籠繫, 桂枝爲籠鉤。頭上倭墮髻, 耳中明月

珠。"이다. (위 두 예문에서 운각韻脚 "紓·敷"는 어부魚部에 속하고, 기타는 후부侯部에 속함.)

그리고 지脂·미微 두 부도 자주 압운한다. 예를 들면, 사마천司馬遷의 『비사불우부悲士不遇賦』 중의 "私于私者, 自相悲兮。", 또 예로, 『고악부古樂府·장가행長歌行』 1의 "青青園中葵, 朝露待日晞。陽春布德澤, 萬物生光輝, 常恐秋節至, 焜黃華葉衰。百川東到海, 何時復西歸。少壯不努力, 老大徒傷悲。"이다.(위에서 "私·葵"는 지부脂部에 속하고, 나머지는 미부微部에 속함.)

동시에 지脂·미微 두 부와 배합하는 양성운 진眞·문文과 입성운 질質·물物 간에도 흔히 서로 압운한다. 양성운 진·문 두 부가 서로 압운하는 예로는, 사마상司馬相 『자허부子虛賦』 중의 "其土則丹青赭堊, 雌黃白坿, 錫碧金銀; 衆色炫耀, 照爛龍麟。", 또 예로, 『고시위초중경처작古詩爲焦仲卿妻作』의 "孔雀東南飛, 五里一徘徊。…… 阿母白媒人。貧賤有此女, 始適還家門。不堪吏人婦, 豈合令郎君?"(여기에서 "銀·君"은 문부에 속하고, 나머지는 진부에 속함.) 입성운부 질·물이 압운하는 예로는, 장형張衡 『서경부西京賦』 중의 "于前則終南太一, 隆崛崔崒。隱轔鬱律, ……是之自出。"(이 중 "一"은 질부에 속하고 나머지는 물부에 속함.) 나상배와 주조모 선생은 이에 근거하여 한어의 운부체계는 선진의 30부에서 동한의 26부로 변천하였다는 결론을 얻었다. 다음은 두 시기의 운부를 비교한 표이다.[4]

| 陰聲韻部 | | 陽聲韻部 | | 入聲韻部 | |
|---|---|---|---|---|---|
| 先秦 | 東漢 | 先秦 | 東漢 | 先秦 | 東漢 |
| 之 —→ | 之 | 蒸 —→ | 蒸 | 職 —→ | 職 |
| 幽 —→ | 幽 | 冬 —→ | 冬 | 覺 —→ | 覺 |
| 宵 —→ | 宵 | | | 藥 —→ | 藥 |
| 侯 ↘ | | | | 屋 —→ | 屋 |
| 魚 —→ | 魚 | 東 —→ | 東 | 鐸 —→ | 鐸 |
| 歌 —→ | 歌 | 陽 —→ | 陽 | | |
| 支 —→ | 支 | | | 錫 —→ | 錫 |
| | | 耕 —→ | 耕 | 月 —→ | 月 |
| 脂 ↘ | | 元 —→ | 元 | 質 ↘ | |
| 微 —→ | 脂 | 眞 ↘ | | 物 —→ | 質 |
| | | 文 —→ | 眞 | | |
| | | 侵 —→ | 侵 | 緝 —→ | 緝 |
| | | 談 —→ | 談 | 葉 —→ | 葉 |

이에 대해 음운학계에는 다른 주장도 있다. 상기 현상은 아마 용운이 비교적 넓고 주요 모음이 비교적 가까울 때 합운할 수 있는 것으로, 두 운부가 이미 모두 합병하였다고 볼 수는 없다. 예를 들면, 선진의 어부魚部는 주요 모음이 [a]이고 한대에 와서는 [ɑ]로 변하였고, 후부侯部의 주요 모음은 [ɔ]에서 [o]으로 변하였다.(소부宵部는 [o]에서 복합모음 [au]로 변함) 그래서 어·후 두 부의 주요 모음이 비교적 가까와 합운하는 경우가 비교적 많다. 소영분邵榮芬 선생의 연구에 의하면[5], 어·후 두 부가 합운하는 것은 사실상 후부 중의 우운자虞韻字로, 예를 들면 "付부·朱주·俞유·禺옹·區구·具구" 등(虞2)이 어부로 전입되어, 어부 중의 우운자虞韻字(虞1)와 합류된 것이다. 또 예로, 진·문의 합운 문제이다. 한대 운문에서 용운의 실제 상황은, 진眞과 문文 두 부가 나누어 압운되는 예도 적지 않다. 동시에 진부나 문부가 원부元部와 통압通押하는 예도 있다. 신세표辛世彪는 저작에서 수학 통계법으로 양한 시대의 진부와 문부가 나누어

있었고, 같은 부로 합쳐지지 않았다는 결론을 얻었다. 왕력 선생은 줄곧 선진에서 한대까지 지脂와 미微, 진真과 문文, 질質과 물物이 모두 독립하여 부를 이루었다고 주장하였다.[6] 지·미 두 부의 분부分部 문제에 관하여, 구석규裘錫圭 선생은 출토된 한대 백서帛書·죽간竹簡 중의 운문 자료를 근거로, 마찬가지로 한대에 이르기까지 지부와 미부가 여전히 나누어져 있었다고 여겼다.[7]

한대 운부의 분합 변화에 관하여, 또 한 가지 제시해야 할 것은 『시경』 시대에 침부侵部에 통합된 동부冬部가 한대에 이르러서는 완전히 독립하였다는 것이다. 왕력 선생은 일찍이 전국戰國 시대에 침부가 이미 침·동 두 부로 분화하였다고 여겼다.[8] 한대 운부의 변화에서 더욱 뚜렷한 것은 각 부 소속자의 분류 변동에 있다. 이런 변화는 대부분 지부之部와 유부幽部, 어부魚部와 가부歌部, 가부歌部와 지부之部, 양부陽部와 경부耕部, 그리고 증부蒸部와 동부冬部 사이에서 일어났다. 예를 들면, 『광운·우운尤韻』 중의 "丘·牛·久" 등 한자는 상고 때 모두 지부之部와 압운되고, 지부에 속하였다. 예를 들면, 『시경詩經·위풍衛風·맹氓』 1장의 협음叶音(協韻에 따라 내는 음) "蚩·絲·謀·淇·丘·期·媒·期"; 『패풍邶風·모구旄丘』 2장의 협음 "久·以"; 그리고 『소아小雅·서묘黍苗』 2장의 협음 "生·哉"이다. 서한에 이르러 이런 한자들은 유부幽部에 전입되기 시작하였다. 예를 들면, 『구탄九嘆·원유遠遊』의 협음 "久·首"; 양웅揚雄 『반리소反離騷』의 협음 "流·丘"; 왕포王褒 『구회九懷·위준危俊』의 협음 "蜩·州·脩·遊·生·流·休·悠·浮·求·儔·怵"이다. 동한 시대에 이런 귀속자歸屬字의 변화는 더욱 크다. 후부侯部 우운虞韻 자의 계속적인 어부魚部로의 전입 외에, 유부幽部 중의 "調·保·包·曹·道" 등 자도 소부宵部로 전입하기 시작하였다. 예를 들면, 마융馬融 『장적부長笛賦』의 협음 "藋·嘀·調"이다. 나머지 유부자는 후부와 합쳐져 한 부를 이루었다. 동시에 어부 중의 "家·華·沙·邪" 등 자도 가부歌部로 전입하였다. 예를 들면,

부의傅毅 『낙양부洛陽賦』의 협음 "華·波·羅"; 장형張衡 『서경부西京賦』의 협음 "家·過·加"; 『고악부古樂府·고아행孤兒行』의 협음 "芽·瓜·車·家·多"이다. 가부歌部 중의 "奇·宜·爲·池·義·皮" 등 자는 지부支部로 전입되었다. 예를 들면, 두독杜篤 『논도부論都賦』의 협음 "祇·麾·奇·蝎·披·斯"; 부의傅毅 『아금부雅琴賦』의 협음 "宜·枝"; 채옹蔡邕 『금부琴賦』의 협음 "陂·羗·枝·歧·宜"; 『고시위초중경처작古詩爲焦仲卿妻作』의 협음 "池·離·枝"이다. 그리고 양부陽部의 범위도 줄어들었다. 그 중 "京·明·兵·英·慶" 등 자가 경부耕部로 전입되었다. 예를 들면, 반고班固 『한서漢書·서전叙傳』의 협음 "慶·輕·甓·聲·盈·明·英"; 반고 『서도부西都賦』의 협음 "情·京"; 그리고 장형張衡 『동경부東京賦』의 협음 "明·寧·形"이다. 이 외에 증부蒸部 중의 "雄·弓" 등 자도 동부冬部에 병합되었다. 예로 반고 『서도부』의 협음 "雄·陵·中"이다. 물론 이런 변화는 단지 일반적 상황에 대해 말하는 것으로, 양한 시문의 용운은 작가의 방언·습관 등 원인, 그리고 기준으로 할 운서가 없기 때문에, 실제의 상황은 비교적 복잡하고, 합운 현상도 비교적 많다. 여기에서 구체적으로 언급하지 않을 것이다. 관심이 있는 분은 앞에서 언급한 나상배·주조모 선생과 왕력 선생의 저작을 참고하면 된다.

　동한 이후, 위진남북조를 거쳐 수당에 이르기까지의 4, 5백 년간 한어의 운부체계는 지속적으로 뚜렷한 변화가 일어났다. 이 또한 주로 이 역사적 시기 시인들의 용운에서 반영되었다. 동한의 26부(혹은 31부)와 제량齊梁에서 수당까지의 43부를 비교하면 알 수 있다. 많은 운부의 분화가 가속화되었는데, 어떤 것은 한 부가 두 부 혹은 몇 개의 부로 나누어져 운부의 수량이 많아졌고, 어떤 것은 한 부에서 다른 한 부로 옮겨져 운부 간에 다시 조정이 이루어지기도 하였다. 이처럼 중고 시기의 운부체계는 상고 시기와 비교하면, 그 면모가 아주 크게 바뀌었다. 먼저 음성운의 변화도變化圖를 보기로 한다.

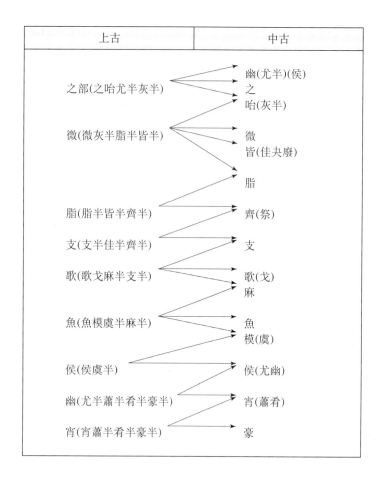

 

상고의 지부之部는 중고시기에 이르러, 일부 자(예로, "尤·郵·不·謀 ·有·友·婦·負·右" 등)가 지속적으로 유부幽部에 전입된 것 외에, 또 지之·해哈 두 부로 나누어졌다. 해부는 새로 형성된 운부이다. 여기에 소속된 한자는 주로 지부로부터 온 "來·杯·該·哉·灾·灰·臺·埃·才 ·胎·梅·栽" 등 자 외에, 미부微部로부터 온 "開·凱·回·雷·推·徊· 衰·罪" 등 자가 있다. 상고의 미부는 중고에 이르러 네 부분으로 나누 어진다. 일부분(회운자灰韻字)은 해부로 귀속되고, 일부분, 예로 "排·乖

·懷·淮·槐"등 자는 개부皆部로 귀속되고, 또 일부분, 예로 "悲·水·追·誰·唯·遺·雖·綏"등 자는 지부脂部로 전입하고, 나머지는 중고의 미부로 변화하였다. 개부皆部도 새로 형성된 운부로, 미부로부터 온 것 외에, 상고의 지부脂部 (예로 "偕·諧·楷·齋"등 자)와 지부支部 (예로 "佳·街·解·柴·買·圭·卦"등 자)로부터 온 것이다. 상고의 지부支部 는 중고의 지부支部 (예로 "支·知·祇·是·此·斯·卑"등 자)와 개부皆部, 그리고 제부齊部 (예로 "鷄·兮·倪·啓·提·麗")로 나누어진다. 제부齊部도 새로 형성된 운부로, 상고의 지부支部 외에 상고의 지부脂部 (예로 "低·弟·體·泥·妻·西·細·稽·詣·批·米"등 자)로부터 온 것이다. 이처럼 중고의 지支·지脂·지之·미微 네 부와 상고의 지支·지脂·지之·미微 네 부는 비록 명칭은 같지만, 내용에는 매우 큰 변화가 일어났다. 물론 이런 변화는 갑자기 일어난 것이 아니라, 그 과정이 있는 것이다. 예를 들면, 삼국 위魏에서 양진兩晉 시대까지 개부皆部가 방금 형성될 때는 비교적 큰 운부로, 상고의 지脂·지支·미微 세 부로부터 온 글자들을 포함하였다. 즉, 이후 개皆·제齊 두 부의 글자들이다. 예를 들면, 조비曹丕 『과부寡婦』 詩의 협음 "凄·徊·穨·乖·廻·栖·懷"; 조식曹植 『칠계七啓』 5의 협음 "穨·閨"; 곽박郭璞 『유선시游仙詩』 9의 협음 "穨·懷·雷·迴·開·堆·哀"; 도잠陶潛 『음주시飮酒詩』 9의 협음 "開·懷·乖·栖·泥·諧·迷·回"이다. 이후에 제부齊部가 비로소 분화되어 나왔다. 위진 시대의 지支·지脂·지之 세 부는 기본적으로 독립하였다. 다만 각 부에 소속된 자가 상고 시대보다 많이 적어졌다. 『절운』음계의 지支·지脂·지之 세 부는 기본적으로 가깝다. 그러나 남북조 후기에 이르러, 지脂·지之는 다시 합류하였다.[9]

제량齊梁 이후, 시인들의 용운을 보면, 지脂·지之 두 부는 뚜렷한 합류 추세가 있었다. 예를 들면, 강엄江淹 『유복사동산집劉僕射東山集』의 협음 "滋·思·湄·遲·時·詩"; 유신庾信 『애강남부哀江南賦』의 협음 "尾·壘·

雉·水·矣"이다.

이 외에 위의 운부 변화도에서 볼 수 있듯이, 상고의 음성운부는 위진
남북조 시기의 변천을 거쳐, 가부歌部가 가歌와 마麻 두 개 부로, 어부魚部
는 어魚와 모模(우虞) 두 개 부로, 소부宵部는 소宵와 호豪 두 개 부로 나
누어졌다. 호부豪部는 원래의 유幽·소宵 두 부에서 갈라져 나와 새로운
부로 구성된 것이다. 예를 들면, 육기陸機『연련주演連珠』34의 협음 "包
·逃"; 반악潘岳『서정부西征賦』의 협음 "交·巢·淆·勞·郊·刀"이다.

중고시기 양성운의 변화도 매우 크다. 다음은 상고에서 중고에 이르는
양성운부의 변천도變遷圖이다.

이 중에서 원부元部는 한寒·선先·원元의 세 부로 나누어졌다. 『절운』
과 비교하면, 한부寒部는 한寒·환桓·산刪 세 운에 해당되고, 선부仙部는
산山·선仙·선先 세 운에 해당하며, 원부元部는 원元·혼魂·흔痕 세 운에
해당한다. 중고 원부 중의 혼·흔운자는 상고 문부文部에서 변천되어 나
온 것이다. 선부先部 또한 두 가지 유래를 지니는데, 상고 원부元部의 "前
·肩·連·泉·傳·延·綿·山·間" 등 자 외에, 상고 진부眞部의 "千·天
·田·年·堅·賢·眼" 등과 문부의 "先·遷·仙·川·船·貟·烟" 등 자를
포함한다. 연면자聯綿字 "芊綿천면"은 본래 "芊眠천면"(진부眞部 첩운疊韻)
이었으나, 중고 이후에는 대부분 "芊綿"을 많이 쓰게 되었다. 상고에서
"芊"과 "綿"은 같은 부가 아닌 것이다.

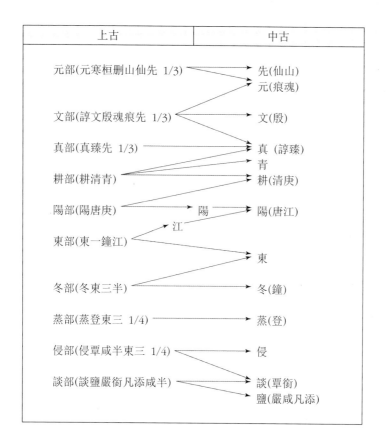

양성운 중에서 동東·동冬·침侵 세 부의 변천도 유의할 가치가 있다. 앞에서 언급한 바와 같이 동부冬部는 전국시대 이후에 이미 침부에서 분리하여 나왔고, 원래 침부에 속하던 "風·中·終·弓" 등 자들이 동부로 전입되었다. 위진魏晉시대에 동부冬部는 기본적으로 여전히 독립적이었고, 『절운』의 동운冬韻과 동운東韻 3등에 해당된다. 예를 들면, 조식曹植의 『칠계七啓·서序』의 협음 "隆·穹·終·躬·風·中"이다. 유송劉宋 이후에는 동부東部자와 서로 압운하기 시작하였다. 예를 들면, 포조鮑照 『의고擬古』2의 협음 "通·宮·風·鋒·功·戎·終"("通"은 동운 1등에 속함)이

다. 이는 동東·동冬 두 운에 포함된 글자가 다시 조정되었음을 반영하였
다. 그 후 점차 새로운 동부東部로 변천되었고, 『절운』의 동운東韻에 해당
한다. 동부冬部는 『절운』의 동冬·종鐘 두 운에 해당한다. 또 주목할 것은
중고시기에 동부東部 중의 "風·楓·雄·馮·夢·弓" 등 자는 선진시기에
각각 침부侵部와 증부蒸部에 속하였고, 한대 이후에 점차 동부冬部로 전입
되었다가, 제량 이후에 다시 동부冬部에서 동부東部로 옮겨졌다. 이 외에
상고 동부東部 중의 "江·邦·窗·雙·降·講·項·巷" 등은 『절운』 강운
자江韻字에 속하고, 중고 전기에는 단독으로 한 부를 이루는 독립 추세가
있었으나, 수당 이후에는 양부陽部에 전입되었다. 『절운』계 운서의 운목
배열 순서는 강운江韻이 東동·冬동·鍾종 뒤에 놓이고, 陽양·唐당과는 인
접하지 않았으며, 상고음이 남아있는 흔적에 불과하였다.

입성운의 변화는 일반적으로 그와 상응하는 양성운의 변화에 따라 변
천되었다. 다시 말하면, 상고에서 중고에 이르기까지, 양성운이 어떠한
분합의 변화를 겪게 되면, 입성운도 기본적으로 그에 상응하는 분합 변
화를 겪었다. 예를 들면, 상고 원부元部가 중고의 한寒·선先·원元 세 부
로 나누어졌는데, 그 입성 월부月部도 중고의 갈曷·설屑·월月부로 나누
어졌다. 그러나 상고 입성운부 중에서 소수의 글자가 중고시기에 이르러
폐쇄운미(주로 [-k] [-t]로 끝나는 음)가 탈락하여 음성운으로 변하였다.
예를 들면, 월부 중의 "제祭·태泰·쾌夬·폐廢" 등 운의 글자이다. 기타 일
부 운부에도 이런 현상이 있다. 상세한 것은 다음 절에서 상고 성조의
발전을 논할 때 다시 언급할 것이다. 상고 입성운부가 중고에 이르는 변
천을 보면 다음 표와 같다.

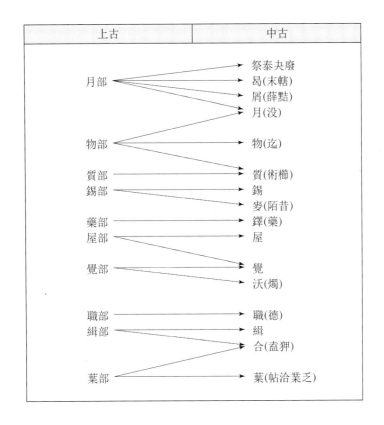

　운부의 변천도 조건이 필요한 것인데, 주로 운모 내부 및 성聲·운韻·조調 간의 관계로부터 고찰한다. 구체적으로 말하면, 우선 운두韻頭(개음介音)의 차이에 있고, 그 다음은 성모 혹은 성조의 영향을 받는다. 예를 들면, 선진 침부侵部 중의 "風풍"자가 왜 위진 이후에 분화되어 동부冬部에 속하게 되었는가? 그 원인은 바로 운모가 합구合口이기 때문이다. "風풍"자는 원래 [pǐwəm]으로 읽었으나, 어음의 이화異化, dissimilation작용으로 우선 운미에 변화가 일어나고, 그 이후의 변화 과정은 대체로 다음과 같다.

pǐwəm → pǐwoŋ → pǐuŋ → fəŋ

이처럼 동부冬部 자가 침부에서 분화하여 나오는 조건은 바로 운모가 합구 임을 알 수 있다. 침부 중의 개구운자開口韻字는 중고시기에 이르러 기본적으로 침부에 전입되었고, 단지 "潛·黔·凡" 등 자만 염부鹽部로, "覃·參·南·男·嵐·食·三·咸" 등 자는 담부談部로 전입되었다. 그러나 모두 [-m]을 끝음으로 한다. 또 예로, 상고의 지부之部가 중고 시기에 지之·해咍 두 부로 나누어진 것 또한 개음 [-ĭ-] 유무의 차이로 인한 것이다. 대체로 지부之部 중의 1등 운모자 (해운咍韻·회운灰韻, 개음 [-ĭ-]가 없음)는 해부咍部로, 3등운자는 지부之部로 변하였다. 성모의 영향으로는, 예를 들어, 상고 지부之部 중의 1등 개구 운모 [ə]는 중고시기에 이르러 해咍·후侯 두 부로 나누어졌는데, 그 조건을 보면 순음자脣音字(예로 "剖·母·畝")는 후부로, 기타 설치아후음자舌齒牙喉音字(예로 "台·胎·待·來·才·采·該·孩·埃")는 해부로 귀속되었다. 또 예를 들면, 상고 유부幽部에서 같은 4등 운모 [iu]는 중고에 이르러 성모가 설치음인 것은 소운蕭韻 [ieu](예로 "彫·條·鳥·蕭")로, 성모가 아후순음牙喉脣音인 것은 유운幽韻 [iəu](예로 "幽·樛·糾·幼·謬·彪")로 변화되었다. 성조의 영향으로는, 상고 입성운부는 대부분 장입長入과 단입短入의 차이가 있는데, 단입조短入調 글자는 중고시기에 입성운을 유지하였고, 장입조長入調 글자는 운미가 탁락하여 음성운으로 변하였다. 예를 들면, 상고 월부月部 [at], 단입短入 운모 [ăt] [eăt] [ĭăt] [iăt] [uăt] [oăt] [ĭwăt] [iwăt]는 중고의 갈曷[ɑt]·월月[ɐt]·설屑[at] 세 부로 나누어지고, 장입長入 운모 [āt]·[eāt]·[ĭāt]·[iāt]·[uāt]·[oāt]·[ĭwāt]는 각각 음성운陰聲韻 해咍[ɑi]·개皆[ai]·제齊[ei] 세 부(즉, 『광운』 제祭·태泰·쾌夬·폐廢의 여러 韻)로 전입되었다.

이상은 주로 상고 운부체계의 중고 전기前期에 이르는 일반적 발전 추세를 언급하였다. 상고의 운모체계와 『절운』음의 관계는 비교적 복잡하다. 왕력 선생이 이를 상세하게 비교한 바 있어 참고할 수 있다.[10]

요컨대, 선진에서 수당시기에 이르기까지 한어의 운부체계는 확실히 매우 큰 변화가 있었고, 이미 새로운 발전단계에 들어섰음을 알 수 있다. 이 단계에 이르러 "동성同聲의 글자는 반드시 같은 부에 속한다.同聲者必同部"는 해성 원칙은 이미 완전히 적용되지 않게 되었다. 왜냐하면, 어음의 발전으로 인해 해성 체계가 이미 흐트러졌기 때문이다. 예를 들면, 같은 "台태" 성聲이지만, "怡·貽"는 지부之部에 속하고, "胎·殆"는 해부咍部에 속하며; 같은 "我아"성이지만, "俄·餓"는 가부歌部에 속하고, "義·儀"는 지부支部에 속하며; 같은 "京경"성이지만, "景·影"은 경부耕部에 속하고, "凉·諒"은 양부陽部에 속한다. 또 예를 들면, 같은 "今금" 성이지만, "岑今"은 침부侵部에 속하고, "貪含"은 담부談部에 속하며; 같은 "葛갈"성이지만, "葛渴"은 갈부曷部에 속하고, "謁竭"은 월부月部에 속한다. 통계에 의하면, 현대 한자 성방聲旁의 표음表音 역할은 점점 더 작아지고 있고, 표음율表音率은 약 39%를 차지할 뿐이다. 만약 자음字音의 성聲·운韻·조調가 모두 정확할 것을 요구한다면, 한자 중에서 성방에 의해 독음을 유추할 수 있는 한자, 예를 들면 "棋기" "芝지" "樑량" "洲주" "植식" 등과 같은 한자는 형성자 총수의 7.1%밖에 안 된다.[11] 어떤 글자는 두 가지 독음이 있는데, 중고 이후에는 두 개의 운부에 속하게 되었다. 예를 들면 "參差"의 "參"[cēn]은 침부侵部에 속하고, "參與"의 "參"[cān]은 담부談部에 속하며; "商賈"의 "賈"[gǔ]는 모부模部에 있고, 성씨에 사용되는 "賈"[jiǎ]는 마부麻部에 속한다. 그리고 "惡"은 [è]의 발음은 탁부鐸部에 속하고, [wù] 발음은 모부模部에 속한다. 또 예를 들면 "交易교역"의 "易"는 羊益切로 석부錫部에 속하며, "難易난이"의 "易"은 以豉切로 지부支部에 속한다(지금은 모두 [yì]로 발음함). 여러 가지 사실은 한어 어음체계가 중고 이후에 질적인 변화가 일어나 새로운 체계를 형성하였다는 것을 나타내고 있다. 위에서 소개한 43운부는 기본적으로 이 새로운 발전 단계를 반영하였다.

그러나 이 43운부도 고정적인 것이 아니다. 이는 대체로 기원 5~7세기 초까지의 한민족어漢民族語 공통어의 운부체계를 반영하였을 뿐이다. 성당盛唐 이후가 되어, 시인의 용운으로부터 한어의 운부체계가 또 비교적 뚜렷한 변화가 일어났다는 것을 알 수 있다. 이 단계의 발전추세는 주로 합류合流이다. 예를 들면, 수隋에서 초당初唐까지의 43부 중에서 지支·지之(지脂) 두 부는 성당 이후에 흔히 통압通押되었다. 예로, 이백李白(701~761) 고풍古風『독불견獨不見』의 "白馬誰家子, 黃龍邊塞<u>兒</u>。天山三丈雪, 豈是遠行<u>時</u>? 春蕙忽秋草, 莎鷄鳴西<u>池</u>。風摧寒梭響, 月入霜閨<u>悲</u>。憶與君別年, 種桃齊蛾<u>眉</u>。桃今百餘尺, 花落成枯<u>枝</u>。終然獨不見, 流淚空自<u>知</u>。", 두보杜甫(712~770)『박춘薄春』의 "江水長流地, 山雲薄暮<u>時</u>。寒花隱亂草, 宿鳥擇深<u>枝</u>。舊國見何日, 高秋心苦<u>悲</u>。人生不再好, 鬢髮白成<u>絲</u>。" 당시의 구어에서 "支·脂·之"를 이미 구분하지 않았다는 것을 나타낸다. 사실상, 이백과 두보보다 약 반세기 앞선 심전기沈佺期(?~713)·송지문宋之問(?~712)의 시운에도 이미 이런 현상이 나타나기 시작하였다. 사위공師爲公과 곽력郭力의 연구와 통계에 의하면[12], 심전기와 송지문의 시운에서 지섭止攝 네 개 운자韻字가 압운하는 상황을 보면, "支·脂·之" 세 운을 모두 28회 사용하였는데, 그 중 "支"를 7회, "之"를 6회 단독으로 사용(독용)하였고, "支脂"를 2회, "脂之"를 11회, "支脂"를 2회, "之微"를 2회 함께 사용(동용)하였다. 그리고 "微" 운을 38회 단독으로 사용하였다. 비록 支와 之(脂)를 나누어 사용한 것이 다수지만, 두 부를 합용한 것도 4회로, 약 18%를 차지한다. 이 비율은 결코 낮지 않다. 그러나 미부微部는 여전히 독립 경향이 뚜렷하다. 성당 이후, "支·之脂"가 통압하는 현상이 매우 보편적이었다. 예를 들면, 장구령張九齡『夏日奉使南海在道中作』의 협음 "<u>時·疵·怡·私·慈·欺·湄·夷·之·詞</u>"; 한산자寒山子시『지숙止宿』의 협음 "<u>雌·隨·湄·池</u>"이다. 그리고 이백·두보의 시운에서 支·之脂·微 세 부가 통압하는 현상도 적지 않다. 예를 들면, 두보의 『새로자塞蘆子』의 "五城何迢迢, 迢迢隔河水。······ <u>杞</u>, <u>己</u>, <u>爾</u>, <u>掎</u>, <u>子</u>, <u>起</u>, <u>裏</u>, <u>此</u>, <u>鬼</u>"이다. 한유韓愈·유종원柳宗元의 시는 더욱 뚜렷하다. 이는 세 부의 독음이 이미 같거나 아주 비슷해졌다는 것을 말해준다. 또 유지기劉知幾가 『사통史通』이라는 저서를 집필하였는데, 당 현종玄宗 이융기李隆基의 이름을 피하기 위해 자字로 이름을 대체하여 불렀다. 유지기의 자는 "자운子雲"이다. 그의 이름 중의 "幾"는 미부자微部字이고, "基"는 지부자支部字이다. 당시 북방 방언에서 "幾·基"가 분명히 같은 음이었을 것이다. 또 예를 들면, 당대 봉연封演의 『문견기聞見記』 4권의 "궤사甄使"조에는 "천보天寶 중에, 현종이 甄자의 소리가 鬼와 흡사하여, '甄使'를 '獻納使'로 고쳤는데, 건원 초(758년)에 다시 옛 이름으로 복원하였다."는 내용이 있다. "甄궤"는 지운脂韻 상성이고, "鬼귀"는 미운微韻 상성으로, 두 한자의 음은 다르지만, 이 때는 구분하지 않았다고 볼 수 있다.

이 외에 어魚와 모模(우虞)도 한 부로 합류하였다. 예를 들면, 두보杜甫의 고체시古體詩 용운에서 "어·우·모" 세 운(상上·거去 포함)을 모두 53회 사용하였다. 그 중, "어우魚虞"를 3회, "어우모魚虞模"를 9회, 총 12회을 함께 동용하였는데, 이는 총 수량 53회의 22.6%를 차지한다.(그러나 근체시近體詩에서는 "어우" 혹은 "어우모"를 동용한 것이 3회에 불과하여, 어우모 세 모 운자를 사용한 총 60회 중의 0.5%밖에 안 됨)[13] 한유의 시가 용운을 보면 세 운의 합류가 더욱 뚜렷하다. 그의 시에서 세 운이 총 60회 사용되었는데, 그 중 어魚를 11회, 모模를 3회, 우虞를 2회 각각 단독으로 사용하였고, 우모虞模를 10회, 어우魚虞를 4회, "어모"를 3회, "어우모"를 3회 함께 동용하였다. 즉, 어와 우(모)를 모두 16회 함께 사용하였는데, 이는 총 36회의 28%를 차지한다. 예를 들면, 한유의 고시 『별조자別趙子』의 협음 "居·余·娛·書·珠·俱·歟·如·無·渝·須·狙·殊·除·圖·巨·愚"[14]와 백거이 『비파행琵琶行』의 "自言本是京城女, 家

在蛤蟆陵下住。…… 部·妒·數·汚·度·故·婦·去。”이다. “어우모”가 함께 사용되었을 뿐만 아니라, 우운尤韻의 “婦”자도 어魚(우모虞模) 부에 전입되었다. 이 “婦”자는 고금 운부의 변화를 가장 잘 반영할 수 있었다. 상고에는 지부之部에 속하였다가, 동한 때에 유부幽部로, 중고 전기에 이르러 전체 우운尤韻을 따라 후부侯部(우유尤幽)로 통합되고, 중고 후기에는 다시 어부魚部로 전입되었다.

그리고 개皆·마麻 두 개 부도 변화가 있다. 이는 내부 소속자의 조정에서 반영되었는데, 개부皆部 중의 “佳·涯·卦·畫·罷”와 “話” 등 자가 마부麻部로 옮겨졌다. 예를 들면, 이백『북풍행北風行』의 협음 “開·來·臺·摧·哀·釵·埃·回·灰·裁”이다. 그 중 “釵”자는 원래 개부 가운佳韻에 속하였는데, 여기서는 이미 해부咍部와 합류되었다. 그리고 이백『고의古意』의 “君爲女蘿草, 妾作兔絲花。輕條本自引, 爲逐春風斜。百丈托遠松, 纏綿成一家。誰言會面易, 各在青山厓。”에서 개운자 “厓”는 마부와 압운되었다. 이는 당시 이미 보편적인 현상이 되었다. 예를 들면, 두보『희청喜晴』의 협음 “佳·華·花·涯·蛇·賒·家·麻·瓜·瑕·沙·斜·查·嗟”(그 중 “佳·涯”는 원래 개부에 속함)이며, 또 예로 혜림慧琳『일절경음의一切經音義』의 “涯, 音五家切”(『광운』五佳切)이다.[15]

양성운부 중에서 원래 끝음이 [-n]인 “진真·문文·원元·한寒·선先” 다섯 부도 성당盛唐 이후에는 “진真·흔痕·한寒·선先” 네 부로 합류하였다. 그 중 원부가 두 개로 나누어져, 절반은 선부로 병입되었고, 나머지 반은 독립하여 새로운 흔부를 형성하였다. 연구에 의하면, 두보의 근체시는 원운자元韻字를 모두 29회 사용하였는데, 모두 흔痕(혼魂)과 함께 사용하였고; 그의 고체시는 모두 14회(평·상·거성 포함) 사용하였는데, 그 중 원元을 단독으로 2회 사용하고, 흔혼痕魂과 함께 사용한 것이 7회, 한환산寒桓删과 함께 사용한 것이 4회, 이 외에 흔한痕寒과 합용한 것이 1회이다.[16] 이는 원운자가 한부자寒部字와 함께 사용되기 시작하였음을 나타낸다. 한유·백거이의 시에서 원운자도 두 가지로 사용되었는데, 한선寒先과 동용되기도 하고, 흔혼痕魂과 동용되기도 하였다. 이는 아마 당시의 구어에서는 이미 변화가 일어났으나, 시인들이 시를 지을 때 사용하는 운이 당률唐律의 규정을 완전히 벗어나지 못하였기 때문일 것이다. 원운은 본래 진섭臻攝에 속하는데, 성당 이후 구어에서 대부분 산섭山攝으로 변하였다. 예를 들면, 백거이『절수截樹』시의 협음 "軒·繁·間·端·前·天·顔·還·然·全·山"이다. 그리고 그의 『醉後狂言酬贈蕭殷二協律』의 협음 "貧·殷·塵·紛·恩·溫·君·雲·論·春·仁·身·人"에는 원운자가 하나도 섞이지 않았다. 그러나 예외도 있다. 예를 들면, 이상은李商隱의 『등락유원登樂游原』의 "向晩意不適, 驅車登古原。夕陽無限好, 祇是近黃昏。"이다. 이런 상황은 법령의 제한을 받았거나 시인의 습관에 의한 것으로 볼 수밖에 없다. 그 후의 "평수운平水韻"도 줄곧 이런 규정을 유지하였다. 그러므로 송원宋元 이후의 과거시험장에서도 줄곧 "該死十三元빌어먹을 십삼원"이라는 원성이 끊이지 않았다.

이 외에 양성운 중의 동東·동冬(종鍾) 두 부도 합류하였다. 예를 들면, 두보 『세안행歲晏行』의 협음 "風·中·弓·農·鴻·庸·銅·蒙·終"; 백거이의 『억강남億江南』 사詞 3수三首 3의 협음 "宮·蓉·逢"; 한유韓愈 『증서주족질贈徐州族姪』의 협음 "中·蓬·窮·充·戎·空·悰·宗·工·通·雍"이다. (이들 중 "農·庸·蓉·悰·宗·雍"은 원래 동부冬部에 속함)

입성운도 양성운에 상응하는 변화가 일어났는데, 주로 진일보 합류된 것에서 나타났다. 예를 들면, 두보 『북정北征』의 협음 "吉길·室실·日일·篳필·出출·失실·勿물·切절·惚홀·畢필·瑟슬·血혈·滅멸·窟굴·潏율·裂열·轍철·悅열·栗율·漆칠·實실·拙졸·沒몰·末말·穴혈·骨골·卒졸·物물·髮발·結결·咽열·雪설·襪말·膝슬·折절·褐갈·日일·慄율·列열·櫛즐·抹말·闊활·渴갈·喝갈·聒괄·說설·卒졸·豁활·紇흘·突돌·匹필·決결·疾질·奪탈·拔발·發발·磍갈·殺살·月월·絶절·別별·析석·妲달·

哲철·烈열·活활·闥달·闕궐·缺결·達달"이다. 이런 운자들은『절운』진
섭臻攝의 질운質韻·즐운櫛韻·술운術韻·물운物韻·몰운沒韻·월운月韻과 산
섭山攝의 갈운曷韻·말운末韻·힐운黠韻·할운鎋韻과 설운屑韻·설운薛韻에
속한다. 그러나 모두 [-t]를 미운尾韻으로 한다.

　이처럼 한어 운부체계의 발전은 당말唐末에 이르러 각 부 내부의 일부
한자가 조정되고 변화한 것 외에, 주로는 합류의 추세를 보였다. 즉, 제
량齊梁에서 수당隋唐(중고 전기)까지의 43부에서 만당晚唐(중고 후기)의 32
부로 변하였다.

| 陰聲韻 | | 陽聲韻 | | 入聲韻 | |
|---|---|---|---|---|---|
| 1. 支(脂之微) | i | 11. 眞(諄臻欣) | en | 22. 質(術櫛迄) | et |
| 2. 齊(祭廢) | ei | 12. 痕(魂文) | ən | 23. 沒(物) | ət |
| 3. 魚(虞模) | u | 13. 寒(桓) | ɑn | 24. 曷(末) | ɑt |
| 4. 咍(灰泰) | ɑi | 14 先(仙刪山元) | an | 25. 屑(薛黠鎋月) | at |
| 5. 皆(佳半夬) | ai | 15. 東(冬鍾) | uŋ | 26. 屋(沃燭) | uk |
| 6. 蕭(宵肴) | au | 16. 陽(唐江) | ɑŋ | 27. 鐸 (藥覺) | ak |
| 7. 豪 | ɑi | 17. 耕(庚清青) | eŋ | 28. 錫(陌麥昔) | ek |
| 8. 歌(戈) | o | 18. 蒸(登) | əŋ | 29. 職(德) | ək |
| 9. 麻(佳半) | a | 19. 侵 | əm | 30. 緝 | əp |
| 10. 尤(侯幽) | əu | 20. 談(覃) | ɑm | 31. 合(盍) | ɑp |
| | | 21. 鹽(添咸銜嚴凡)am | | 32. 葉(怗恰狎業乏) | ap |

　이 32부와『광운』에 주석된 "동용同用, 독용獨用"의 규정을 대조하면,
그 차이가 있다는 것을 알 수 있다. 즉, 성당 이후의 율시律詩는 법령의
요구에 비교적 가깝고, 고풍古風이나 고체古體는 비교적 자유롭고 구어의
실제 상황을 더 잘 반영할 수 있었다. 같은 시기 혹은 비교적 이른 자서
字書의 주음注音 역시 아마도 전통 운서의 영향을 받아 비교적 보수적이
었을 것이다. 예를 들면, 안원손顏元孫의『간록자서干祿字書』는 "지지脂之

·제제齊祭·회해灰咍·선선先仙·소소蕭宵·담담談覃·경청庚清·염첨鹽添" 등을 구분하지 않았다. 장삼張參의 『오경문자五經文字』(775)도 마찬가지 다.[17] 그러나 어떤 시인의 용운은 더욱 자유롭거나 범위가 더욱 넓었다. 예를 들면, 이하李賀의 시가 용운은 가과歌戈와 마麻를 동용하였고, 어우 모魚虞模, 회해제태폐灰咍齊泰廢, 지지지미支脂之微, 소소효호蕭宵肴豪를 각 각 동용하였으며, 담담염첨함함엄범談覃鹽添咸銜嚴凡, 한환산산선선寒桓删 山先仙, 진순문흔원혼흔真諄文欣元魂痕, 양당청청陽唐清青, 동동종東冬鍾을 각각 동용하였다.[18] 그러나 돈황변문敦煌變文의 용운은 연구에 근거하여 귀납하면 단지 23부만 있다. 즉, 음성운 7부: 가歌·마麻·해咍·지之·어 魚·우尤·소蕭; 양성운 8부: 동東·양陽·경庚·증蒸·진真·한寒·침侵·담 覃; 입성운 8부: 옥屋·약藥·맥陌·직職·질質·갈曷·집緝·함合이다.[19]

한어 운부의 분화와 합류는 중국 사회의 역사 발전과 일정한 관계가 있는 것이 분명하다. 한당漢唐 양대는 나라가 통일되어, 민족 공통어의 영향이 비교적 컸고, 시인의 용운에 반영되었으며, 운부가 합류의 추세 를 보였다. 그러나 남북조 시대는 나라가 분열되고 각 민족 언어 간에 융합이 일어나, 각 지역의 방언이 각자 발전하였고, 시인의 용운에 반영 되었으며, 운부가 점차 분화하는 추세를 보였다. 상술한 중고 전기의 43 부는 제량齊梁 시대에서 수당隋唐에 이르는 시기의 것으로, 남북조의 이 른 시기, 즉 진송晉宋 시대의 운부는 아마 더 많았을 것이다. 그러나 근 고近古 이후, 한민족 공통어 운부체계는 주로 합류와 간소화 추세를 보 였다.

---

주석

[1] 于海晏(1902~1999, 字 安瀾), 『漢魏六朝韻譜』, 中華書局, 1936. 이는 작 자의 1930년대 燕京大學 대학원 논문임.

[2] [4] 羅常培·周祖謨, 『漢魏晋南北朝韻部演變研究』(第一分册), 科學出版社, 1958.

[3] [6] [8] 王力, 『漢語語音史』卷上 제2장 "漢代音系", 商務印書館, 2008.

[5] 邵榮芬, 「古韻魚侯兩部在前漢時期的分合」, 『中國語言學報』 제1기, 1982. ; 「古韻魚侯兩部在後漢時期的演變」, 『中國語文』, 1982:6.

[7] 裘錫圭, 「古文字資料對古漢語研究的重要性」, 『中國語文』 1979:6.

[9] 丁邦新, 「魏晋音韻研究」, 史語所 專刊 65, 1975 참조. 丁邦新은 위진음을 37부로 나누었음; 周祖謨, 「魏晋宋時期詩文韻部的演變」, 『問學集』(上), 中華書局, 1985 ; 周祖謨는 양진음(兩晉音)을 39부로 나누었음.

[10] 王力, 『漢語史稿』(上) 제2장 제13~15절, 中華書局, 2004 참조.

[11] 蘇培成, 『現代漢字學綱要』(增訂本), 北京大學出版社, 2001 참조.

[12] 師爲公·郭力, 「沈佺期·宋之問詩歌用韻考」, 『蘇州鐵道師範學院學報』, 1987:2.

[13] [16] 張世禄, 「杜甫與詩韻」, 『張世禄語言學論文集』, 學林出版社, 1984 참조.

[14] 荀春榮, 「韓愈詩歌用韻」, 『語言學論叢』 제9집, 1982 참조.

[15] 黃淬伯, 「慧琳一切經音義反切考」, 中央研究院歷史語所 專刊 8, 1931 참조.

[17] 邵榮芬, 「『五經文字』的直音和反切」, 『中國語文』 1964:4 참조.

[18] 萬西康, 「從李賀詩歌用韻看中唐語音的演變」, 『杭州師專學報』 1984:2 참조.

[19] 周大璞, 「『敦煌變文』用韻考」(一)(二)(三), 『武漢大學學報』(社會科學版) 1979:3~5 참조.

**주요 참고문헌**

王力, 『南北朝詩人用韻考』, 山西人民出版社, 2014.

羅常培·周祖謨, 『漢魏晋南北朝韻部演變研究』(第一分册), 科學出版社, 1958.

丁邦新, 「魏晋音韻研究」, 史語所 專刊 65, 1975.

李榮, 『隋韻譜』, 『音韻存稿』, 商務印書館, 1982.

張世禄, 「杜甫與詩韻」, 『復旦大學學報』, 1962:1.

鮑明煒, 『唐代詩文韻部研究』, 江蘇古籍出版社, 1990.

## 4 중고 성조체계의 변천

상고의 성조에 관하여, 청조 초기 이후부터 학자들은 서로 다른 견해를 갖고 있지만, 대부분 상고 한어에 성조가 있다는 것에 동의한다. 우리는 상고에 평平·상上·거去·장입長入·단입短入의 5성이 있다고 주장한다.[1] 입성의 두 종류는 음 길이의 차이이며, 음의 높이로 보면, 사실상 4성이다. 왕력 선생은 상고에 평·입 2개 성조가 있고, 또 각각 장단의 2개 성조로 나뉘어 실제 또한 4개 성조이며, 성조의 성질이 다른 것일 뿐이라 하였다. 중고 시기 한족 공통어의 성조에 대해서는 『절운』계열 운서가 기록한 평·상·거·입 4성이다. 이는 의심할 바 없고, 이의異議도 없다. 따라서 상고의 5성에서 중고의 4성에 이르기까지는 조류調類의 변천이 아니라 한자 소속의 차이이다. 다시 말하면, 상고에서 중고에 이르기까지 한어 성조의 변화는 주로 일부 한자의 귀속 차이, 즉 어떤 한자를 어떤 성조로 읽는가에 대해 중고와 상고의 차이가 있으나, 전체 성조 분류 체계는 어떤 큰 질적 변화 없이, 모두 평·상·거·입 4성이라는 것이다.

중고 성조 귀속자의 변화는 주로 양성운과 음성운 중의 상·거성자가 많아지고, 입성운자 중의 일부분이 거성으로 변한 것으로 나타난다.

우리는 상고에 상·거성자가 비교적 적다는 것을 알고 있다. 그러나 『절운』에는 상·거성자가 뚜렷하게 증가하였다. 이런 새로 많아진 상·거성자는 어떻게 형성된 것인가?

먼저 중고에서 새로 증가한 상성자를 보자. 이들은 대부분 상고의 평성에서 변화해 온 것이다. 예를 들면, "爽·頼·享·朗·饗·往·遑·頸·遁·泯·閔·引·寢·怠·靡·斐·左" 등 자는 선진先秦 양한兩漢 시기에는 모두 평성으로 읽었다. 예를 들면, "享" 자는 『시경詩經·소아小雅·신남산信南山』6장의 "是烝是享, 苾苾芬芬, 祀事孔明。先祖是皇, 報以介

福, 萬壽無疆."에서 평성자 "明·皇·疆"과 서로 압운된다. 또한 동한 마융馬融 『광성송廣成頌』의 협음 "荒·享·王"에서 평성자 "荒·王"은 서로 압운되며, 삼국 위魏 나라 시기까지도 여전히 평성으로 읽었다. 예를 들면, 조식曹植 『문제뢰文帝誄』의 협음 "嘗·璋·常·鍠·鏘·享·祥·康·光·綱·當·張·揚·翔·匡"이다. 진송晉宋 이후, "享" 등 자는 점차 상성으로 변하였다. 예를 들면, 반악潘岳 『한거부閑居賦』의 협음 ""往·朗"; 심약沈約 『성아誠雅』의 협음 "慌(呼晃切)·荡·想·象·仰·敞·享·象"이다. 왕력 선생은 이런 유형의 한자들이 상고에는 단평短平에 속한다고 주장하였다.[2]

거성자去聲字는 중고에 더 많이 증가하였다. 상고 한어의 거성은 비록 이미 형성되었으나, 소속된 자가 매우 적었다. 어떤 운부는 평성과 상성만 있고, 거성자가 전혀 없었다. 이에 근거하여, 단옥재는 "고무거성古無去聲"설을 제기하였다. 그러나 『절운』에는 거의 모든 음성운과 양성운에 거성자가 있다. 중고 한어에서 대량으로 증가한 거성자는 그 원천을 거슬러보면 주로 다음과 같은 세 가지가 있다.

첫째, 평성에서 전환되어 온 것이다. 예를 들면, "震·訊·信·運·翰·汗·憲·患·嘆·控·誦·狀·愴·定·慶·竟·勝·應·化·配"(대부분 양성운자임) 등이 있다.(예로, 『시경·왕풍王風·중곡유퇴中谷有蓷』 1장의 "中谷有蓷, 嘆其乾矣; 有女仳離, 嘅其嘆矣。嘅其嘆矣, 遇人之艱難矣。", 그리고 『대아大雅·황의皇矣』 3장의 "維此王季, 因心則友。則友其兄, 則篤其慶。載錫之光, 受祿無喪, 奄有四方。") 그 중에서 일부 한자 예를 들면, "嘆·汗·翰·患·震" 등은 진송 시대에 이르기까지도 여전히 평성으로 많이 읽었다. 예로, 반악潘岳 『협실부狹室賦』의 협음 "難·患·寒·嘆", 좌사左思 『오도부吳都賦』의 협음 "震·欣·臣·陳"이다. 송제宋齊 이후, 이런 한자는 거성으로 변하였는데, 그 예로는 사조謝朓 『시연곡수侍宴曲水』 시의 협음 "震·潤·盡·鎭", 강엄江淹 『학량왕도원부學梁王菟園

賦』의 협음 "亂·嘆·半" 등이 있다.

둘째, 중고에 일부 거성자는 상고의 상성에서 변해 온 것이다. 예를 들면 "又(右)·忌·顧·怒·愬·下·據·報·孝·狩·究·秀·麗·濟" 등 자는 원래 상성이었다. 예로,『시경·소아·상상자화裳裳者華』 4장의 "右之右之, 君子有之。維其有之, 是以似之。",『패풍邶風·개풍凱風』 3장의 "爰有寒泉, 在浚之下。有子七人, 母氏勞苦。",『패풍邶風·곡풍谷風』 1장의 "習習谷風, 以陰以雨。黽勉同心, 不宜有怒。采葑采菲, 無以下體。德音莫違, 及爾同死。", 그리고『초사楚辭·구가九歌·국상國殤』 중의 "霾兩輪兮縶四馬, 援玉枹擊鳴鼓。 天時墜兮威靈怒, 嚴殺盡兮棄原野。"가 있다. 이들 중, "右·下·怒" 등 자는 한대 이후부터 점차 거성으로 읽게 되었다. 또 "麗"자를 예로 들면, 서한 이전에는 가부歌部 상성에 속하였다. 예로, 사마상司馬相『대인부大人賦』의 협음 "麗·倚", 양웅揚雄『우렵부羽獵賦』의 협음 "麗·靡"이다. 동한 시기에는 지부支部로 전입되고, 상성과 거성 두 가지 독음이 있었다. 반고班固『동도부東都賦』의 협음 "麗·侈"는 상성으로 읽고, 무명씨『양맹문석문송楊孟文石門頌』의 협음 "易·(歸)·麗"는 거성으로 읽는다. 진송晉宋 이후에는 완전히 거성으로 전환되었다. 예를 들면, 강엄江淹『상우인부傷友人賦』의 협음 "桂·替·麗"이다.『切韻』에서는 거성 제운霽韻에 귀속되었다. 또 예를 들면, "濟"자는 상고에는 상성으로 발음하였다. 예로,『시경·대아·한록旱麓』 중의 "瞻彼旱麓, 榛楛濟濟。豈弟君子, 干禄豈弟。"이다. 동한 때부터 거성의 독음이 시작되었으나, 진송晉宋에 이르러서도 여전히 주로 상성으로 발음하였다. 제량齊梁 이후부터 거성으로의 발음이 점점 더 많아졌으나, 제량 시대에도 여전히 상성으로 독음되는 것이 있었다. 예로, 구지丘遲『구일시연九日侍宴』시의 협음 "醴·槳·濟"이다.『절운』에서는 "濟"자가 일반적으로 거성으로 발음되고, 제운霽韻에 속하며, 子計切로, "渡也, 定也, 止也, 又卦名, 既濟"라는 의미를 갖는데(『광운』에 근거), "渡水·渡口·

流通·成功·救助·增益·停止"등의 의미에 많이 사용되었다. 그러나 강의 이름으로 사용될 때는 상성 제운齊韻에 속하고, 子禮切이다. 오늘의 "제남濟南·제수濟水"는 여전히 상성 "jǐ"로 발음한다. "濟(jǐ)水 강이름"와 "濟(jì)水 渡河, 강을 건너다"는 어휘의 의미가 다르고 품사도 다르다.

셋째, 더 많은 거성자는 입성에서 전환되어 온 것이다. 예를 들면, "替·歷·帶·歲·至·季·棄·外·逝·邁·惠·敗·愛·艾·渭·貴·世·位·衛·對·內·利·害"등이다. 이 중 "替체"자는 동한 이전에는 질부質部에 속하였다. 장형張衡『동경부東京賦』의 협음 "結결·節절·替체·譎휼·秩질"이 그 예다. 진송 이후에는 변하여 거성으로 읽게 되었는데, 강엄江淹『상우인부傷友人賦』의 협음 "桂·替·麗"는『절운』에서는 거성 제운齊韻에 귀속되었다.『절운』중의 "祭·泰·夬·廢" 네 개 거성운자는 상고에 기본적으로 입성으로 읽고, 월부月部에 속하였다. 예를 들면,『시경·빈풍豳風·칠월』1장의 협음 "發발·烈렬·褐갈·歲세",『소아·정월』8장의 협음 "結결·厲려·滅멸·威혈",『요아蓼莪』5장의 협음 "烈렬·發발·害해",『차할車舝』1장의 협음 "舝할·逝서·渴갈·括괄",『대아·탕蕩』8장의 협음 "揭갈·害해·拔발·世세", 그리고『증민烝民』3장의 협음 "舌설·外외·發발"등이다. 제량 시대에 이르기까지 이런 한자들은 여전히 입성자와 흔히 압운하였다. 예를 들면, 범엽范曄『후한서後漢書·영무기찬靈武紀贊』의 협음 "孼얼·缺결·衛위",『장조정전찬張曹鄭傳贊』의 협음 "世세·祭제·缺결·輟철"이 있다. 강엄江淹『손면묘명孫緬墓銘』의 협음 "衛위·世세·烈렬·節절·藝예·轍철·缺결·喆철·結결·閉폐·戚척", 사장謝莊『월부月賦』의 협음 "末말·脫탈·瀨뢰·藹애"이다. 이들이 거성으로 전환한 것은 중고 후기이다.『절운』계열 운서에서 이 네 운의 지위는 비교적 특수하여 모두 대응하는 평성과 상성이 없는데, 이는 바로 이들이 비교적 늦게 변하였기 때문이다.『절운』의 서序에는 "秦隴去聲爲入산서·감숙 일대는 거성이 입성이다"라고 하여, 당시 방언에서는 아직 거성으로 전환되지 않고, 여전히 입성의 독음을 유지하였다는 것을 알 수 있다.

많은 한자는 음이 두 개 심지어 세 개, 네 개가 있다. 이런 현상은 대부분 한위漢魏 이후에 형성된 것이다. 예를 들면, "衣·妻·看·望·勝·思·文" 등 자는 평성과 거성의 두 가지 독음이 있고, "語·去·上·下·舍·走·子" 등은 상성과 거성의 두 가지 독음이, "射·食·易·畫·識·惡·宿·暴·溺·契·害" 등은 거성과 입성의 두 가지 독음이 있다. 어떤 이독異讀은 성모 혹은 운모가 다른 것도 있다. 예를 들면, "射사" 자는 입성 羊益切로, 의미는 "厭也싫다" 또는 "십이율十二律의 하나"이고, 유모喻母 석운昔韻으로 지금은 yì로 읽는다. ; 그리고 다른 음은 거성 神夜切로, "射弓也활을 쏘다"라는 의미가 있고, 선모船母 마운禡韻으로, 지금은 shè로 읽는다. 이 글자는 또 하나의 독음이 있다. 즉, 거성 羊謝切로, 관명官名 "僕射복사"에 사용되고, 유모喻母 마운禡韻으로 지금은 yè로 읽는다. 『절운』—『광운』 계열의 운서에 일반적으로 모두 기록이 있는데, 어떤 것은 『집운』에서만 볼 수 있다. 예를 들면, "子"는 『광운』에는 오직 상성 即裏切 한 가지 독음이 있고, 『집운』에는 상성 祖似切과 거성 將吏切 두 가지 독음이 있다. 고적古籍에도 일반적으로 반영되어 있다. 예를 들면, "走" 자는 『광운』 상성 후운厚韻 子苟切, 의미는 "趨也나아가다"이며, 또 다른 음은 거성 후운候韻 則候切로, "『釋名』曰 '疾趨빨리 나아감"에서 볼 수 있다. 『한서漢書·고제기상高帝紀上』 "從間道走軍샛길로 행군하다"의 안사고顏師古 주해에는 "복건이 말하기를: '走주 음은 奏주'…… 사고師古가 말하기를, ……走는 나아가다를 일컬음이다.服虔曰：'走音奏', …… 師古曰, ……走謂趨向也."라고 하였다. 이 중의 거성 독음은 대부분 나중에 나타난 것이다. 고서에는 "如字"(本讀)와 "파독破讀"(讀破)의 차이가 있다. 청대 초기 이후, 일부 학자들, 예로 고염무顧炎武 등은 이런 "파독"이 육조六朝 경사經師들의 "妄生分別멋대로 구별"이라고 여겼다. 그들은 언어가 사회현상이라는 것을 몰랐고, 이것이 언어 역사 변화의 결과이고, 어휘 의미의 변천과 품사 분화의 수요에 적응하여 일어난 어음의 변화라는 것을 인식하지 못하였다. "파독"은 사실상 어휘를 구사하는 수단, 즉 변조구사법變調構詞法으로, 쌍성雙聲·첩운疊韻 구사와 동일한 성격을 지닌다.

상술한 상성과 거성자가 대량으로 증가한 것을 보면, 상고에서 중고의 성조 변화도 아주 크다. 중고 이후 많은 거성자가 입성에서 분화하여 나왔고, 입성운과 음성운의 관계도 점차 멀어졌다. 시가 운문에서 거성과 입성의 통압通押이 극히 드물고, 음성·양성·입성 세 운류의 구분도 더욱 뚜렷해졌다. 동시에 입성 운미와 양성 운미가 발음 부위가 같음으로 인해 양·입성운의 배합도 더욱 정돈되었다. 즉, -n:-t, -ŋ:-k, -m:-p의 이런 체계적인 전환은 한어 어음체계가 상고에서 중고에 이르기까지 질적 변화가 있었다는 것을 보여주었다.

**주석**

[1] 唐作藩, 『上古漢語有五聲説』, 『語言學論叢』, 제33집, 商務印書館.
[2] 王力, 『漢語史稿』 제2장 제16절 "上古聲調的發展", 中華書局.


**주요참고문헌**

賴維勤(Raitsu tomu), 「論漢語聲調的發展歷史」, 『論上古音』, 日本 『世界大百科事典·言語篇』, 平凡社 참조.
周祖謨, 「四聲別義釋例」, 『問學集』 上冊, 中華書局, 1966.
唐作藩, 「破讀音的處理問題」, 『辭書研究』 제2집, 1979.
孫玉文, 『漢語變調構詞研究』, 北京大學出版社, 2001.

제**4**장
# 중고에서 근고까지
# 한어 어음체계의 발전

 『중원음운』과 근고 한어의 어음체계

## 1.1 근고 어음 연구의 근거

근고近古시기는 송대에서 청말(기원 10세기~19세기)까지로, 약 천 년에 가까운데, 비교적 긴 기간이기도 하다. 분열한 당말唐末 오대와, 송宋 왕조의 통일을 거쳐, 다시 송宋과 요遼·금金의 대치가 시작되었다. 원대元代도 전쟁이 끊이지 않는 불안정한 시대였다. 명明·청清 두 왕조는 비교적 안정적이고, 자본주의가 싹트기 시작하였다. 그러나 완고한 봉건 통치로 인해 중국 사회는 자본주의로 발전하지 않았다. 그 후, 제국주의의 침입으로 인해, 중국은 반봉건 반식민지 사회로 전락하였다. 이러한 사회 역사의 발전은 한어의 신속한 변화 발전을 끊임없이 촉진하였다. 중고에서 근고에 이르기까지 한어 어음체계의 변화도 아주 컸고, 성모·운모 혹은 성조를 불문하고 모두 뚜렷한 변화가 일어났다.

이 시기의 어음 변화를 반영하는 자료도 풍부하고 다양하여, 운문 외에, 다량의 운서·운도韻圖 및 대음對音 자료 등이 있다.

운문으로는 송사宋詞·원곡元曲·명전기明傳奇, 그리고 명청明淸의 탄사彈詞·고사鼓詞와 민가民歌 등이 있다. 그리고 송시宋詩·원시元詩의 용운도 소홀히 할 수 없다.

운서로는 예로, 북송北宋 정도丁度의 『집운集韻』(1039), 금金 한도소韓道昭의 『오음집운五音集韻』(1208~1211), 금 왕문욱王文郁의 『평수운략平水韻略』(1227), 남송南宋 유연劉淵의 『임자신간예부운략壬子新刊禮部韻略』(1252), 원元 황공소黃公紹의 『고금운회古今韻會』(1292)와 웅충熊忠의 『고금운회거요古今韻會舉要』(1297), 원元 주덕청周德淸의 『중원음운中原音韻』(1324), 무명씨 『중원아음中原雅音』(장보보章輔의 『운학집성韻學集成』(1398~1460)을 보라), 탁종지卓從之의 『중주악부음운류편中州樂府音韻類編』(『중주음운中州音韻』으로 약칭, 일명 『북강운류北腔韻類』(1351)), 명明 악소봉樂韶鳳·송렴宋濂의 『홍무정운洪武正韻』(1374), 난정수蘭廷秀의 『운략이통韻略易通』(1442), 진탁陳鐸의 『녹비헌사림운석菉斐軒詞林韻釋』(1483), 왕문벽王文璧의 『중주음운中州音韻』(1499~1503), 왕려王荔의 『정음군언正音捃言』(16세기 초), 필공진畢拱辰의 『운략회통韻略匯通』(1642), 청淸 조소기趙紹箕의 『졸암운오拙菴韻悟』(1674), 심승린沈乘麐의 『곡운려주曲韻驪珠』(1746)와 이여진李汝珍의 『이씨음감李氏音鑑』(1810) 등이 있다.

운도로는 송대宋代 소옹邵雍의 『황극경세·성음창화도皇極經世·聲音倡和圖』·『노종매절운법盧宗邁切韻法』(1179)·『절운지장도切韻指掌圖』(1230년 이전)·『사성등자四聲等子』(송말·원초)·원元 유감劉鑑 『경사정음절운지남經史正音切韻指南』(1336)·명明 상소량桑紹良 『청교잡저青郊雜著』(1543)·서효徐孝 『중정사마온공등운도경重訂司馬溫公等韻圖經』(1602)·교중화喬中和 『원운보元韻譜』(1611)·여곤呂坤 『교태운交泰韻』(1613)·청淸 번등봉樊騰鳳 『오방원음五方元音』(1654~1673)·아마리제阿摩利諦 등 『삼교경서문자근본三教經書文字根本』(1699~1702)·도사덕都四德 『황종통운黃鍾通韻』(1744)·화장경華長卿 『운뢰韻籟』(1824~1854)·유은裕恩 『음운봉원音韻逢源』(1840) 등이 있다.

대음對音 자료로는 주로 원대元代 파스파문자와 한자대음(이는 원元 국사國師 파스파가 티베트 문체를 모방하여 제작한 것으로, 한어의 음을 표기하기 위해 사용한 일종의 병음방안, 1308년에 주종문朱宗文이 교정한 『몽고자운蒙古字韻』에서 보임), 명대 언문諺文과 한자대음(이는 조선 정인지鄭麟趾·신숙주申叔舟 등이 1444년에 창제하고, 1446년에 공포한 『훈민정음訓民正音』, 『노걸대언문주음老乞大諺文注音』과 『박통사언해朴通事諺解』에서 보임), 청대 만문滿文과 한자대음, 예를 들면 프랑스인 장성張誠, J.F.Gerbilbon(1654~1707)의 『만문자전滿文字典』, 이광지李光地 등의 『음운천미音韻闡微』(만문 12자두字頭를 이용하여 반절反切을 개량, "합성반절법合聲反切法"이라 함(1726)), 무명씨 『원음정고圓音正考』(1743) 등이 있다. 이외에 이탈리아인 트리고 N. Trigault(1577~1629), 金尼閣의 『서유이목자西儒耳目資』(제1부는 로마자모로 당시 북방 어음계를 기록한 저작)(1626)[1], 영국인 모리슨 Robert Morrison(1792~1834), 馬禮遜 『오차운부五車韻府』(1815~1823), 영국인 웨이드 T. F. Wade(1818~1895), 威妥瑪 『어언자이집語言自邇集』(1867) 등이 있다.

이 시기는 기간이 비교적 길고 자료가 많으므로, 우리도 두 단계를 나누어 토론할 수 있다. 제1 단계는 『중원음운』을 대표로 하여, 중고에서 근고까지 한어 어음의 발전을 토론하고, 제2 단계는 서효徐孝의 『중정사마온공등운도경』을 대표로 하여, 근고에서 현대 한어 어음체계로 어떻게 넘어갔는지를 고찰하기로 한다.

## 1.2 『중원음운』의 어음체계

### 1.2.1 『중원음운』의 저자와 체제

『중원음운中原音韻』은 원대元代에 새로 만들어진 운서韻書이다. 저자는 주덕청周德清, 자 일담日湛, 호 정재挺齋, 서주瑞州 고안하당高安瑕堂(지금의 강서성 江西省 고안高安 양허향楊墟鄉 노옥촌老屋村) 사람으로[2], 음운학자이자 시인이며, 작사 작곡에 능하였다.

『중원음운』의 내용은 "운보韻譜"와 "정어작사기례正語作詞起例" 두 부분을 포함한다. 후자는 작곡 방법, 곡의 격률格律(곡보曲譜)·용운 및 평측平仄)과 일부 어음의 문제를 토론하였다. 운보의 체제(편성 방식)는 『광운』계 운서와는 뚜렷한 차이가 있다. 『광운』은 사성(평·상·거·입)을 기본 틀로 하여 5권으로 나누었으며, 그 어음체계는 반절에 의탁하였다. 그러나 『중원음운』은 반절을 주석하지 않았고, 그 어음체계는 운보韻譜에서 반영되었다. 운보는 운부韻部를 기본 틀로 하고 권을 나누지 않았으며, 총 19개 운부로 나누어진다. 즉, 東鍾·江陽·支思·齊微·魚模·皆來·真文·寒山·桓歡·先天·蕭豪·歌戈·家麻·車遮·庚青·尤侯·侵尋·監咸·廉纖이다. 각 운부는 또 4성(평성음·평성양·상성·거성)에 따라 글자를 수록하였고, 같은 성조의 글자는 또 성모 혹은 운모의 차이에 따라 배열되었으며 작은 원으로 경계를 나누었다. 각각의 원 아래 글자들은 같은 음을 가진 글자 그룹이다. 즉 소위 "매 원이 하나의 음每空是一音"이다. 책 전체에는 총 5866자가 수록되었는데, 총 1586개의 원이 있어 1586개 음절에 해당된다. 그러나 중복된 원이 136개가 있어, 사실상 1540개 음절이 있다.[3] 수록된 글자에 어떤 것은 우독又讀(다음자多音字) 되는 것이 있어, 실제 5443자가 된다. 그 중 160여 개 글자는 『광운』에서 찾을 수 없다. 예를 들면, "怎·您·瞅·耍·捱·擓·搭·瞧·趄……"이다. 수록된 글자가 많지 않고, 주석을 첨가하지 않았으므로, 『광운』에 비해 편폭이 많이 적지만, 한어 어음사 연구에 있어 그 역할은 『광운』계 운서에 비해 결코 뒤지지 않는다.

### 1.2.2 『중원음운』의 연구방법

『중원음운』의 음계를 연구하는 방법은 『광운』계 운서를 연구하는 것과 다르다. 『광운』의 성운체계를 고찰할 때는 주로 한자의 반절 상하자와의 관계를 이용하여 연계를 맺는, 즉 진례陳澧가 창안한 계련법系聯法이다. 그러나 『중원음운』은 반절을 주석하지 않았으므로, 그 음계를 고찰하려면 다른 방법을 찾아야 했다. 나상배羅常培 선생은 저작 『중원음운성류고中原音韻聲類考』[4]에서 처음으로 귀납법을 제기하였다. 즉, 전통 36자모와 『광운』 206운의 운목韻目으로 『중원음운』 "운보韻譜" 중에 있는 동음자同音字 그룹의 모든 한자 성모와 운모를 표기하여, 만약 한 개 그룹의 한자음에 두 개 혹은 두 개 이상의 자모 혹은 운목을 포함한다면, 이것은 그들이 『중원음운』에서 이미 한 개의 성모 혹은 운모로 합병되었다는 것을 증명한다. 동종부東鍾部를 예로 들면 다음과 같다.

平聲陰 ○鍾鐘(照三, 鍾韻) 中忠衷(知母·東韻三等) 終(照三·東三), ○通蓪(透母·東一), ○松(邪母·鍾三) 嵩(心母·東三), (○翀种(澄母·東三) 充(穿三·東三) 衝㠉𪃦(穿三·鍾韻) 舂摏(審三·鍾韻) 忡(徹母·東三) …… ;

平聲陽 ○同筒銅桐峒童僮瞳瞳𦨕潼(定母·東一) 𥤗(定母·冬韻), …… ○重(澄母·鍾韻) 蟲(澄母·東三) 慵鱅(禪母·鍾韻) 崇(床二·東三) …… ;

上聲 ○董懂(端母·東一), ○腫踵種(照三·鍾韻) 冢(知母·鍾韻), ○孔(溪母·東一) 恐(溪母·鍾韻)…… ;

去聲 ○衆(照三·送韻) 中(知母·送韻) 仲(澄母·送韻) 重(澄母·腫韻) 種(照三·用韻), ○洞(定母·送韻) 動(定母·董韻) 棟凍崬(端母·送韻), ○貢(見母·送韻) 共(群母·用韻) 供(見母·用韻)……

이 중에서, 음평성과 상성의 조건에서는 조삼照三과 지모知母가 합병하였고, 징모澄母와 천삼穿三·철모徹母 및 일부 심모審母가 합병하였으며; 양평성의 조건에서는 징모澄母와 선모禪母·상이床二가 합병하였고; 거성의 조건에서는 징모澄母와 조삼照三이, 정모定母와 단모端母가, 군모群母와 견모見母가 합병하였음을 알 수 있다. 나상배 선생은 이 방법을 창안하여

『중원음운』에 20개 성모가 있다는 것을 고증하였다. 조음당趙蔭棠 선생은 이 방법으로 『중원음운』의 운모체계를 고증하고 수정하였다.[5]

영계복甯繼福 교수는 저작 『중원음운표고中原音韻表稿』[6]에서 내부 논증법을 제기하였다. 그는 『중원음운』 "정어작사기례正語作詞起例"의 설명, 즉 "한 음운 내의 매 동그라미마다 한 개 음으로 하여, 쉽게 식별되는 글자를 첫머리에 두고, 첫 글자에 따라 발음하며, 따로 절각切脚을 두지 않는다."에 근거하고, 아울러 현대 음위학音位學의 원리를 운용하여 각 운부 아래의 동음자 그룹을 분석하여, 거기에 얼마나 많은 다른 종류가 있는지를 확정하고, 어떤 것들이 성모가 다른지 어떤 것들이 운모가 다른지를 분별하였다. 이것 또한 36자모와 『광운』의 음계를 비교할 필요가 있다. 예를 들면, 강양江陽 운부 중에서, 같은 평성음 혹은 평성양에, 같은 성모(見/溪/匣)의 글자가 각각 세 개의 소운小韻: 岡/姜/光, 康/腔/匡, 杭/降/黃……을 구성한다. 즉 이로 미루어 "岡康杭"의 운모는 [aŋ], "姜腔降"의 운모는 [iaŋ], "光匡黃"의 운모는 [uaŋ]이라는 것을 알 수 있다. 성모 "見·溪·匣"의 『중원음운』 내 실제 음가音價에 대해서는 비교를 통하여 추측할 수 있다.

### 1.2.3 『중원음운』의 성운조聲韻調 체계

연구자의 방법이 다르면 그 결론도 일반적으로 같지 않다. 설령 방법이 같다고 할지라도 그 결론이 꼭 일치하지는 않는다. 예를 들면, 『중원음운』의 성모체계에 대해 나상배는 20개, 왕력은 24개가 있다[7]고 주장하였고, 양내사楊耐思, 이신괴李新魁·진신웅陳新雄·설봉생薛鳳生은 모두 21개가 있다[8]고 주장하였으며, 녕계복은 21개 혹은 25개 있다고 주장하였다. 우리는 25개 있다는 것에 동의하는데, 이는 다음과 같다.

| 唇音 | 幫[p] | 滂[pʻ] | 明[m] | 非[f] | 微[v] |
|------|-------|--------|-------|-------|-------|
| 舌音 | 端[t] | 透[tʻ] | 泥[n] | | 來[l] |
| 齒音 | 精[ts] | 清[tsʻ] | | 心[s] | |
| | 知[tʃ] | 痴[tʃʻ] | | 十[ʃ] | 日[ʒ] |
| | 之[tʂ] | 齒[tʂʻ] | | 詩[ʂ] | 兒[ʐ] |
| 牙音 | 見[k] | 溪[kʻ] | 疑[ŋ] | 曉[x] | |
| 喉音 | 影[ø] | | | | |

『중원음운』의 19개 운부에 몇 개의 운모가 포함되어 있는지에 대해 학자들의 의견 역시 일치하지 않는다. 우리는 다음과 같이 47개 운모가 있다고 여기고 있다.

|  |  |  |  |  |  |
|--|--|--|--|--|--|
| 1. 東種 | | | uŋ | iuŋ | |
| 2. 江陽 | aŋ | iaŋ | uaŋ | | |
| 3. 支思 | ɿ · ʅ | | | | |
| 4. 齊微 | ei | i | uei | | |
| 5. 魚模 | | | u | iu | |
| 6. 皆來 | ai | iai | uai | | |
| 7. 真文 | ən | iən | uən | iuən | |
| 8. 寒山 | an | ian | uan | iuan | |
| 9. 桓歡 | on | | | | |
| 10. 先天 | | ien | | iuen | |
| 11. 蕭豪 | au | iau / ieu | | | |
| 12. 歌戈 | o | io | uo | | |
| 13. 家麻 | a | ia | ua | | |
| 14. 車遮 | | ie | | iue | |
| 15. 庚青 | eŋ | ieŋ | ueŋ | iueŋ | |
| 16. 尤侯 | əu | iəu | | | |
| 17. 侵尋 | əm | iəm | | | |
| 18. 監咸 | am | iam | | | |
| 19. 廉纖 | | iem | | | |

『중원음운』의 성조체계는 평성음·평성양·상성·거성, 즉 음평·양평·상성·거성의 네 종류가 있다. 주덕청은 책 서언에서 "글자는 음양의 구별이 있는데, 음양의 글자는 평성에 있으며, 상·거성에는 없다. 상·거는 각각 하나의 성조로 그치며, 평성만이 두 개의 성조를 지닌다."라고 하였고, 그 「정어작사기례正語作詞起例」에서는 "평·상·거·입 4성은, 『(중원)음운』에는 입성이 없고, 평·상·거 세 개 성조에 나누어 들어갔다. 선배들의 걸작 중에 명확하게 기록하였으나, 이를 모아 놓는 사람은 없었다. 이제 여기에 같은 음을 모아 놓으니, 혹여 타당치 않은 것이 있으면, 여러분들이 지적해주기 바란다."고 하였다. 그리고 또 말하기를 "입성이 평·상·거 세 성조에 나누어 들어가, 폭넓게 압운되어 작사에 쓰이게 되었다. 그러나 말하는 중에는 아직 입성의 구별이 있었다."고 했다. 따라서 여러 학자들은 『중원음운』에 여전히 입성이 존재하는지에 대해 아직도 다른 견해를 갖고 있다. 우리는 주덕청의 구어(고안高安 방언)에, 심지어 당시 일부 북방 방언에는 여전히 입성이 보존되었을 것이며, 그 가능성은 크다고 보았다. 그러나 그가 기록한 『중원음운』의 음계는 분명 이미 "무입성無入聲"이었을 것이다.

학자들의 의견에 얼마나 큰 차이가 있는가에 상관없이, 『중원음운』의 성운조 체계가 이미 『광운』과는 많이 다르고, 현대 보통화의 어음체계와 매우 가깝다는 것에는 모두들 인정하였다.


### 1.2.4 『중원음운』의 판본

주덕청은 원元 태정泰定 갑자년甲子年(1324)에 『중원음운』을 완성한 후, 원고를 그의 친구 소존존蕭存存이 보관하게 하였다. 불행하게도 소존존은 일찍이 세상을 떠나 발간하지 못하였다. 주씨는 "일찍이 수십권을 썼는데 세상에 흩어져 있다嘗寫數十本, 散之江湖."고 하였다. 후에 또 수정본을 친구 나종신羅宗信에게 맡겼다. 간행은 원순제元順帝 지정至正 8년(1348) 이전이겠지만, 현재까지도 이런 판본은 발견되지 않았다. 현재 비교적 널리 알려진 비교적 이른 간행본은 명대의 번각본翻刻本과 증정본增訂本 이다. 중국 국가도서관에 소장된 구씨철금동검루장본瞿氏鐵琴銅劍樓藏本은 대략 홍치弘治 원년에서 정덕正德 15년(1488~1521)에 간행된 것이다. 이 외에 명대 정명선程明善이 집록輯錄한 『소여보嘯餘譜』에 수록된 판본(초간 은 명대 만력萬曆 46년(1619))이 있다. 증정본으로는 명대 왕문벽 王文璧 이 편집한 것이 있는데, 약 16세기 초에 이루어졌다. 1960년대 초에, 중 국과학원 철학사회과학부 문학연구소가 새로 발견한 명각본明刻本을 수 집하였는데, 제목이 "正統辛酉冬十二月旴江訥菴書"로 되어 있다. "정 통신유正統辛酉"는 명대 영종英宗 정통正統 6년(1441)이다. 이는 현존하는 가장 이른, 상태가 가장 좋은 판본으로, 육지위陸志韋·양내사楊耐思 선생 의 교정을 거쳐 중화서국이 1978년에 영인본을 출판하였다.

## 1.3 『중원음운』의 성격과 역할

주덕청이 『중원음운』을 편찬할 때, 그 자신은 이 저작의 중요 의미와 나날이 커지는 역할을 완전히 의식하지 못하였다. 그의 목적은 오로지 "작사作詞(즉 희곡戲曲, 구체적으로는 북곡北曲을 가리킴)"의 정음正音을 위한 것"이었다. 주씨는 서론에서 "언어로 악부를 만들려면, 반드시 언어 를 바르게 하여야 한다. 언어를 바르게 하려면, 반드시 중원의 음을 따라 야 한다. 악부의 흥성과 완비와 어려움이 지금보다 더한 때가 없다. 흥성 함이란 사대부에서 민간의 백성에 이르기까지 부르는 자가 아주 많다는 것이다. 그 완비는 관한경關漢卿·정광조鄭光祖·백박白樸·마치원馬致遠의 새로운 작품이 나오면서부터로, 운은 모두 자연의 음을 따랐고, 글자는 천하의 말을 통할 수 있는 것이었다."고 하였다. 여기서 주덕청이 책을 편찬한 목적은 정음正音이고, 그 표준이 "중원지음中原之音"이라는 것을 알 수 있다. 관한경·정광조·백박·마치원의 4대 희곡가의 작품은 이런 "천하의 언어와 통할 수 있는能通天下之語" 중원의 음을 반영하였다. 『중원음운』은 주로 원곡元曲 4대가 작품의 용운을 분석 귀납하여 이루어진 것이다. 이는 전통 운서의 구속을 전혀 받지 않고, 음운학사에 새로운 세상과 새로운 방향과 새로운 길을 제시하였다. 그러나 민국民國 이전의 5~6백 년간, 『중원음운』은 학계에서 줄곧 주목을 받지 못하였다. 사람들은 시를 읊고 가사를 지을 때 "평수운平水韻"을 따랐고, 당시의 현실음 속어를 반영한 『중원음운』을 안중에 두지 않았는데, 이는 일반 대중이 좋아하는 희곡을 무시하는 것과 같았다. 그래서 청대에 편찬된 경經·사史·자子·집集으로 나누어진 『사고전서四庫全書』에서 "경학經學"의 소학류小學類에는 『중원음운』의 지위가 없고, "집集"에 편입되어 사곡류詞曲類에 예속되었다.

그러나 『중원음운』은 분명히 중국 운서사韻書史에 있어 분명 중대한 발전이며, 한 차례의 철저한 개혁이었다. 사람들은 시간이 지날수록 이 점을 점점 인식하게 되었다. 주덕청이 당시 이루어낸 발전과 개혁은 아주 대단한 것이었고, 상당히 큰 용기가 필요한 것이었다.

우리가 아는 바와 같이, 수대隋代의 『절운』 음계는 원래 완전히 한 시기, 한 지역의 음이 아니었다. 수·당·오대의 4백여 년을 거쳐 한어의 어음체계에 지속적인 변화가 일어났고, 구어와 서면어書面語의 차이가 점점 더 벌어졌다. 그런데 송대의 『광운』은 그래도 여전히 4백 년 전의 전통을 고수하려고 했으니, 그 완고함과 보수성은 말할 나위도 없다. 그 원인은 바로 황제가 반포한 것이고, 황제의 성지聖旨였으므로, 그 누구도 감히 대항할 수 없었기 때문이다. 그러나 객관적 사실로 또 다른 한 면이 있다. 원래 『광운』 계열의 운서는 모두 선비·학자들 개인이 편찬한 것으로, 시문 용운의 지도를 목적으로 하였다. 그러나 운서가 출간된 후, 과

거시험의 시험장에서 소위 "과거시험에 붙여 선비를 뽑고, 표준을 살펴 밝히는 것" 외에, 일반 시인들은 모두 이를 지키지 않았다. 그 이유는 "까다롭고 장황하여 고생스럽다"는 것 때문이다. 당초唐初 예부상서禮部尚書 허경종許敬宗이 상서할 때 "합용하기를 아뢰었다"고 하였다. 이것이 운목 아래에 "동용·독용례同用、獨用例"를 주석하기 시작한 기인起因이 되었다. 송대에 이르러 어음에 또 새로운 변화가 일어나게 되니, 이런 "동용同用"을 허락하는 규정도 여전히 문제를 해소할 수 없었다. 그래서 『광운』의 편성(송대, 진종(眞宗), 대중상부(大中祥符) 원년, 즉 1008) 1년 전, 즉 진종 경덕景德 4년부터 『집운』을 찬수纂修하여 인종仁宗 보원寶元 2년(1039)에 완성하였다. 『집운』은 일부 類隔切을 音和切로 바꾸고, 일부 "독용·동용례"를 조정하였다. 예를 들면, 文문·欣흔은 원래 각각 독용하였으나, 『집운』에서는 동용으로 바꿨다. 그러나 206개 운목은 변동시키지 않고, 광운을 그대로 따랐다. 다만 이로부터 『절운』계 운서를 개혁하는 풍조가 시작되었다.

『집운集韻』은 권卷과 질帙이 번거롭고 많은 저작으로 총 10권이 있다. 작가 정도丁度 등은 『집운』의 편찬을 착수할 때, 『예부운략禮部韻略』도 편집하였는데, 이는 실제 『집운』의 요강 혹은 간략히 엮은 것에 해당된다. 송대 인종仁宗 경우景祐 4년(1037)에 편집되고, 착운13窄韻十三을 개정하였으며, 가까운 것끼리 통용하는 것을 허락하였다. 예를 들면, "文吻問物"과 "欣隱焮迄"이 통용되고, "鹽琰艶葉"과 "沾(添)忝㮇(㮇)帖" "嚴儼驗業"이 서로 통용되며, "咸嗛陷洽"과 "銜檻鑒狎" "凡範梵乏"이 통용되고, "隊"와 "代·廢"가 서로 통용되었다. 만약 이 13곳(실제는 35곳)의 통용 예에 기존에 『광운』의 동용·독용 예를 합쳐서 모두 귀납하여 병합한다면, 실제 107운 밖에 안 된다. 송대 이종理宗 순우淳祐 12년(1252)에 강북江北 평수平水 유연劉淵의 저작 『임자신간예부운략壬子新刊禮部韻略』에서는 여러 통용운을 107운으로 통합하였다. 이보다 이른 금金 애종

哀宗 정대正大 6년, 즉 송 이종理宗 소정紹定 2년(1229)에 왕문욱王文郁이 편집한 『평수신간예부운략平水新刊禮部韻略』에서는 이미 106운으로 수정하여 병합하였다. 즉, 蒸(登)의 상성 拯(等)을 청운靑韻의 상성 형운逈韻에 통합하였다. 이것이 바로 그 후 매우 큰 영향력을 미친 "평수운平水韻"(그 중 상평 15운, 하평 15운, 상성 29운, 거성 30운, 입성 17운)이다. "평수운"이 형성되기 21년 전, 금金의 한도소韓道昭가 금의 장종章宗 태화泰和 8년, 즉 송宋 녕종寧宗 가정嘉定 원년(1208)에 편찬한 『개병오음집운改倂五音集韻』은 이미 『광운』의 "동용독용예同用獨用例"를 참고하여 206운을 160운으로 귀납하여 통합하였다. 이는 병운倂韻의 효시가 되었다. 『오음집운』은 동시에 각 운 내의 소운小韻을 "견모見母 아음牙音을 시작으로 하여, 래모來母 자를 끝으로 하는 36자모"의 순서로 다시 배열하였다. 이는 등운학의 내용·방법을 운서에 도입하여, 검색과 식별이 더욱 편리하게 하였다.[10]

"평수운"이 출현한 후, 원대元代 초년에 황공소黃公紹의 저작『고금운회古今韻會』가 지원至元 26년, 즉 1292년 이전에 만들어졌다. 얼마 지나지 않아 웅충熊忠 또한 황공소의 저작을 기초로 삭제 수정하여 『고금운회거요古今韻會擧要』를 원대 성종成宗 대덕大德 원년, 즉 1297년에 완성하였다. 『거요』에서는 여전히 유연劉淵의 "평수운"에 근거하여 107운으로 나누었다. 그러나 그 반절상자로 보면, 의모疑母가 실제 이미 유모喩母와 합류(예로, "尤우"자가 『광운』 羽求切, 『집운』 于求切, 『거요』 疑求切")하였다는 것을 알 수 있다. 그리고 照·穿·床만 있고 知·徹·澄이 없어(예로, "陟"자는 『광운』과 『집운』에서 모두 竹力切이나, 『거요』에서는 質力切에 속함), 이로부터 역시 "知"와 "照"가 이미 합류하였음을 알 수 있다.[11]

이처럼 『집운』에서 『거요』에 이르기까지 모두 송원宋元 시대 한어 어음의 변화 발전 변화를 어느 정도 반영하였다. 그러나 이들은 모두 『절운』 계열 운서를 기반으로 일부 조정과 개혁을 하고, 대부분『광운』 체계를 기계적으로 합병하였을 뿐, 모두 전통 운서의 영향과 속박에서 완전히 벗어나지 못하였다. 개혁이 철저하지 못하면 일종의 개량이라고 할 수 있을 뿐이다. 오로지 14세기 주덕청의『중원음운』이야말로 중국 음운학사에서 철저한 혁신적 저작이라고 말할 수 있다. 앞에서 언급한 바와 같이,『중원음운』은 체재 상에서 뿐만 아니라, 내용 상에서도 인습因襲의 흔적이 없으며, 조금도 전통 운서의 속박을 받지 않았다.『중원음운』은 "중원지음中原之音"이라는 오로지 하나의 기준만 있을 뿐이며, 이는 즉 북방어를 기초로 한 공통어이다. 주덕청은 그의「정어작사기례正語作詞起例」에서 "나는 천하의 도회지에서 민간에 통제通濟 언어를 들은 적이 있다. 옛 것에 얽매이고 오늘의 것을 부정하는, 시대의 변화를 따르지 않는 사람이 아주 많았다. 말을 주고받으며『광운廣韻』을 증거로 인용하면서, 격설聱舌의 불편함을 참을지언정 고칠 생각을 하지 않고, 혼돈의 하루가 길음을 생각하지 못하더니, 어느새 각 지역의 음이 모두 같게 되었다. 위로는 벼슬아치가 나라 다스리는 방법을 강론하고, 국어國語로 번역하고, 국학國學으로 언어를 가르치는 것에서부터, 아래로는 관청에서 백성의 일을 처리하는 데 이르기까지 모두 중원中原의 음이 아닌 것이 없더라.余嘗于天下都會之所, 聞 人間 通濟之言, 世之泥古非今, 不達時變者衆, 呼吸言語之間, 動引『廣韻』爲證, 寧甘受聱舌 之誚而不悔, 亦不思混一日久, 四海同音。上自縉紳講論治道, 及國語翻譯, 國學教授言語, 下至訟庭理民, 莫非中原之音。"고 하였다. 이 말은 주덕청의 철저한 혁명정신을 반영한 동시에 근대 관화官話, 즉 새로운 시기의 한민족漢民族 공통어가 이미 형성되었다는 것을 보여준다. 당시 사회의 여러 교제 장소에서는 이미 모두 이런 공통어 "중원지음"을 표준으로 삼았다.

주덕청은 비록 남방 사람이지만, 그가 편찬한『중원음운』에 기록된 것은 북방어를 기초로 한 공통어의 어음체계였다. 왜냐하면, 그는 북경에서 비교적 오랫동안 생활하였고, 스스로 작곡도 할 수 있었기 때문이다. 특히 이 책이 근거한 것은 당시의 북방 희곡이었고, 더욱이 주로 초기 북곡北曲 사대가인 "關·鄭·白·馬"의 작품이었다. 그는 바로 이런 선배 유명인 작품의 용운을 요약하고, 『중원음운』을 귀납 편성하여 희곡의 창작을 지도하였다. 우리는 원대 북방 희곡이 본래 민간문학을 기반으로 발전한 것으로, 그 내용은 원대의 현실생활을 매우 깊이 있게 반영하였고, 그 언어는 구어에 가장 가까운 것이므로 희곡문학이 폭넓은 일반 대중의 사랑을 받는 것으로 알고 있다. 주덕청의 책은 이런 희곡 언어를 근거로 편찬한 것이었으니, 원대의 살아있는 북방어를 반영한 정도는 미루어 알 수 있다. 따라서 우리는 『중원음운』이 바로 근대 한민족漢民族 공통어의 기초 방언, 즉 북방어 어음체계의 실제 기록임을 인정하는 것이다.

한어漢語의 역사를 보면, 민족 공통어가 발전하는 과정에서, 북방어가 줄곧 주도적 역할을 했고, 시종 그 기초 방언이었음을 나타낸다. 그러나 북방어의 분포는 아주 광범위하여 역사적으로 볼 때 공통어는 항상 어느 한 지역을 중심으로 하였다. 원고遠古에서 중고 말기에 이르기까지, 황하 유역의 중하류 지역, 즉 주로 제남濟南 서쪽과 서안西安 동쪽의 화하華夏 지역은 한어의 중심지대였다. 왜냐하면, 긴 시기에 걸쳐 이 지역은 줄곧 중국 문화·정치의 중심지이었기 때문이다. 그러나 12, 13세기 요·금 이후, 중국의 정치·문화·경제의 역사적 조건이 이전됨에 따라, 한어의 중심지도 북경으로 옮겨졌다.[12] 그 후로부터 북경어의 영향력이 나날이 커지면서 북경어음이 점차 민족 공통어의 표준음이 되었다. 이것이 바로 근대 "관화官話"—현대 보통화의 전신前身이다. 주덕청이 기록한 "천하에 통하는 말通天下之語"의 "중원지음"은 바로 이렇게 형성되어지고, 광범위하게 전파된 표준음이다. 그래서 주덕청의 『중원음운』은 우리가 근고 한민족 공통어를 이해하고 연구하는 대표적 저작이며, 우리가 현대 보통화의 형성과 발전의 역사를 탐구하는 데 중요한 참고가치를 지닌다.

『중원음운』은 획기적인 음운학 저작이다. 그러나 『사고전서총목제요 四庫全書總目提要』는 이 책을 "이후에 변례變例가 나타나고, 일시적 현상에 만 근거하여 천고千古를 배제하니, 심히 혼란스럽다."고 하였고, 전대흔 은 심지어 이 책을 "무지하고 터무니없는 저작"이라고 비판하였다. 그러 나 유희재劉熙載는 『곡개曲槪』에서 "고음에 의거하지 않고, ……영원히 곡 운의 시조가 될 것이라."고 극찬하였다. 『사고전서四庫全書』도 어쩔 수 없 이 "정해진 곡보는 지금에 이르기까지 북곡北曲의 기준이 된다.所定之譜, 則至今爲北曲之準繩"고 인정하였다.

『중원음운』이 이렇게 전통 운서에 대해 철저하게 개혁한 방법은 이후 의 운서에 매우 큰 영향을 미쳤다. 예를 들면, 주권朱權 『경림아운瓊林雅 韻』(1398)과 진탁陳鐸 『사림요운詞林要韻』(1483)은 모두 중원음운을 기반으 로 보충하고 주석한 것이다. 그리고 난무蘭茂 『운략이통韻略易通』(1442)의 분부分部도 기본적으로 『중원음운』에 근거하여, 단지 어모魚模를 거어居魚 와 호모呼模 두 부로 나누어 총 20부로 하였고, 이 외에 당시 북방어의 성모를 조매시早梅詩 한 수로 기록하였다.[13] 필공진畢拱辰의 『운략회통韻 略匯通』(1642) 역시 난서蘭書를 개편하여 만든 것인데, [-m] 미운 운부韻部 를 각각 [-n] 미운 운부에 합병하였다. 이는 바로 『중원음운』이 실제 어 음에 근거하여 심음審音한 영향을 받은 것이다.

물론, 현재 음운학계에서 『중원음운』의 성격 문제와 음계에 입성의 존 재 여부 등 문제에 대해 적지 않은 논쟁과 서로 다른 견해가 있지만, 이 는 아주 정상적인 현상이다.[14]

[1] 이전의 20여 년간, 이탈리아인 마테오 리치(Mateo Ricci, 1552~1610)는 광동(廣東) 및 남창(南昌)·남경(南京) 등 지역에서 선교하였다. 1598년 북경 으로 가는 길에서 라틴 자모 병음을 첨부한 한자 자휘표(字彙表)를 완성하였으나, 책으로 인쇄 출판하지는 않았다. 트리고(N. Trigault, 金尼閣)는 마테오 리치가 별세한 그 해에 중국에 왔다. 전해지는 바에 의하면, 마테오 리치는 1605년에 『서자기적(西字奇迹)』을 저술하였다고 하는데 사실은 잘못 전해진 것이다. 魯國堯, 「明代官話及其基礎方言問題一讀『利馬竇中國札記』」, 『南京大學學報』 제4기, 1985 ; 『魯國堯語言學論文集』, 江蘇教育出版社, 2003 참조.

[2] 『元史』 失傳. 영계복(甯繼福) 선생은 주덕청의 출신에 대해 깊이 조사 연구하여, 그가 1277년에 태어나 1365년에 사망하고, 북송의 이학가(理學家) 주돈이(周敦頤)의 6세손이며, 증조부 때 고안(高安)으로 이주하였다는 것을 밝혔다. 甯繼福, 「周德淸生卒年與中原音韻初刻時間及板本」, 『吉林大學學報』 제2기, 1979 ; 『甯忌浮文集』, 吉林出版社, 2010 참조.

[3] 눌암본(訥庵本)에 근거하여 통계함. 이 책은 명(明) 정통(正統) 6년(1441) 에 간행되고, 육지위(陸志韋)·양내사(楊耐思) 교열, 中華書局, 1978년 영인 출판함.

[4] 『史語所集刊』, 第2本 第4分, 1932; 『羅常培文集』 제7권, 山東教育出版社, 2008

[5] 『中原音韻研究』, 商務印書館, 1936.

[6] 『中原音韻表稿』, 吉林文史出版社, 1985.

[7] 『漢語史稿』 제2장 제17절, 中華書局, 2004.

[8] 楊耐思, 『中原音韻音系』, 中國社會科學出版社, 1981 ; 李新魁, 『中原音韻音系研究』, 中州書畫社, 1983 ; 陳新雄, 『中原音韻概要』, 臺北 : 學海出版社, 1990 ; 薛鳳生, 『中原音韻音位系統』(魯國堯 등 번역), 北京語言學院出版社, 1990.

[9] 平으로 上·去·入을 포함하는 것은 실제 35곳이 있다.

[10] 甯忌浮, 『校訂五音集韻』, 中華書局, 1992 참조.

[11] 花登正宏, 「古今韻會擧要反切考」, 일본 『東方學』 제58집, 昭和 54년 (1979), 즉 1979년. 竺家寧, 『古今韻會擧要的語音系統』, 臺灣學生書局, 1986 ; 甯繼福, 『古今韻會擧要及相關韻書』, 中華書局, 1997.

[12] 원·명·청은 모두 북경을 수도로 정함. 요대(遼代)는 남경을 수도로 정하여 "연경(燕京)"이라 칭하기도 하였다. 금(金) 진원(眞元) 원년, 즉 1153년에 연경으로 천도하여 "중도(中都)"로 개칭하고, 원(元) 지원(至元) 4년, 즉 1267년에 다시 "대도(大都)"로 개칭하였다. 만일 오대(五代) 후진(後晉)(936~946)에 연경을 수도로 정한 것으로부터 계산하면, 지금에 이르기까지 이미 천년이 넘는다.

[13] 早梅詩:"東風破早梅, 向暖一枝開. 冰雪無人見, 春從天上來".

[14] 『中原音韻新論』, 北京大學出版社, 1991; 耿振生 主編, 『近代官話語音研究』, 語文出版社, 2007 참조.

**주요 참고문헌**

趙蔭棠, 『中原音韻研究』, 商務印書館, 1936.

羅常培, 「中原音韻聲類考」, 『史語所集刊』 第2本 第4分, 1932.

陸志韋, 「釋中原音韻」, 『燕京學報』 제31기, 1946.

王力, 『漢語史稿』(上冊), 科學出版社, 1957; 合訂本, 中華書局, 2004.

邵榮芬, 『中原雅音研究』, 山東人民出版社, 1981.

楊耐思, 『中原音韻音系』, 中國社會科學出版社, 1981.

李新魁, 『中原音韻音系研究』, 中州出版社, 1983.

甯繼福, 『中原音韻表稿』, 吉林文史出版社, 1985.

薛鳳生, 『中原音韻音位系統』, 北京語言學院出版社, 1990.

周祖謨 외, 『中原音韻新論』, 北京大學出版社, 1991.

耿振生 主編, 『近代官話語音研究』, 語文出版社, 2007.

## ② 근고 성모체계의 발전

한어의 성모체계는 중고 후기의 34개에서 『중원음운』의 25개 성모에 이르기까지, 수량이 9개 적어졌을 뿐만 아니라, 내용도 매우 큰 변화가 일어났다. 이는 주로 세 가지 면에서 반영된다.

첫째, 한어어음사에서 잘 알려진 전탁全濁 성모의 청음화清音化, 무성음화. 이 문제는 학생들이 "한어음운학" 수업에서 이미 집중적으로 공부한 적이 있어 잘 기억하고 있을 것이다.[1] 여기에서는 더 이상 상세하게 설명하지 않고 간략히 소개한 후, 그 변천 과정에 대해 집중적으로 토론할 것이다.

중고 후기 34성모에서 전탁성모는 어떤 것들이 있는지 기억하고 있는가? 이는 즉 "並병·奉봉·定정·澄징·從종·邪사·床상·禪선·群군·匣갑"의 10개가 있는데, 중고 전기에 비해 "崇母"가 적어지고, "奉母"가 하나 많아져, 36자모 중의 전탁음과 완전히 같다.

전탁성모의 무성음화 규율은 모두 알다시피, 전탁 파열음과 파찰음 성모 평성자가 유기送氣 청음清音, 즉 유기 무성음으로 변하고, 측성자仄聲字가 무기不送氣 청음, 즉 무기 무성음으로 변하며, 전탁 마찰음은 대응하는 무성음으로 변한 것이다. 다음은 그 예다.

(1) 塞音(파열음)·塞擦音(파찰음)

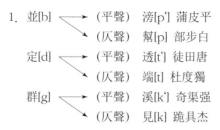

2. 澄[dz] ⟶ （平聲）　痴[tʃʻ] 除長蟲
　　　　　↘（仄聲）　知[tʃ] 丈治軸

　從[dz] ⟶ （平聲）　清[tsʻ] 慈才存
　　　　　↘（仄聲）　精[ts] 在座鑿

　床[dʒ] ⟶ （平聲）　痴[tʃʻ] 鋤床崇
　　　　　↘（仄聲）　知[tʃ] 狀鐲

(2) 擦音(마찰음)

　奉[v] ⟶ （平仄）　非[f] 馮浮房，婦飯伏
　邪[z] ⟶ （平仄）　心[s] 松徐祥，叙誦俗
　匣[ɣ] ⟶ （平仄）　曉[x] 和黃紅，户害活
　禪[z] ⟶ （平聲）　痴[tʃʻ] 仇常承垂[2]
　　　　　　　　　　十[ʃ] 時神誰；市慎孰
　　　　　↘（仄聲）　知[tʃ] 植殖

이 한민족 공통어의 전탁성모 청음화(무성음화) 규율은 현대에 와서 갑자기 실현된 것이 아니라, 하나의 변천 과정이 있었다. 일찍이 600여 년 전, 『중원음운』 음계에는 이미 완전히 전탁성모가 없어졌다. 왜냐하면, 『중원음운』의 "운보韻譜"에서는 이미 당시 같은 운모의 원래 중고 전탁 성모자가 청성모자와 동일한 하나의 "空"(소운小韻)에 합병되어, 이미 동음자 그룹이 되었다. 예를 들면 동중東鍾 운부의 거성자 "洞動(定母)棟凍棟(端母)"이 같은 음이고, "鳳奉(奉)諷(非)[3] 縫(奉)", "貢(見)共(群)供(見)", "衆(章)中(知)仲重(澄)種(章)", "縱(精)從(從)粽(精)"이 역시 각각 같은 음이다.[4]

　그러나 모두 아는 바와 같이, 어음의 변화는 점차 진행되는 것이다. 우리가 어음 발전사를 연구하는데 있어 중요한 것은, 그 변화 과정과 발전 규율을 더 깊이 있게 탐구하는 것이다. 『중원음운』에서 전탁성모의 청음화 과정이 완성되었다면, 이들이 무성음화가 시작된 시기는 더 이를 것이다. 사실상, 전탁성모의 무성음화는 9세기 때부터 점차 나타나기 시작하였다. 예를 들면, 당대 말기 서북 지역음을 반영한 『개몽요훈開蒙要訓』의 주음注音에 청탁성모가 혼용된 현상이 있다. 예로, "瓢(並)音標(幫)", "嵩(心)音松(邪)", "甘(見)音柑(群)" 등이다. 그리고 돈황敦煌에서 발견된 10세기 속문학俗文學 초본抄本에서는 "董(幫)"를 "倍(並)"로 잘못 기록하였고, "泛(非)"을 "梵(奉)" 혹은 "飯(奉)"으로, "妃(敷)"를 "肥(奉)"으로, "到(端)"를 "道(定)"로, "盡(從)"을 "進(精)"으로, "瀉(心)"를 "謝(邪)"로, "既(群)"을 "及(見)"으로, "華(匣)"를 "化(曉)" 등으로 잘못 기록하였다.[5] 당대 이조李肇『당국사보唐國史補』[6] 하권에는 이런 문장이 있다.

"오늘의 형양인荊襄人은 提(定)를 堤(端)로 발음한다……관중인關中人은 稻(定)를 討(透)로, 釜(奉)를 付(非)로 발음한다." 그러나 이러한 혼용 현상은 아직 체계를 이루지 못하였다. 송대에 이르러서야 북방어의 전탁성모에 체계적이고 규칙적인 변화가 나타났다. 소옹邵雍의 『황극경세·성음창화도皇極經世·聲音倡和圖』는 바로 이런 현상을 반영하였다.

소옹邵雍(1011~1077), 자 요천堯天, 호 안락선생安樂先生, 시諡 강절康節로, 유심주의唯心主義 철학가이다. 본적은 하북河北 범양范陽이고, 낙양洛陽에 장기간 거주하였다. 그의 『황극경세皇極經世』는 술수지학術數之學을 논한 책이다. 이 책은 총 12권으로, 1~6권은 "원회운세元會運世", 7~10권은 "율려성음律呂聲音", 11~12권이 "관물편觀物篇"이다. 우리의 연구와 관련이 있는 것은 "율려성음" 4권이다. 이는 총 16편으로, 매 편에는 위에 성도聲圖, 아래에 음도音圖가 열거되어, 총 32개 도표가 있다. "율律이라는 것은 소리이고, 여呂라는 것은 음이다. 율은 창倡이고 여는 화和이며, 율여(음율)는 서로 창화를 이룬다." 다시 말하면 성운이 서로 합쳐져 글자의 음이 만들어진다는 것이다. "소리에는 10개의 큰 부류가 있다" 즉 10개 운부가 있고, 같은 하나의 소리에 속한 것은 또한 벽闢·흡翕(開合)과 평·상·거·입 4성의 구분이 있다. "음에는 12개 큰 부류가 있다." 같은 하나의 음에 속하는 것은 역시 청·탁과, 개開·발發·수收·폐閉 4

등四等으로 구분된다. 소옹은 술수지학을 강조하였으므로, 하늘의 사상四象 "일日·월月·성星·신辰"으로 평·상·거·입 4성에 배합하고, 땅의 사상四象 "수水·화火·토土·석石"으로 "개開·발發·수收·폐閉" 4등에 배합하였다. 본 절에서는 근고의 성모 발전을 연구하는데, 먼저 그 음도音圖를 보기로 한다. 총 12음도가 있는데, 그 중 한 예시음의 음도는 다음과 같다.

|  |  | 開 發 收 閉<br>水 火 土 石 |  |  |  |
|---|---|---|---|---|---|
| 音一 | 淸濁 | 古 | 甲 | 九 | 癸(見母) |
|  |  | □ | □ | 近 | 揆(群仄) |
|  | 淸濁 | 坤 | 巧 | 丘 | 棄(溪母) |
|  |  | □ | □ | 乾 | 虬(群平) |

소옹의 이 도표는 전탁 군모群母를 둘로 나누었다. 평성자는 같은 부위의 유기送氣 무성음 뒤에 배열하고, 측성자仄聲字는 같은 부위의 무기不送氣 무성음 뒤에 배열하였다. 기타 각 종류의 전탁성모도 모두 이러했다. 이것은 11세기 낙양 방음方音 중의 전탁성모가 규칙적인 변화가 일어났다는 것을 나타낸다. 즉, 성조의 차이에 따라 두 가지 부류로 나누어졌다. 이는 근대 관화의 전탁성모가 청음화(무성음화)하는 규율에 부합되는 것이었다. 다만 소옹의 도표에서는 여전히 청탁을 구분하였는데, 이는 아마도 소옹이 36자모의 전통에 얽매여, 언어의 새로운 변화를 완전히 실질적으로 감히 기록하지 못했을 가능성이 있고, 혹은 당시 전탁성모가 아직 방금 분화가 완성된 단계에 있어 탁음이 완전히 소멸되지 않았기 때문일 수도 있다. 그러나 당대 이전의 탁음체계와 비교하면 매우 큰 차이가 있었다.[7]

12세기 중엽 장인지張麟之는『운경韻鏡·석례釋例』에서 "상성거음자上聲去音字"를 언급하였는데, "무릇 평측으로 읽는 글자는 상성 부분이 대부분 상범常凡하여, 고인은 운을 만들 때 간간이 거성자를 취하여 상성자 사이에 넣어, 청탁이 잘 구분되게 하려고 했다. 예를 들면, 첫 번째 동운 董韻에 '動'자, 32번째 호운皓韻에 '道'자가 있는 것 등이다. 혹은 徒泥韻策 4성으로 나누어지고 상성을 만나면 대부분의 제2음으로 읽는 것일지도 모른다. 이 특별한 규칙은 변하지 않는다. 만약 정말 그렇다면, '士'로 '史'를, '上'으로 '賞'을, '道'로 '禱'를 대체하고, 부모의 '父'로 '甫'를 대신해도 되는가? 오늘날, 운에 따라 상성 탁음을 거성으로 읽어야 한다. 관자(觀者)는 심사숙고하여 비로소 옛사람이 운을 만드는 데 깊은 뜻이 있다는 것을 알게 되었다."[8]고 하였다. 장인지는 여기서 "士"와 "史", "上"과 "賞" 등은 단지 성조의 차이만 있고, 성모·운모의 차이는 없다고 하였다. 그는 복건福建 사람으로, 여기서 민閩 방언의 전탁성모 청음화도 비교적 이르다는 것을 알 수 있다. 이것은 한어의 각 방언에서 전탁성모의 청음화, 즉 무성음화가 12세기 때에는 이미 비교적 보편적인 현상이 되었다는 것을 설명한다.『중원음운』은 다만 민족 공통어라는 이러한 일찍이 발생한 변화를 있는 그대로 기록하였을 뿐이다.

　　둘째, 知·照 2組의 합류 및 권설성모의 형성.

　　현대 보통화 중의 권설성모는 고대의 지知·조照 두 조組에서 변천되어 온 것이다. 그러면 이런 변화는 언제부터 시작된 것일까? 어떻게 변화하였을까? 이에 대해 학자들의 견해는 매우 다르다. 칼그렌은 상고 한어에 이미 권설음이 있었다고 주장한다. 그는 상고의 照2 성모를 [tʂ](莊), [tʂ'](初), [dʐ'](崇), [ʂ](生)으로 추정하였다.[9] 나상배 선생은 중고의 知組 성모를 이미 권설음으로 읽었다고 여겼다.[10] 그러나 육지위 선생은 한어의 권설음 발생은 비교적 늦어, 명대 중엽, 즉 16~17세기가 되어서야 형성되었다고 주장하였다.[11] 왕력 선생은『중원음운』시대에 이미 형성되었다고 주장하였고, 이때의 지·조의 두 조는 이미 권설성모로 합류하였다고 여겼다.[12] 우리는 여기에 발전 변화의 과정이 있다고 보는데, 그 대체적인 상황은 다음과 같다. 중고 말기에 장莊·장章 두 조는 이미 照組에 합류되어, 설엽음舌葉音 즉 [tʃ] [tʃʻ] [dʒ] [ʃ] [ʒ]로 발음되고 ; 知組는 설음舌音 [ţ] [ţʻ] [ḓ]에서 치음齒音 [tɕ] [tɕʻ] [dz]로 변하였다. 이처럼 知·照 두 그룹의 독음은 점차 가까워졌고, 13세기 이후 북방어에서 이들 두 조는 더 한층 합류되었다. 그러므로 『중원음운』에서 "諸(章)猪潴(知)朱(章)株蛛誅(知)珠(章)邾(知)侏(章)"이 동음이고, "注澍鑄霔炷(章)駐註著(知)苧住柱(澄)", "恕庶(書)樹竪(禪)戍(書)", "真振甄(章)珍(知)", "陳塵(澄)臣辰晨(禪)", "震振(章)賑(禪)陣(澄)鎮(知)"이 각각 동음이다. 이들이 합류된 후, 그 음가音價는 여전히 설엽음舌葉音 [tʃ] [tʃʻ] [ʃ]인데, 이는 이들 성모가 단지 원래의 3등운과 병합되어, 그 운모에 모두 개음 [-i]가 있기 때문이다. 만일 성모가 현대음과 같은 권설음이라면, 이런 자음을 쉽게 발음할 수 없으니, [tʂiu] [tʂʻiən]과 같은 것이다. 어떤 사람은 이런 음을 마치 경극京劇에서 상구자上口字 "諸" "知" 등처럼 발음할 수 있다고 여긴다. 그러나 그 음은 [tʂʅu] [tʂʻʅi]로 읽어지는 것으로, 『중원음운』 중의 독음과는 다르다. 『중원음운』에서 원래의 조조照組 성모 중 일부분은 이미 진일보 변천하여 권설음 [tʂ] [tʂʻ] [ʂ]로 되었다. 이 글자들은 『중원음운』에서 확정할 수 있는 것으로, 우선 지사支思 운부 중의 "支枝脂之芝·纸旨止址·志至誌, 眵瞝齒翅, 施詩師尸·時史豕矢始·是氏市侍士示事試視" 등이 있다. 이 지사부는 단지 [ɿ] [ʅ] 두 운모만 포함하고 있다. 그렇다면 이들과 결합할 수 있는 성모는 [ts] [tsʻ] [s] 외에 [tʂ] [tʂʻ] [ʂ]가 된다. 그러나 우리가 『중원음운』의 지사부를 자세히 고찰하면, 여기에 현대 보통화 중의 모든 [tʂʅ] [ʂʅ] [ʐʅ]음을 가진 한자가 다 포함되지는 않는다는 것을 발견할 수 있다. 예를 들면, "知蜘·直值侄·隻炙質織祇治智, 痴蚩笞螭鴟絺·池馳遲篪墀持·耻侈尺·赤敕叱

喫, 失濕·實十右食蝕拾識·室適拭釋飾世勢逝誓, 日"등 글자는 『중원음운』에서 제미齊微 운부에 속하여, 운모는 여전히 [i]이고 아직 [ʅ]로 변하지 않았으므로, 단지 [tʃi] [tʃʻi] [ʃi] [ʒi]로 될 수 있을 뿐이며, [tʂʅ] [tʂʻʅ] [ʂʅ] [ʐʅ]가 될 수 없다.

그러나 『중원음운』에서 강양江陽·어모魚模·진문真文·소호蕭豪·가마家麻·우후尤侯·경청庚清·감함監咸 등 8개 운부 중에서 일부 한자는 이미 권설음으로 변하였다. 예를 들면, "莊窗雙·助初梳·臻齜莘·笮抄梢·皺愁瘦·渣叉沙·争撑生·篋讖滲" 등이다. 이런 글자들은 대부분 원래의 照2(莊)組와 知2組 성모자에 속하고, 각 운부에서 照3(章)組 혹은 知3組 자와는 대립되는 것이다. 예로, 어모魚模 운부 중의 "助"와 "柱鑄注", "鋤雛(崇母)"와 "除厨(澄)", "梳(生)"과 "書(書)"는 각각 음이 다르고, 소호蕭豪 운부 중에서 "巢(崇)"과 "潮(澄3)", "捉(莊) 卓琢(知2)"과 "斫酌灼(章)"의 음이 각각 다르며, 진문真文 운부의 "臻(莊)"과 "真(章) 珍(知3)"의 음이 다르고, 경청庚青 운부에서 "争(莊)"과 "徵蒸(章) 貞(知3)"의 음이 다르다. 다시 말하면, 전자의 성모는 [tʂ] [tʂʻ] [ʂ]이고, 후자의 성모는 [tʃ] [tʃʻ] [ʃ]이다. 이런 글자들이 모두 권설성모로 변한 것은 약 15~16세기의 일이다. 그 근거로 『운략이통』의 『조매시』[13]에는 단지 "知春上"한 조로만 나타냈기 때문이다. 얼마 후에 서효徐孝 『등운도경等韻圖經』에서도 "照穿審"만으로 [tʂ] [tʂʻ] [ʂ] 세 성모를 표시하였다. 예로, 지섭止攝 조모照母에 "支止至直"[14]이 있고, 천모穿母에 "蚩齒尺池", 심모審母에 "詩史世時"가 있다. 그 발전과정은 대체로 다음과 같다.

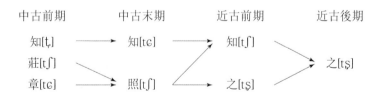

中古前期      中古末期      近古前期      近古後期

知[ȶ]  ——→  知[tɕ]  ——→  知[tʃ]
莊[tʃ]                              之[tʂ]
章[tɕ]  ——→  照[tʃ]  ——→  之[tʂ]

또한 다음과 같은 변천 과정을 거쳤을 가능성도 있다.

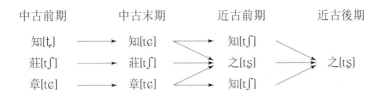

일모日母는『중원음운』에서도 이미 두 부류로 나누어졌다. 지사支思 운부 중의 일모자日母字, 예로 "兒而爾耳二貳餌" 등 글자는 권설의 [ʐ]로 읽고, 기타 운부 중의 일모자는 [ʒ]로 읽는다. 예로, "日入辱儒繞饒柔肉若熱人仁任然軟冉髯染冗讓仍" 등이다. 그 후 [ʒ]가 [ʐ]로 변하였고, "兒而二" 등 자는 영성모零聲母 一 [ə]운으로 변하였다. 이 문제는 제 2 단계에서 다시 자세하게 토론할 것이다.

셋째, 영성모자零聲母字의 증가.

당대 이전에 영모자影母字는 영성모零聲母만 있었다. 예를 들면, "阿哀安歐奧恩 · 衣椅益鴉亞壓邀憂烟因飲印央英 · 烏屋倭蛙威彎翁 · 於淵冤怨" 등이다. 송대부터 북방어 중의 유유喩 [j] · 의疑 [ŋ] 두 성모는 점차 자음 혹은 반자음성이 소실되어 영성모로 되었다. 예를 들면, 소옹邵雍의『성음창화도』"음3音三"은 영影 · 유喩 두 성모를 "清 安亞乙一"과 "濁 □爻王寅"으로 나누었다. 이는 이들이 이미 모두 성모가 없어지고 청탁清濁의 구별(성조만 다른 것일 수도 있음)만 있다는 것을 나타낸다. 또 예로, "음2音二"는 의모疑母를 "清 五瓦仰□"와 "濁 吾牙月堯"로 나누었다. 의모疑母는 원래 차탁次濁 비음鼻音이지만, 현재도 청탁 두 부류로 나누어져, 이 청음 의모자도 이미 비자음鼻子音이 탈락되어 영성모로 변하였고, 탁음 의모자는 [ŋ]모를 남기게 되었을 가능성이 있다.『광운』에 새로 수록된 쌍성연면자雙聲聯綿字에서도 영影 · 유喩가 합류된 사실이 있는데, 예를 들면, "搗(哀都切)㭝(餘封切)"('木中箭笴'를 의미함), "帵(一丸切)裧(以然切)"('中領上衣'를 의미함) 등이다. [15] 원대에 이르러 유모喩母는 이미 완전히 영모影母와 합류되었고, 그래서 『중원음운』에서 동종운東鍾韻의 "擁(影)勇湧踴恿(喻4) 永(喻3) 俑(喻4)"이 동음이고, 진문운真文韻의 "隱(影)因引蚓尹(喻)", 한산운寒山韻의 "兗演衍(喻)偃堰鼴 (影)"이 각각 동음이다. 단지 일부 유모자喩母字만 일모日母와 발음이 같다. 예로, "銳"자는 『중원음운』에서 이미 "芮"자와 동음이고, 제미齊微 운부에 속한다. 이와 동시에, 의모자疑母字의 대부분도 비자음鼻子音 [ŋ]이 탈락하여 영성모로 변하였다. 그래서 『중원음운』에서 제미부齊微部 중의 "義蟻毅藝詣刈乂劓(疑) 醫瘗瞖饐意懿(影) 異裔易勘榷曳(喻)"이 동음이고, "案(影) 岸(疑)"이, "院(喻3) 願(疑) 怨(影) 援遠(喻3)"이 각각 동음이다. 이렇게 영성모자가 많이 증가하였다. 그러나 『중원음운』에서 일부 의모자疑母字는 여전히 설근비음舌根鼻音 [ŋ]을 보존하였다. 예를 들면, 강양江陽 운부 상성에서 "養癢"(喻) "鞅"(影)과 "仰"(疑)이 대립되고, 소호蕭豪 운부 거성에서 "奧懊澳"(影)와 "傲奡驁"(疑)가, 가과歌戈 운부 상성에서 "婀"(影)와 "我"(疑)가, 그리고 거성에서 "鄂萼鶚"(影)과 "餓"(疑)가 각각 대립되고 있다. 그래서 『중원음운』 25성모체계에는 또 하나의 의모疑母 [ŋ]이 있는데, 다만 일부 글자에만 제한되고 있다.

이상은 중고에서 근고에 이르는 성모 방면의 가장 뚜렷한 세 가지 변화 상황이다. 전탁성모의 무성음화로 인해, 유모喩母와 의모疑母 대부분 한자의 차탁음次濁音이 탈락되어 영모影母와 합류되어 영성모로 되었고, 근고 한어의 성모체계는 간소화로의 추세가 뚜렷해졌다.

[1] 唐作藩,『音韻學敎程』(第5版) 제3장 제4절, 北京大學出版社, 2016 참조.

[2] 비음(鼻音) 운미 및 우운(尤韻)·지운(支韻)자에만 제한된다.

[3] "諷" 자는 원래 거성으로 독음되었으나(『廣韻』送韻 方鳳切), 현대 보통화에서는 상성으로 읽는다.

[4] 그 중 어떤 글자는 두 개의 독음이 있다. 예로, "中"은『광운』에 평성 동운(東韻) 陟弓切과 거성 송운(送韻) 陟仲切 두 가지 독음이 있고, "從" 자는 평성 종운(鍾韻) 疾容切과 거성 용운(用韻) 疾用切 두 가지 독음이 있으며, 평성 七恭切이라는 독음도 있다(이는 성모가 다르다).

[5] 羅常培,「唐五代西北方音」,『史語所集刊』, 1933; 科學出版社, 1961;『羅常培文集』제2권, 山東敎育出版社, 2008.

[6] 당 현종(玄宗) 개원(開元) ~ 당 목종(穆宗) 장경(長慶) 년간, 즉 기원 213~824년에 기록.

[7] 周祖謨,「宋代汴洛語音考」,『問學集』(下冊), 中華書局, 1966 참조.

[8] 上海古籍出版社 영인, 古逸叢書 18 覆永禄本,『韻鏡』, 1955.

[9] 칼그렌(高本漢),『中國音韻學研究』, 제10장 "聲母 9~16 知徹澄照穿床審禪", 商務印書館, 1995 참조.

[10] 羅常培,「知徹澄娘音値考」,『史語所集刊』제3本 第1分, 1931.

[11] 陸志韋,「釋中原音韻」,『燕京學報』제31기, 1946.

[12] 王力,『漢語音韻』, 中華書局, 1963.

[13] 앞절 주석 [13] 참조.

[14] "支止至直" 4개 例字는 동시에 陰平·上聲·去聲과 陽平 4성을 표시한다.

[15] 陳燕,「『廣韻』雙聲疊韻聯綿字的語音研究」,『語言學論叢』제17집, 1992 참조.

## 주요 참고문헌

羅常培,『唐五代西北方音』,『史語所集刊』, 1933; 科學出版社, 1961;『羅常培文集』제2권, 山東敎育出版社, 2008.

王力,『漢語音韻』, 中華書局, 1963.

周祖謨,「宋代汴洛語音考」,『問學集』(下冊), 中華書局, 1966.

甯繼福,『中原音韻表稿』, 吉林文史出版社, 1985.

唐作藩,『普通話語音史話』, 語文出版社, 2000.

## ③ 근고 운부체계의 발전

중고에서 근고에 이르기까지 한어 운부의 발전은 중고 후기의 32부와 원대『중원음운』의 19부와 비교할 수 있고, 대체로 그 변천의 윤곽을 볼 수 있다.

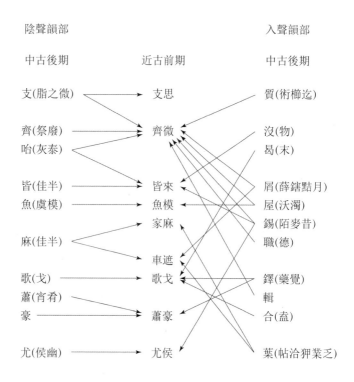

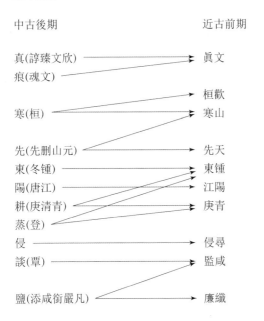

陽聲韻部

中古後期　　　　　　　　　近古前期

真(諄臻文欣)　　　　　　　　眞文
痕(魂文)

　　　　　　　　　　　　　桓歡
寒(桓)　　　　　　　　　　　寒山

先(先刪山元)　　　　　　　　先天
東(冬鍾)　　　　　　　　　　東鍾
陽(唐江)　　　　　　　　　　江陽
耕(庚清青)　　　　　　　　　庚青
蒸(登)
侵　　　　　　　　　　　　　侵尋
談(覃)　　　　　　　　　　　監咸

鹽(添咸銜嚴凡)　　　　　　　廉纖

　위 도표에서 이 4~5백 년간(기원 10~14세기) 한어 운부의 변천은 주로 음성운부와 입성운부 사이에서 일어났다는 것을 알 수 있다. 음성운부와 양성운부는 각자 내부에도 분화 혹은 합류가 있었고, 일부 조정과 변화가 일어났다.

　먼저 양성운부의 변화를 보면, 뚜렷한 다음 몇 가지가 있다.

　(1) 진真·흔痕 두 부가 진문眞文 한 부로 합쳐졌다. 이는 진섭臻攝 내부의 주요 모음 [e]와 [ə] 두 부류가 이미 합류하였다는 것을 말한다.

　(2) 증부蒸部와 경부庚部가 경청부庚青部로 합류하였다. 이는 증曾·경梗 두 섭攝의 합병으로 이들의 주요 모음 [ə]과 [a]가 이미 [ə]로 통합되었다는 것을 말한다. 이는 송사宋詞의 용운에서 이미 반영되었다. 예를 들면, 오문영吳文英『풍입송風入松』의 협음 "明·銘·情·鶯·亭·晴·凝·生"(이

중 "凝"은 증섭자曾攝字이고 나머지는 경섭梗攝에 속함.), 그리고 주방언周邦彦 『소년유少年游』의 협음 "橙·笙·更·行"(이 중 "橙"은 증섭자)이다. 이 외에 경청운부庚青韻部 중의 합구자合口字가 또 동종부東鍾部에 병입되는 추세도 있다. 예를 들면, "宏弘" 두 글자는 『중원음운』에서 두 부에 수록되어 있다. 경청庚青에도 들어 있고, 동종東鍾에도 있다. 예로, "宏(耕) 弘(登) 紅洪鴻(東)"은 동음이다.

(3) 환환운부桓歡韻部의 형성. 이는 한산운寒山韻의 합구合口가 아니다. 한산운부에는 따로 합구자가 있는데, 예를 들면, "拴關慣還彎患幻頑腕" 등으로, 『광운』의 2등二等 산산刪山 두 운에서 나온 것이다. 그러나 환환운부는 주로 『광운』 합구合口 1등 환운桓韻에서 온 것으로, 예를 들면, "般潘半滿端團短暖巒亂鑽攛酸官貫冠寬歡丸腕"인데, 원곡元曲 용운에서는 독운獨韻으로, 관關·정鄭·마馬·백白 사대가는 환환운을 별로 사용하지 않았다. 왕실보王實甫의 『서상기西廂記』제2본 "一 설자楔子"에서 한 차례 사용하였다. 그러나 그들이 한산운寒山韻 혹은 선천운先天韻을 사용할 때, 모두 환환부의 글자를 복잡하게 혼용하지는 않았다. 이는 원대元代 환환운부의 주요 모음이 한산운부와 달라, 하나는 [ɔn]이고 하나는 [uan]이었기 때문이다. 이 운부는 현대 보통화와 일부 북방 방언에서 독립적으로 존재하지 않고, 이미 한산운부의 합구에 병입되었다. 그러나 남방의 많은 방언에서는 여전히 이를 보존하여, 한산운과 구별되고 있다. 예를 들면 다음과 같다.

| 例字 | 蘇州 | 溫州 | 廣州 | 梅州 | 福州 | 長沙 | 南昌 |
|------|------|------|------|------|------|------|------|
| 官 | ku | ky | kun | kuɔn | kuaŋ | kõ | kuɔn |
| 關 | kuE | ka | kwaːn | kuan | kuoŋ kuaŋ | kuan | kuan |

이 시기의 음성운부와 입성운부의 변화는 더욱 크다. 그들의 주요 발전 추세는 합류였다. 예를 들면, 당말唐末의 지支(脂之微)·제齊(祭廢) 두 부와 해咍(灰泰)부의 많은 합구자들이 합류되어 새로운 제미齊微부를 구성하였다. 그러나 이 또한 과정이 있어, 우선은 지支(微微)와 제齊(제폐祭廢) 두 부가 합류하였다. 예를 들면, 돈황사敦煌詞『알금문謁金門』의 협음 "美·水·翠·體(齊)·戱·碎·貴·是",『왕소군변문王昭君樊文』협음 "妃·微·緋·旗·圍·危·暉·衣·肥·歸·幃·西(齊)"이다. 만약 두보杜甫 시운詩韻에서 미운微韻과 지운支韻(지지脂之)이 동용(예로,『거추행去秋行』의 협음 "時·兒·歸·稀·悲")한 것을 합운으로 볼 수 있다면, 그것은 미운微韻을 단독으로 사용하는 것이 대부분이기 때문이다. 오대 이후의 압운은 아주 보편적인 사실이다. 게다가 제齊(제폐祭廢)부의 글자도 흔히 지支(지지미脂之微)부자와 압운되었다. 소식蘇軾『수룡음水龍吟·화장질부양화운和章質夫揚花韻』의 협음 "墜·思·閉(齊)·起·綴(齊)·碎·水·淚", 신기질辛棄疾『수조가두水調歌頭·화왕정지和王正之』의 협음 "飛·璨(齊)·迷(齊)·非·機·西(齊)·衣·期"[1]이다. 이것은 이 때의 제齊운부자가 원래의 [iei] [iuei]에서 [i]와 [ui]로 변하여, 지支(微微)와 같은 운부로 합쳐졌기 때문이다. 그러나 송대에 해咍(회태灰泰) 합구자, 예로 "杯梅摧雷回會最" 등은 분화되지 않아 여전히 [uai]로 발음된다. 소용邵雍의『성음창화도聲音倡和圖』"聲一"은 여전히 "開: 開宰愛"와 "翕: 回每退"로 나누었다. 송사宋詞의 용운에서 해咍(회태灰泰)부도 지支(微微)·제齊운부자와 혼용하지 않았다.[2] 예를 들면, 신기질『수조가두水調歌頭·대호오심애帶湖吾甚愛』의 협음 "開·回·猜·來·苔·杯·哀·栽"이다.

원곡元曲에 이르러, 해咍(회태灰泰)부가 분화하기 시작하고, 그 합구 회운자灰韻字는 이미 지支(微微)·제齊운자와 압운하였다. 예를 들면 관한경關漢卿『두아원竇娥冤』제2절 "격미隔尾"의 협음 "味·美·濟·杯·體·喜"가 있는데, 그 중 "味·美·喜"는 원래 지支(微微)부에 속하고, "濟·體"는 원래 제齊부에, "杯"자는 원래 해咍(회灰)부에 속하였으나 이미 한 부로 합쳐져 『중원음운』의 새로운 제미부齊微部를 형성하였다. 명대 왕문벽王文璧의 『중주음운中州音韻』[3]은 巴梅切 悲, 渠回切 葵, 呼歸切 灰라고 하여, 지支(미微)와 해咍(회灰) 두 부의 합구자가 상호 반절하자反切下字가 되었다. 서효徐孝 『등운도경等韻圖經』은 명확하게 해부咍部의 회灰운자를 루섭壘攝에, 해태咍泰운자를 해섭蟹攝에 넣었다.[4]

그러나 원대에 원래의 지支(지지脂之)부 중의 개구開口 정精·조照 그룹組의 글자, 예를 들면 "支脂之·眵·施詩師尸, 時, 紙旨止·耻·史矢始, 志至·翅·是氏市士試; 資兹·斯思司絲·疵, 慈雌詞辭, 子紫·此·死, 字自·四思" 등 자의 운모는 [i]에서 [ɿ] [ʅ] 음으로 점차 변화하여 새로운 운부를 형성하고, 제미부齊微部와 분리되었다. 이것이 바로 지사부支思部인데, 예를 들면, 관한경關漢卿의 『호접몽蝴蝶夢』 제1절折 "나타령那吒令"의 협음 "試·死·屍·士·詞"이다. 요순영廖珣英 선생의 연구에 의하면, 관한경의 복잡한 희곡戲曲 용운은 13절과 한 개 설자楔子에 제미齊微운부를 사용하였고, 지사支思운부를 사용한 것은 2절 뿐으로, 이 두 부의 구별은 매우 엄격하였다.[5]

지사支思운부는 [ɿ] [ʅ] 두 운모를 포함하고, 서로 압운될 수 있다. 설첨전고모음舌尖前高元音 [ɿ]의 발생은 운모 [i]가 정조精組 성모 [ts] [ts'] [s] 설첨음의 동화同化 영향을 받아 기인하였을 것이고, [ʅ]의 형성은 권설捲舌 성모와 밀접한 관계가 있다. [ɿ] 운모는 대략 송대에 이미 형성되었다. 왜냐하면, 『절운지장도切韻指掌圖』 제18도圖(즉, 지섭止攝 개구 支脂之齊祭韻) 치음齒音 정조精組 성모 아래의 "兹雌慈思詞"가 이미 1등의 위치에 있기 때문이다. 이런 글자의 운모는 원래 개구 3등 지支·지脂·지之 세 운에 속하여, 조기早期 혹은 전통 운도[6]에 의하면 마땅히 4등의 위치에 있어야 한다. 따라서 『절운지장도』 작가[7]의 구어에서 이런 글자들이 이미 3등에서 1등으로 변화하여, 세음細音에서 홍음洪音으로, 즉 제치齊齒

에서 개구開口로 변하여 진真 4등의 "齍妻齊西"(중원 제운齊韻에 속함)와 구분되었다는 것을 알 수 있다. 그리고 소옹邵雍의 『성음창화도聲音倡和 圖』 역시 "自思寺" 등 자를 1등(즉 "개발수폐開發收閉"의 개, 혹은 "수화 토석水火土石"의 수)에 배열하였다. 그러므로 이런 변화는 북송北宋 때부 터 일어났다고 단정할 수 있다. 주희朱熹 『시집전詩集傳』에서 지섭止攝 정 계精系(精淸從心邪) 자는 항상 "협음叶音" 반절反切이라고 주석하였다. 예를 들면, 『주남周南·린지지麟之趾』 1장 "麟之趾, 振振公子。"에서 "子" 자 아래 "叶獎履反(獎履反과 협음)"이라 주석하였다. 그리고 『소남召南 ·하피농의何彼襛矣』 2장 "何彼襛矣, 華如桃李。平王之孫, 齊侯之子。" 에서도 "子"자 아래 "叶獎履反"이라 주석하였다. 그리고 『패풍邶風·곡풍 谷風』 1장의 뒤 네 마디 "采葑采菲, 無以下體。德音莫違, 及爾同死。" 에서 "死"자 아래 "叶想止反"[8]이라 주석하였다. 현대 한어 방언에서 이 런 글자들은 대부분 설첨전원음舌尖前元音으로 읽는데, 다만 일부 월粤· 민閩 방언인 광주廣州·복주福州·하문廈門은 예외 된다. 예로, 광주 방언 은 "私有制"를 "西游記"로 발음한다.

권설운모 [ʅ]는 원대元代에 이르러서야 형성되어, 운모 [ɿ]보다 2, 3백 년 늦다. 『중원음운』에서 지사支思 운부 중의 [ɿ] 운모는 현대 보통화에 서 [ʅ]로 발음하는 일부 글자만 포함하며, 주로 지支·지脂·지之 세 운과 소수의 제운祭韻자, 예를 들면 "笮噬"를 포함한다. 이 때의 제미齊微 운부 에는 또 일부의 지知·조照 자가 있는데, 여전히 [i]운모로 발음하였다. 그 래서 주덕청은 「정어작사기례正語作詞起例」에서 일부 방언 중의 아직 분 별할 수 없는 음을 열거하고, 제미齊微 운 아래에 독자들이 주의해야 할 사항으로 "知에는 之가 있고, 痴에 眵가 있고, 耻에 齒가 있고, 世에 市 가 있고, 智에 志가 있다.(이상의 세 개 성모 계열은 지사支思와 구분된 다.)"라 하여 특별히 상기시켰다. 이 중, "知痴齒世智"는 제미운齊微韻에 속하고, "之眵耻市志"는 지사운支思韻에 속한다. 15세기 이후가 되어서야 제미운齊微韻 중의 개구 지知·조照 두 조組의 글자가 [i]에서 [ʅ]로 변하여 지사운支思韻에 통합되었다. 그러나 일부 방언에서는 현재까지도 여전히 권설음으로 발음하지 않아, 예를 들면, 어떤 지역(광주廣州)은 [tʃi] [tʃʻi] [ʃi]로 발음하고, 어떤 지역(조주潮州)에서는 [tsʅ] [tsʻʅ] [sʅ]로, 어떤 지역(남창南昌)에서는 [tsʅ] [tsʻʅ] [sʅ]로 읽는다.

『중원음운』의 음성운부에는 새로 형성된 운부 차차부車遮部가 하나 더 있다. 이는 중고의 마부麻部에서 분화된 것으로, [ie]와 [iue] 두 운모를 포함한다. 그 예는 다음과 같다.

[ie] 嗟車奢些爺斜蛇野者寫舍社謝借
[iue] 靴瘸絶雪説缺月悦越

중고 마부는 2등·3등자를 포함한다. 2등자는 『중원음운』의 가마부家麻部에 귀속되었고, 운모는 여전히 [a] [ia] [ua] 세 개가 있다. [a]와 [ua]는 원래의 2등 개합구이나, [ia]는 중고 2등 개구 운모 [a]가 아후음牙喉音 성모 뒤에서 개음 [i]가 새로 생겨 형성된 것이다.[9] 원래의 마운麻韻 3등 운모 [ia]는 [ie]로 변하였다. 『중원음운』의 [iue] 운모는 중고 과운戈韻 3등과 일부 입성운자로부터 온 것이다.

마운 2등·3등의 분화는 아마 남송南宋 때부터 시작되었을 것이다. 모황毛晃은 『증수호주예부운략增修互注禮部韻略』(1162)에서 미운微韻 뒤에 "거정居正이 삼가 제안하기를, 『예부운략禮部韻略』에 독용獨用하는 것을 합병하여 통용해야 하는 것도 있고, 한 개 운韻을 두 개로 나누어야 하는 것도 있다.……예를 들면 麻字韻은 '奢'자 이하, 馬字韻은 '寫'자 이하, 禡字韻은 '借'자 이하를 모두 따로 한 개 운으로 보아야 한다. 그러나 이것들은 통하기는 한다. 왜냐하면 '麻馬禡' 등 자는 모두 후두음喉音이고, '奢寫借' 등 자는 모두 치음齒音이기 때문이다. 중원아음中原雅音으로 보면 매우 큰 차이가 있다고 했다."라고 주석하였다. 생각하건데, 모거정 毛居正은 모황의 아들이니, 그의 제안은 12세기 말 이전일 것이다. 그리 고 금인金人 한도소韓道昭의 『개병오음집운改倂五音集韻』 마운麻韻 견모見母 "迦가" 자 아래의 주석에 "居伽切은 석가釋迦가 석전釋典을 내는데, 또 다 른 음이 가加이다. 이 글자는 원래 과운戈韻에 수록되어 있으나, 지금은 과운 제3등 개합에서 밝힌 앞 여덟 개 글자에 속하는데, 학자들도 검증 하기 어렵다. 금일에 한도소韓道昭가 이 마운麻韻으로 옮겨 수록하고, '遮 車蛇奢'와 같은 종류로 분류한 것은 어찌 묘하다 하지 않겠는가! 달인의 상세함에 틀림이 없는 줄로 안다."[10]고 하였다.

동시에 가운歌韻의 "他" 자도 마운麻部에 전입되었다. 예로, 북송 모방 毛滂의 『서강월西江月』 사詞: "烟雨半藏楊柳, 風光初着桃花。玉人細細 酌流霞, 醉裏將春留下。柳外鴛鴦做伴, 花邊蝴蝶爲家。醉翁醉也且由 他, 月在柳橋花榭。"이다.


다음은 근고 입성운의 변화를 논하고자 하는데, 이는 본 절의 중점이다. 중고 이전에 한어의 입성운은 모두 해당하는 폐쇄음 운미가 있는데, 각각 [-p] [-t] [-k]이다. 상고에서 중고에 이르기까지 비록 일부 입성운 이 음성운으로 변하였으나(예로, 장입長入 자가 거성으로 변함), 상고와 중고 시기에 남방 혹은 북방을 막론하고 세 가지 폐쇄음 운미의 구분은 아주 뚜렷하였다. 상고 입성운 "職직 · 覺각 · 藥약 · 屋옥 · 鐸탁 · 錫석 · 月월 · 質질 · 物물 · 緝집 · 葉엽" 등 11부, 중고 전기 입성운 "職직 · 鐸탁 · 屋옥 · 沃옥 · 錫석 · 月월 · 曷갈 · 屑설 · 質질 · 物물 · 緝집 · 合합 · 葉엽" 등 13부, 중 고 후기 입성운 "職직 · 鐸탁 · 屋옥 · 沃옥 · 曷갈 · 屑설 · 質질 · 緝집 · 合합 · 葉 엽" 등 10부로, 그 운미는 모두 [-k] [-t] [-p]로 분립되었다. 당시唐詩 압 운에서도 그 차이는 매우 엄격하여 서로 섞이거나 복잡하지 않았다. 예 를 들면, 왕유王維 『제주송조齊州宋祖』 2의 협음 "泣 · 入 · 急 · 立"(집부緝

部) ; 맹호연孟浩然 『추소월하유회秋宵月下有懷』의 협음 "濕·入·急·立" (집부輯部) ; 이백李白 『고풍古風』 15의 협음 "日·質·實·失·瑟"(질부質部), 그리고 『고풍』 24의 협음 "陌·宅·赫·惕척·跖"(탁부鐸部) ; 두보杜甫 『희우喜雨』의 협음 "血·屑·熱·滅·結·絶·越"(설부屑部), 『몽이백夢李白』 1의 협음 "惻·息·憶·測·黑·翼·色·得"(직부職部)이 그러하다. 장세록張世禄 선생의 연구에 의하면, 두보의 시에서 입성운의 압운 상황은 屋沃燭·職德·覺藥鐸·陌麥昔錫이 각각 동용同用되었으며 ; 質術櫛物月이 동용되지 않고, 曷末點鎋薛屑이 동용되었으며 ; 緝은 독용했고, 葉帖洽狎業乏은 동용되었다.[11] 비록 비교적 넓기는 하지만, [-k] [-t] [-p] 세 종류의 운을 나누어 압운하는 것은 매우 뚜렷하였다. 이백과 한유의 시는 입성운을 압운할 때, 모두 [-k] [-t]를 끝음으로 하는 것만 사용하고, [-p]를 끝음으로 하는 것은 사용하지 않았다.[12] 만당晚唐 피일휴皮日休의 시운에서 입성운을 사용한 것은 여전히 [-k] [-t] [-p]으로 구별이 분명하여, 屋沃燭·陌麥昔錫職德·藥鐸은 각각 동용하였고, 質術櫛·物月没曷末黠鎋薛屑도 각각 동용하였으며, 緝은 독용, 合盍葉帖洽狎業은 동용하였다.[13]

송대에 이르러 이런 [-k] [-t] [-p] 세 종류의 운미가 정족삼분鼎足三分하는 상황이 흐트러졌다. 송사宋詞 용운에서 원래 다른 운미에 각각 속한 입성자는 서로 압운할 수 있었다. 예를 들면, 소식蘇軾 『염노록念奴綠·적벽회고赤壁懷古』의 운각韻脚 "物·雪·杰·發·滅·髮·月"은 모두 [-t]를 끝음으로 하고, "壁"은 [-k]를 끝음으로 한다. 이청조李清照 『성성만聲聲慢』의 협음 "覓·戚·息·急·識·摘·黑·滴·得"에서 "急"자는 [-p]를, 기타는 [-k]를 끝음으로 한다. 또 예를 들면, 신기질辛棄疾 『염노교·서동류촌벽念奴娇·書東流村壁』의 협음 "節·怯·別·説·月·疊·折·髮"에서 "怯겁·疊첩"자는 [-p]를, 기타는 [-t]를 끝음으로 한다. 주돈유朱敦儒[14] 『호사근·춘우세여진好事近·春雨细如塵』의 협음 "濕·碧·瑟·息"에서 "碧·

息"은 [-k]를, "瑟슬"은 [-t]를, "濕습"은 [-p]를 끝음으로 한다. 이런 혼용하는 상황은, 당시 북방어의 입성운이 이미 운미의 음질에 따라 구분되지 않았다는 것을 나타낸다. 다시 말하면, 이들 원래의 입성운미 [-p] [-t] [-k]의 발음부위가 다른 현상이 소실되었다는 것이다. 『절운지장도切韻指掌圖』 제9도圖는 "德·櫛즐·質迄질흘·質"이 "魂痕·臻·真欣·真諄"에 배합되었고, 제8도圖에서는 "德·櫛·質·質"이 "支之·支脂之·支脂之齊"에 배합되어, 또한 세 운미의 경계가 이미 분명하지 않게 되었다는 것을 반영하였다. 그러나 이때의 입성운은 기본적으로 여전히 독립적이었다. 이로 보면, 송대의 입성운미는 아마도 [-p] [-t] [-k]를 끝음으로 하는 것에서 성문폐쇄음 [ʔ]를 끝음으로 변화하여 합병되었을 것이다. 마치 현대 오방언吳方言 혹은 진방언晉方言의 입성운과 마찬가지로, 성조에서 단촉短促의 특징을 보유하게 된 것이다. 그 입성운의 분부分部는 주요 모음이 같거나 비슷한 것을 기준으로 귀속 합병되고, 원래 운미의 끝음 성질을 따지지 않게 되었다는 것이다. 청대의 과재戈載는 저작『사림정운詞林正韻』에서 당송唐宋 명가의 사운詞韻을 귀납하여 19개 운부를 얻었는데, 그 중 입성운에 5개 부가 있다.

제15부    屋沃燭옥옥촉
제16부    覺藥鐸각약탁
제17부    質術櫛陌麥昔錫職德緝질술즐맥맥석석직덕집
제18부    物迄沒越曷末黠鎋屑薛葉帖물흘몰월갈말힐할설설엽첩
제19부    合盍業洽狎乏합합업흡압핍

과재는 매우 자신 있게 "이 책은 입성을 5부로 나누었다. 역대 고인의 유명한 사詞를 보면, 이 범위를 벗어나 고려한 것이 없다."고 하였다.

그러나 노국요魯國堯 교수는 신기질 등 송대의 산동山東 사인詞人과 소식 등 송대 사천四川 사인의 용운을 연구하고, 송사의 입성운이 세 부로

만 나눌 수 있다고 여겼다. 즉, "屋沃燭"이 한 부, "鐸藥覺"이 한 부, 나머지 여러 운은 합하여 한 부로 하였다. 그 후, 또 제3부를 분석하여 두 부, 즉 "德職陌麥昔錫没質櫛術物绲"과 "曷末黠鎋薛屑月合盍洽狎業葉帖乏"으로 나누었다.[16] 필자(당작번唐作藩)는 소식의 시운[17]을 고찰한 적이 있는데, 그의 고체시는 22부로 귀납할 수 있고, 그 중 입성운이 총 네 부 있다고 보았는데, 이것은 노국요 교수가 소식의 사운을 연구하여 얻은 네 부와 같다. 이는 우연이 아니라, 객관적 사실이라고 생각한다. 그러나 송대에 여전히 독립적인 입성운부가 존재하였다는 것도 사실이다. 소옹의 『성음창화도聲音倡和圖』 역시 이러한 사실을 반영하였다. 『광운』 음계와 다른 것은, 그 입성이 음성과 배합되었고, 양성과 배합되지 않았다는 것이다. 예를 들면 다음과 같다.

| 聲一 | | 平 | 上 | 去 | 入 |
|---|---|---|---|---|---|
| | 闢 | 多 | 可 | 個 | 舌 |
| | 翕 | 禾 | 火 | 化 | 八 |

| 聲四 | | 平 | 上 | 去 | 入 |
|---|---|---|---|---|---|
| | 闢翕 | 刀 | 早 | 孝 | 岳 |
| | | 毛 | 寶 | 報 | 霍 |
| | 闢翕 | 牛 | 斗 | 奏 | 六 |
| | | ○ | ○ | ○ | 玉 |

| 聲五 | | 平 | 上 | 去 | 入 |
|---|---|---|---|---|---|
| | 闢翕 | 妻 | 子 | 四 | 日 |
| | | 衰 | ○ | 帥 | 骨 |
| | 闢翕 | ○ | ○ | ○ | 德 |
| | | 鼃 | 水 | 貴 | 北 |

| 聲七 | | 平 | 上 | 去 | 入 |
|---|---|---|---|---|---|
| | 闢翕 | 心 | 審 | 禁 | |
| | | | | | 十 |
| | 闢翕 | 男 | 坎 | 欠 | |
| | | | | | 妾 |

표에서 알 수 있듯이, [-t] [-k] 운미의 입성자는 이미 차이가 뚜렷이 없어졌지만, 입성운자는 여전히 독립성을 유지하고 있다. [-p] 운미의 입성자는 독립적으로 한 행을 차지하고, 양성과 어울리지 않으며, 음성과도 배합되지 않는다. 이는 소옹의 변락화汴洛話에서 [-p]를 끝음으로 하는 입성이 아직 사라지지 않았다는 것을 나타낸다.

노국요 교수가 송사宋詞의 용운을 연구한 바에 의하면, 중고의 [-p] [-t] [-k] 세 운미의 입성운은 송대에 변화 융합하는 과정에서 일반적으로 운미 [-p]와 [-t]에서 운미 [-k]로 기울어지고 집중된다. 특히 중설모음央元音을 주모음으로 하는 심深·진臻 두 섭兩攝의 입성운자는 각각 혹은 함께 [-k]를 끝음으로 하는 경梗·증曾 두 섭의 입성운자와 합압合押 한다. 함咸·산山 두 섭의 입성운자는 흔히 [-k]를 운미로 하는 탕宕·강江 두 섭의 입성운자와 통압通押 한다.[18] 우리가 소식의 고체시운을 연구할 때도 똑같은 사실을 발견하였다.[19] 예를 들면, 소식『죽지가竹枝歌』의 협음 "尺(昔)·入(緝)·直(職)", 『화어가畫魚歌』의 협음 "擊(錫)·一(質)·擲(昔)", 그리고『등충신모주씨만사鄧忠臣母周氏挽詞』의 협음 "力(職)·實失日(質)·鬲(昔)·邑(緝)·色(職)·璧(昔)·陌寂(錫)·隔(麥)·滴(錫)"이다. 세 종류 입성운미의 변천은 아마도 다음과 같을 것이다.

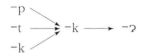

이론적으로 말하면, 운미 [-k]는 설근폐쇄음舌根塞音으로, 매우 쉽게 성문폐쇄음喉塞音 운미로 발전한다.

당말에 호증胡曾의 시『희처족어불정戱妻族語不正』에 "呼十却爲石, 喚針將作眞 ; 忽然雲雨至, 總道是天因(陰)"[20]이 있다. 이 시는 [-m] 운미를 [-n]으로 읽는 것을 반영하는 것 외에, 일찍이 당말에 어떤 방언에

서는 이미 [-p] 운미를 [-k]로 발음하였다는 것을 보여준다.[21]

원대(14세기)에 이르러, 대도화大都話의 원래 입성운부는 음성운부와 합류하였다. 예를 들면, 관한경關漢卿 『두아원竇娥冤』 제2 절折 『감황은感皇恩』의 협음 "疾(質)·飛(微)·迷(齊)·逼(職)·皮(支)"(『중원음운』 제미부齊微部 평성에 속함) ; 관한경關漢卿 『남려사괴옥南呂四塊玉』의 협음 "別(薛)·舍(麻)·絶·雪(薛)·斜·遮·也(麻)"(『중원음운』 차차부車遮部 평상성平上聲)이다. 원곡元曲에서 원래의 입성자는 이미 보편적으로 음성운자와 압운한다. 그리고 원곡 중의 용자用字(용사(用詞))의 입성자는 음성자와 통가通假 할 수 있다. 예를 들면, 『삼탈삭三奪槊』3절은 "殺的槍杆上濕漉漉血未乾, 馬頭前古鹿鹿人頭滾。"이지만 ; 『존효타호存孝打虎』2절은 "死尸骸骨魯魯到四五番" ; 『살구권부殺狗勸夫』 3절은 "一遞裏暗昏昏眼前發花, 一遞裏古魯魯肚裏雷鳴"으로 되어 있다. 그 중, "古鹿鹿고록록"을 "骨魯魯골로로" 혹은 "古魯魯고로로"라고도 적을 수 있었는데, "骨(物)"과 "鹿(屋)"은 입성자이고 "古, 魯(模)"는 음성운자이다. 이는 입성자가 이미 폐쇄음塞音 운미의 특징을 잃고, 주모음 혹은 새로 증가한 모음운미에 의존하여, 대응하는 음성운부에 병입되었다는 것을 나타낸다.

『중원음운』은 바로 당시의 입성운이 사라진 이러한 사실을 반영하고 있다. 원래의 입성자는 이미 각각 제미齊微·어모魚模·개래皆來·소호蕭豪·가과歌戈·가마家麻·차차車遮·우후尤侯 등 8개 음성운부에 나누어 들어갔다. 이 외에 일부 소수 글자는 지사支思운부(본 절 시작 부분의 비교표 참조)로 병입되었다. 『광운』의 운목으로 보면, 대체로『광운』질質·집緝·직職·석昔·덕德·석錫·흘迄·맥陌(見母 開3)의 여러 운이 제미부齊微部에 병입되었는데, 예로 "必疾七失室吉一·集及習急泣·直食極憶翼·積昔夕赤尺益亦·德得賊黑勒·壁僻的滴剔歷寂錫擊·乞訖·碧戟隙屐劇" 등 자 ;『광운』의 陌·麥·職(照3)·德(見系)韻은 개래부皆來部에 병입되었는데, 예로 "白帛宅澤窄格客額·麥脈摘責策革隔·則刻"등 자; 그리고 『광운』의 屋·沃·燭·没·物·術韻은 어모부<sub>魚模部</sub>에, 예로 "卜僕服福木獨讀族谷數屋·篤督毒酷鵠沃·綠足俗燭觸束曲辱玉·没突卒骨忽·拂佛物屈·律出術述"등 자; 『광운』의 鐸·覺·藥·末韻은 소호부<sub>蕭豪部</sub>에, 예로 "博泊莫鐸託洛作錯各惡·剝卓琢捉覺角岳·爵鵲削酌綽杓脚約藥·末抹"등 자; 『광운』鐸·覺·藥 세 개 운의 탁성모 및 영모<sub>影母</sub> 자는 曷·末·合韻 및 盍·物·没韻의 일부자와 함께 가과부<sub>歌戈部</sub>에 병입되었는데, 예로 "鄂惡莫幕洛諾鶴鐲岳學·略掠若弱虐邀藥約·葛割渴·鉢撥奪脱·闊活·合盒閤蛤·盍·佛·勃"[22] (이 중 적지 않은 한자가 또 다른 음을 가짐) 등 자; 『광운』點·鎋·月(脣音)·合·盍·狎·洽·乏"韻은 가마부<sub>家麻部</sub>에, 예로 "八拔抹察殺·瞎轄·發襪·答納 拉雜·塔榻臘蠟·狎匣甲壓押鴨·劄插霎狹夾恰·法乏"등 자; 『광운』月·薛·屑·葉·業·怗·陌韻은 차차부<sub>車遮部</sub>에, 예로 "歇謁蕨月越·別滅舌杰劣雪拙説悦·茇鐵節切結噎決缺·聶接妾涉葉·劫怯協業·跕帖叠·客"등 자이다. 우후부<sub>尤侯部</sub>에 병입된 것은 단지 옥운<sub>屋韻</sub>의 "軸粥逐宿竹熟六肉"과 촉운<sub>燭韻</sub>의 "燭褥"등 자이며, 또한 동시에 많이 어모부<sub>魚模部</sub>에 들어갔다. 지사부<sub>支思部</sub>로 병입된 것은 덕운<sub>德韻</sub>의 "塞", 즐운<sub>櫛韻</sub>의 "瑟"과 집운<sub>緝韻</sub>의 "澀" 세 글자 뿐이다. 그 중의 "塞"은 개래부<sub>皆來部</sub>에도 들어갔다.

『중원음운』에서 일부 입성자는 두 개 운부에 병입되었다. 예를 들면 "逐軸熟(양평)·宿燭粥竹(상성)·褥(거성)"등 자는 어모부<sub>魚模部</sub>에 들어가기도 하고 우후부<sub>尤侯部</sub>에 속하기도 하며; 또 예로 "客(상성)·額(거성)"은 개래부<sub>皆來部</sub>에 들어가기도 하고 차차부<sub>車遮部</sub>에 속하기도 한다. 또 예로 "薄箔泊縛鐸度鑿濁擢鐲鶴學(양평)·末沫幕寞莫諾搭洛落烙絡酪樂萼鴞鰐惡略掠弱蒻虐瘧岳藥躍鑰(거성)"등 자는 소호부<sub>蕭豪部</sub>에 들어가기도 하고 가과부<sub>歌戈部</sub>에도 속하며; 그리고 예로 "抹말"자는 가과부<sub>歌</sub>

戈部에 들어가기도 하고 가마부家麻部에 속하기도 한다. 이런 현상이 『광운』·『집운』·『고금운회거요』에서는 일반적으로 한 가지 독음만 있고, 『몽고자운蒙古字韻』에서도 한 가지 독음만 있다. 그러나 원대 희곡의 용운에서 어떤 자는 두 가지로 독음될 수 있다. 예를 들면, "熟"자를 관한경의 『노재랑魯齋郎』에서는 어모부魚模部에 압운되어 들어갔으나, 그의 『단편탈삭單鞭奪槊』에서는 우후부尤侯部에 들어갔다. 어떤 사람은 주덕청의 말을 인용하여, 이것은 "압운을 폭 넓게 쓰기 위해 마련된 것"으로, 반드시 구어를 반영한 것은 아니라고 여겼다. 그러나 우리는 이것이 바로 『중원음운』의 작가가 당시 구어 중의 문백이독文白異讀을 매우 여실히 기록한 것이라고 본다.[23] 그 중 일부는 현대 한어에 여전히 보존되어 있다. 예를 들면, 다음과 같다.

| | 熟 | 薄 | 落 | 鑿 | 樂 | 瘧 |
|---|---|---|---|---|---|---|
| 文 | shú | bó | luò | zuó | lè | nüè |
| 白 | shóu | báo | lào | záo | lào | yào |

현대 한어에 새로운 문백이독도 나타났다. 예를 들면,

| | 脚 | 色 | 塞 | 剝 |
|---|---|---|---|---|
| 文 | jué | sè | sè | bō |
| 白 | jiǎo | shǎi | sāi | bāo |

『몽고자운蒙古字韻』에서 파스파자모八思巴字母로 대역한 한자는 입성자와 그와 어울리는 평성·상성·거성자를 모두 같은 음으로 역음하였다. 예를 들면, "姑·古·故·谷"을 모두 [ku]로, "肌·幾·寄·急"을 모두 [ki]로 역음하였는데, 이것은 또한 바로 양내사楊耐思 선생이 원대에 아직 독립적인 입성조가 있다고 주장한 근거 중 하나이기도 하다. 그러나 그는

또 그 시대의 입성조는 이미 단축短促한 특징이 없고(심지어 성문폐쇄음
[-ʔ]도 없어짐), 음성운과 차이가 없다고 하였다. 이는 사실상 원대 관화
의 입성운이 확실히 없어졌다는 것을 인정한 것이다.


주석

[1] 魯國堯, 『宋代辛棄疾等山東詞人用韻考』, 『南京大學學報』 1979:2 ; 『宋
代蘇軾等四川詞人用韻考』, 『語言學論叢』 제8집, 1981.

[2] 송사 19부 중, 咍(灰泰)는 제5부에 속하고 ; 支(脂之微)와 齊祭廢는 제3
부에 속한다. 청대 과재(戈載)의 『詞林正韻』 참조.

[3] 이 책은 周德淸의 『中原音韻』과 卓從之의 『中州樂府音韻類編』에 근거,
수정 증보하여 만든 것으로, 대략 홍치(弘治) 말년과 정덕(正德) 초년 사
이, 즉 1500년 전후에 만들어졌다. 張竹梅의 『「中州音韻」研究』, 中華書
局, 2007 참조.

[4] 唐作藩, 「唐宋蟹・止二攝的分合」, 『言語研究』 제20기, 1991 ; 『漢語史
學習與研究』, 商務印書館, 2001.

[5] 廖珣英, 「關漢卿戲曲用韻」, 『中國語文』 1963:4.

[6] 예로 『韻鏡』 『七音略』.

[7] 司馬光의 저작으로 전해지지만, 확실하지 않다. 근대의 추특부(鄒特夫)는
송인(宋人) 손적(孫覿)의 『切韻類例・序』에 근거하여, 이 책이 양중수(楊
中修)의 저작이라고 고증하였다.

[8] 許世瑛, 『朱熹口中已有舌尖前高元音説』, 『淡江學報』 1971:9 참조.

[9] 이런 상황은 麻韻部 2등에 그치지 않고, 기타 운부의 2등운도 마찬가지다.
예로, 佳・皆・刪(黠)・山(鎋)・肴・江(覺)・庚(陌)・耕(麥)・咸(洽)・銜(狎).

[10] 甯忌浮, 『校訂五音集韻』, 中華書局, 1992.

[11] 張世禄, 「杜甫與詩韻」, 『復旦大學學報』 1962:1.

[12] 鮑明煒, 「李白詩的韻系」, 『南京大學學報』(人文) 1957:1 ; 荀春榮, 「韓
愈詩歌用韻」, 『言語學論叢』 제9집, 商務印書館, 1982.

[13] 姚振武, 『皮日休詩韻考』, 미간행 원고.

[14] 朱敦儒, 南宋 洛陽人.

[15] 전자는『南京大學學報』1979:2, 후자는『言語學論叢』제8집에 게재.

[16] 魯國堯,「宋詞陰入通叶現象的考察」,『音韻學研究』제2집, 中華書局, 1986.

[17] [19] 唐作藩,「蘇軾詩韻考」,『王力先生紀念論文集』, 商務印書館, 1990

[18] 주석 [15] 참조.

[20]『全唐詩』卷870, 中華書局, 1960.

[21]『全唐詩』편자의 소개에 의하면, 호증(胡曾)은 호남 소양(邵陽) 사람으로, 그의 처족방언(妻族方言) 상황은 분명하지 않다. 그러나 한어 방언의 발전은 매우 불균형적이다. 하경용(何耿鏞)의 연구에 의하면, 어떤 하강(下江) 방언은 18세기에 이르기까지 여전히 입성운미 [-p]를 보존하였을 가능성이 있다. 何耿鏞,「從鄭板橋詩歌押韻看18世紀揚州方音特點」,『語海新探』, 福建人民出版社, 1988 참조.

[22] 어떤 일부 한자는 두 가지 독음을 지닌다. 下文 참조.

[23] 張清常,「『中原音韻』新著録的一些異讀」,『中國語文』1983:1 ; 楊耐思, 「『中原音韻』兩韻並收字讀音考」,『王力先生紀念論文集』, 商務印書館, 1990

**주요 참고문헌**

楊耐思,『中原音韻音系』, 中國社會科學出版社, 1981.

甯繼福,『中原音韻表稿』, 吉林文史出版社, 1985.

唐作藩,『普通話語音史話』, 語文出版社, 2000.

張清常,「『中原音韻』新著録的一些異讀」,『中國語文』1983:1.

# ④ 근고 성조체계의 발전

상고에서 중고에 이르기까지, 한어 성조의 종류는 모두 평·상·거·입의 4성으로 나뉜다. 상고에는 비록 5성, 즉 입성을 장·단으로 나누었으나, 운미와 음고音高로 보면, 실제 한 종류에 속한다. 중고 전·후기는 모두 평·상·거·입 4성이다. 근고의『중원음운』에 이르러서는 평성음平聲陰·평성양平聲陽·상성과 거성 네 가지 성조로 변화되었다. 같은 네 가지이지만, 이미 질적인 변화가 일어났다.『중원음운』이 성조 면에서 보여준 가장 큰 특징은 바로 평성이 음양으로 나뉘고平分陰陽, 탁음 상성이 거성으로 변하며濁上變去, 입성이 타 3성으로 나누어 들어간入派三聲 것이다.

## 4.1 평분음양平分陰陽

평성이 음평과 양평으로 나누어지는 것은 성모의 청탁淸濁을 조건으로 한다. 이는 현대한어 수업에서 언급한 적이 있어 모두 이미 알고 있을 것이다. 한어어음학사에서『중원음운』은 "평분음양"이라는 사실을 체계적으로 기록한 첫 번째 운서이다. 주덕청은 "자서自序"에서 "평분음양"을 언급할 때, "글자는 음·양의 구별이 있는데, 음양자陰陽字는 평성에 있고, 상·거성에는 모두 없다. 상·거성은 각각 한 개 성조에 그치고, 평성만 2개 성조: 상평성과 하평성이 있다. 상평성은 一東에서 二十八山을, 하평성은 一先에서 二十七咸을 가리키는 것이 아니다.[1] 선배들은『광운廣韻』에 평성이 많다 하여 상·하권으로 나누었는데, 그 음을 나눈 것은 아니다. 특히 평성자는 상평과 하평의 구분이 있으나, 음만 있고 글자가 없는 구별이 있음을, 그리고 一東에서 山까지가 전부 상평성이고, 一先에서 咸까지가 전부 하평성이 아니라는 것을 모른다. 예를 들면, '東·紅'

두 글자의 분류를 보면, '東'자는 하평성으로 음陰에 속하고, '紅'자는 상평성으로 양陽에 속한다. 음에 속한 자는 하평성이고, 양에 속한 자는 상평성이다. 만약 '東'자로 평측平仄을 배합해보고, 또 '紅'자로 평측을 배합해보면, 평성의 음양 자음字音을 알 수 있고, 상·거성의 두 성조가 각각 한 개 성조로 그치고 음양의 구별이 없다는 것을 알 수 있다. 더욱이 상·거 두 성조는 귀절 중간이나 운각韻脚에 두면 음양의 구분이 없다. 오직 만사慢詞 중에서만 그 소리를 끌어 쓸 수 있다. 이는 자연스러운 이치이고, 묘미가 바로 여기에 있으니, 초학자가 어찌 알 수 있으랴! 이것이 작사作詞의 고황膏肓이고, 용자用字의 골수이며, 모두 전하지 못하는 묘한 이치이니, 스스로 깨우쳐야 하는 것이다. 계속 반복하여 그 소리를 추측하고, 도화선영桃花扇影 시문詩文의 성조에 얽매이는 병을 앓고서야 그것을 얻는 것이라."[2]고 하였다.

그 이전에, 당·송대 시사詩詞의 용운에는 평성의 분화가 반영되지 않았다. 그러나 우리가 『중원음운』 이전에 평성이 이미 분화하기 시작하였다고 추측하는 데는 이유가 있다. 한어 어음 발전의 역사와 현대 방언의 사실로부터 성조의 변천 분화는 성모의 청탁과 매우 밀접한 관계가 있음을 알 수 있다. 청탁 성모가 다름으로 인해, 평성자가 우선 성조값調値 혹은 성조유형調型에서 점차 차이가 생겼을 가능성이 크다. 예를 들면, 같은 평성자 "天"과 "田"은 그 성조값이 원래는 중평조中平調(33ㅓ)[3]로 가정假定되는데, 청탁 성모의 차이로 점차 분화되어, 청성모자 "天"은 고평조高平調(55ㄱ)로, 탁성모자 "田"은 저평조低平調(11ㅣ) 혹은 저승조低升調(12ㅓ)로 변독變讀되었고, 그 결과, 평성이 두 종류의 성조로 분화되었다.

평성이 두 개의 조류調類로 나누어진 것이 성모의 청탁을 조건으로 하였다면, 평성의 분화는 분명 전탁성모의 청음화(무성음화) 이전에 이루어졌을 것이다. 그렇지 않으면 청탁이 분화 조건으로 될 수 없다. 만약 원대의 『중원음운』처럼 전탁성모가 모두 이미 청성모로 변하였다면, 그 무슨 분화 조건을 논할 수 있겠는가!

또한 일부 문헌 자료 역시 일찍이 9세기 이전에 한어 성조가 이미 분화하기 시작하였음을 증명할 수 있다. 일본의 『대정신수대장경大正新修大藏經』 중에 승려 안연安然의 『실담장悉曇藏』에서는 평성에 경중輕重의 구분이 있다고 하였다. 소위 "경중"이라 함은 바로 두 종류의 다른 성조를 말한다. 동시에 기타 자료에 근거하면, 또 평성의 경중이 바로 청·탁 성모자의 성조가 다른 것임을 알 수 있다. 따라서 평성이 음·양으로 나누어지는 현상은 일찍이 당대에 이미 발생한 것이라고 초보적으로 단정할 수 있다.

현대 한어의 각 지방 음은 일반적으로 모두 음·양으로 나뉘는데, 단지 북방 방언 중 하북河北의 난현灤縣·장가구張家口, 감숙甘肅의 천수天水·강락康樂 등 소수의 방언에서만 평성이 한 종류뿐으로, 음양으로 나누지 않는데, 예로 난현 사람들은 "唐山"과 "湯山"을 동음으로 읽는다. 그리고 일부 지방에서는 양평자만 독립적으로 한 종류를 이루고, 음평자는 상성에 병입되었으며, 예로는 하북 임성臨城 방언이 해당된다.

## 4.2 탁상변거濁上變去

중고 한어의 상성자는 근고에 이르러 상·거성으로 분화되었는데, 이것도 성모의 청탁이 다름으로 인해 일어난 일종의 음변音變 현상이다. 성모가 전청全淸·차청次淸·차탁次濁인 글자는 여전히 상성으로 읽고, 성모가 전탁음인 것은 거성으로 변하여, 즉 거성자의 음고音高와 같아져 한 종류로 합류하였다. "탁상변거"는 사실상 전탁 상성이 거성으로 변한 것이다. 예를 들면, 다음과 같다.

全清上聲：比表(幫) 府粉(非) 朵堵(端) 宰早(精) 嫂想(心)
扗展(知) 爪斬(莊) 所爽(生) 沼枕(章) 古感(見)
喜罕(曉) 媪碗(影)

次清上聲：叵品(滂) 撫菲(敷) 土妥(透) 取慘(清) 楮逞(徹)
楚闖(初) 處蠢(昌) 可苦 (溪)

次濁上聲：買滿(明) 武晩(微) 裸魯(來) 努腦(泥) 染爾(日)
五仰(疑) 雨以(喻)

全濁上聲：陛抱伴棒(並) 父婦範憤(奉) 弟杜舵誕(定)
坐薺瓚静(從) 似序像(邪) 雉柱趙湛(澄)
茬士撰(崇) 是墅绍受善(禅) 巨跪痙(群)
蟹匯旱限項杏(匣)

全濁去聲：避暴辦傍(並) 附駙飯份(奉) 第度惰淡(定)
座劑暫净(從) 寺緒彗(舊讀 suì) 羡(邪) 稚住召綻(澄)
乍助棧(崇) 示剩(船) 視樹邵壽贍盛(禪) 具櫃競(群)
惠汗陷巷行品(匣)

全清去聲：閉報半謗(幇) 付富販糞(非) 帝妒剁旦(端) 佐霽贊(精)
四絮綫相姓(心) 致駐罩站(知) 詐蘸(莊) 數瘦汕(生)
至注照戰(章) 試庶獸扇聖(書) 據貴勁(見) 酗晦漢獻向(曉)

위의 예를 통하여 알 수 있듯이, 차탁상성자는 여전히 상성으로 읽고, 전탁상성은 거성과 합류하였다. 물론 소수의 예외도 있다. 예를 들면, "腐釜輔(奉) 艇挺梃(定) 窘(群) 缓皖(匣)" 등 전탁 상성자는 지금도 여전히 상성으로 읽는다.[5] 그러나 일반적인 상황을 보면, 전탁상성이 거성으로 읽어진 변화 규율은 의심할 바 없다. 그 원인은 아마도 전탁 상성자의 성조값·성조유형이 먼저 전탁 거성의 것과 같거나 비슷하게 변하여, 점차 상성자가 청·탁의 차이로 분화가 일어나고, 후에 전탁성모가 무성음화된 후, 원래의 전탁상성은 거성과 완전히 합류하게 되었을 것이다.

당대 석처충釋處忠의『원화운보元和韻譜』에 기록된 당시 평·상·거·입 4성의 성조값에 대한 묘사를 근거로, 당시 상·거 두 개 성조의 성조값·성조유형 및 그 변천 상황을 가정하면 다음과 같다.

| 聲調 | 例字 | 調型 |
|------|------|------|
| 上聲 | 補普魯努 | ↗ → ⌐ → ⌐⌐ |
| 上聲 | 部 | ↗ → ⌐ → ⌐ |
| 去聲 | 步 | ⌐ → ↘ → ↘ |
| 去聲 | 布鋪路怒 | ↗ → ↘ → ↘ |

북방어의 "탁상변거" 현상은 대략 8~9세기, 즉 중당中唐 시기에 이미 보편적으로 나타났다. 많은 자료가 이 역사적 사실을 증명하고 있다. 예를 들면, 한유韓愈(768~824, 하양(河陽), 오늘의 하남(河南) 맹현인(孟縣人))의 『휘변諱辯』은 이미 사람들의 주목을 받았다. 그는 "주나라 때 성과 이름의 음이 같은 騏期라는 사람이 있었고, 한나라 때에는 杜度라는 사람이 있었는데, 이 경우, 그 자식들의 이름을 지을 때 어떻게 피해서 지어야 옳단 말인가? 아버지의 이름자와 음이 같은 혐명嫌名을 피하기 위해 성마저 갈아야 할 것인가?"라고 하였는데, 그 중 "杜度" 두 글자는 비록 같은 정모定母이지만, 운韻과 성조는 본래 다르다. "杜"는 상성 모운姥韻이고 "度"는 거성 모운暮韻이다. 여기서 한유의 구어에서는 이미 구분하지 않는다는 것을 알 수 있다. 또 예를 들면, 당말 이부李涪의 저작『간오刊誤』중의 "절운" 조條에서, 그는 당시의 낙양음을 표준으로 하여『절운』음을 고찰하였는데,『절운』에서는 흔히 "상성이 거성이고, 거성이 상성이다上聲爲去, 去聲爲上"라는 것을 느꼈다. 그는 "恨怨의 恨은 거성이고, 很戾의 很은 상성이다. 그리고 言辯의 辯은 상성이고, 冠弁의 弁은 거성이다.

그리고 舅甥의 舅는 상성이고, 古舊의 舊는 거성이다. 그리고 皓白의 皓는 상성이고, 號令의 號는 거성이다. 그리고 恐 자와 恨 자는 모두 거성이다. 지금의 사군자士君子는 상성으로 恨을 읽고, 거성으로 恐을 읽으니, 유식한 자의 비웃음을 사지 않겠는가?"라고 하였다. 이 중 "很·辯·舅·皓"는 원래 모두 전탁 상성자[7]였는데, 이부李涪는 교정한 어음에 근거하여 이미 거성으로 바꾸어 읽었다. 또한 당말 『개몽요훈開蒙要訓』의 주음注音도 이러한 "탁상변거" 현상을 반영하였다. 예로, "盜音道, 艦音監, 腎音愼"[8]과 같다. 당시唐詩의 용운도 이런 현상을 반영하고 있다. 예를 들면, 백거이白居易(772~846) 『비파인琵琶引』에서 "自言本是京城女, 家在蛤蟆陵下住. 十三學得琵琶成, 名屬教坊第一部. 曲罷曾教善才伏, 妝成每被秋娘妒. 五陵年少爭纏頭, 一曲紅綃不知數. 鈿頭銀篦擊節碎, 血色羅裙翻酒污. 今年歡笑復明年, 秋月春風等閒度. 弟走從軍阿姨死, 暮去朝來顔色故. 門前冷落鞍馬稀, 老大嫁作商人婦. 商人重利輕別離, 前月浮梁買茶去."에서 "部·婦" 두 글자는 원래 전탁 상성으로, 여기에서는 거성자 "住·妒·數·污·度·故·去"와 압운되어, 이들이 이미 거성으로 변하였다는 것을 나타낸다. 뢰강기賴江基 교수의 연구와 고찰에 의하면, 백씨白氏 시가는 모두 2,809수가 있고, 운례韻例는 3,345회가 되는데, 그 중 평성자가 서로 2,666회 압운되고, 상성자가 서로 187회, 거성자가 서로 172회, 입성자가 서로 271회 압운되었으며; 각 성조가 통압通押된 것으로, 평·상성이 1회, 평·거성이 1회, 상·거성이 47회가 된다. 이 47회 중에서 일반 상성자와 거성이 15회 압운되고, 전탁 상성자와 거성이 통압된 것이 32회가 된다. 통계에 의하면, 백거이 시 입성운의 전탁 상성자는 모두 62개인데, 단지 거성자와 서로 압운된 것은 "社·部·墅·殆·罷·弟·妓·限·辨·緩·愼·象·幸·重" 등 14개이고, 단지 상성과 압운된 것이 33개(생략)이며, 상성·거성과 압운된 것이 15개로, "坐·柱·是·下" 등이 해당된다. 이처럼 전탁 상성이 거성으로 변한 것은 중고 후기에 이미 발생된 변화다.

송대 장린지張麟之는 『운경韻鏡』에 기록된 "석례釋例"에서도 당시의 이러한 탁상변거 현상을 지적하였다. 그 "上聲去音字" 조에서는 "지금은 운韻에 따라 상성 탁음의 자리는 거성으로 읽어야 한다."는 내용이 있다. 이는 남송南宋에 이르러 전탁 상성이 거성으로 변독되는 현상이 전국의 많은 방언에서 보편적으로 발생하였다는 것을 설명한다. 『중원음운』은 다만 이런 역사적 사실을 체계적이고 명확하게 기록하였다. 예를 들면, 동종운東鐘韻 "鳳奉諷縫", 강양운江陽韻의 "謗傍蚌棒", 제미운齊微韻의 "帝諦締第弟娣悌地遞蒂棣", 소호운蕭豪韻의 "道稻到倒盜導", 개래운皆來韻의 "拜湃敗憊粺", 진문운真文韻의 "盡晋進燼", 한산운寒山韻의 "旱悍銲漢翰瀚汗骭", 선천운先天韻의 "善鱔饍墡禪擅單扇煽", 우후운尤侯韻의 "厚近後候堠后"가 각각 동음이다. 그리하여 "탁상변거"의 결과, 일부 원래 독음이 다른 글자·어휘가 모두 합류되고 음이 같아졌다. 예를 들면, "解"자는 성씨에 쓰일 때는 원래 상성 胡買切이지만, 지명(산서山西 해현解縣)에 쓰일 때는 거성 胡懈切로 읽는데, 지금은 모두 "xiè"로 읽는다. 또 예로 "坐下앉다"의 "坐"는 원래 상성 徂果切로 읽고, 명사인 "座位좌석"의 "座"는 거성 徂卧切로 읽는데, 현재는 모두 거성 "zuò"로 읽는다. 같은 상황의 글자로 "後·近·上·下" 등도 있다.

## 4.3 입파3성入派三聲

『중원음운』의 기록은 원대元代 대도화大都話의 입성조入聲調가 이미 사라졌다고 표명했다. 입성조의 소실은 입성운의 발전 변화와 연결되어 있다. 앞 절 "근고 운부의 발전"에서 한민족漢民族 공통어의 입성운이 음성운으로의 변화가 최후로 완성된 것이 14세기, 즉 금金·원元 사이로 논한 바 있다. 그러면, 입성조의 소실도 마땅히 이 시기여야 한다. 요순영廖珣

英 연구원은 관한경의 희곡과 제궁조諸宮調의 용운을 연구하고, 통계 분석한 적이 있다. 그는 입성자가 평·상·거 3성에 압운되어 들어가는 현상이 이미 아주 보편적이었다는 것을 발견하였다.[10] 원말元末 명초明初에 도종의陶宗儀가 저작한 『남촌철경록南村輟耕録』의 "광한추廣寒秋" 조條에 우집虞集이 촉한蜀漢의 일을 노래한 산곡散曲이 실렸는데, 여기에는 입성자와 평·거성이 서로 압운하는 예가 적지 않다. 도종의는 "오늘의 중주운 입성은 평성과 비슷하고, 거성으로도 쓸 수 있다. 그래서 '촉蜀·술術' 등 자는 모두 어우魚虞와 비슷하다.今中州之韻入聲似平聲, 又可作去聲, 所以'蜀、術'等字皆與魚虞相近。"고 하였다.

주덕청은 「정어작사기례正語作詞起例」에서 "『음운』에는 입성이 없고, 평·상·거 3성에 나누어져 들어갔다."고 하였다. 이는 바로 중고 입성자가 이미 평성양平聲陽·상성과 거성에 나누어 전입되었다는 것이다. 이런 발전 변화는 뚜렷한 규율과 조건이 있다. 『중원음운』의 8개 음성운부에는 각각 "입성이 모某성으로 되다.入聲作某聲"라고 주석되어 있다. 즉, 전탁성모 입성자는 양평陽平에, 차탁성모 및 영모影母 입성자는 거성에, 청성모자는 상성에 파입派入 되었다. 다음은 제미운부에 파입된 고입성자古入聲字의 예다.

入聲作平聲陽 : 逼(幫)·荻狄敵(定)·逖(透)笛糴(定)·疾嫉(從)茸(精)集寂(從)·習夕席襲(邪)·直値侄擲秩(澄)·實(船)十什石(禪)射食蝕(船)拾(禪)·及極(群) ; 賊(從)·劾(匣) ; 惑(匣)

入聲作上聲 : 必畢蹕篳碧壁璧(幫)·甓(並)·闢匹僻劈(滂)·的靮嫡滴(端)·滌剔踢(透)·唧積稷績跡脊鯽(精)·七戚慼刺(清)·昔惜息錫淅(心)·質隻炙織騭汁祇(章)·尺赤喫勅叱鶒(昌)·失室識適拭軾飾釋濕奭(書)·吉擊激諫棘戟急汲給(見)·乞泣訖(溪) 吸隙翕(曉)橄覡(匣)·一(影) ; 德得(端)·黑(曉) ; 筆北(幫)·國(見)

入聲作去聲： 覓蜜(明)·匿(泥)·立粒笠曆歷櫪瀝癧靂礫力栗(來)·日
入(日)·劇(群)·逸易場譯驛(喩)益(影)溢鎰鷁液腋掖疫
役(喩)一(影)佾泆迭(喩)乙邑憶揖(影)翊翼(喩)；勒肋
(來)·墨密(明)

이상 모두 163자이다. 그 중, 양평으로 읽는 것이 34자로 20.9%, 상성으로 읽는 것이 82자로 50.3%, 거성으로 읽는 것이 47자로 28.8%를 차지한다. 이는 『중원음운』에 수록된 모든 입성자가 3성에 나누어 들어간 비례와 거의 비슷하다. 우리의 통계에 의하면, 『중원음운』에는 고입성자가 총 733개 수록되어 있는데, 평·상·거 3성에 파입된 상황은 다음 표와 같다.

| | 全濁聲母 | 次濁聲母 | 淸聲母 | 影母 | 總計 | 百分率 |
|---|---|---|---|---|---|---|
| 平聲陽 | 171 | 0 | 9 | 0 | 180 | 24.6% |
| 上聲 | 12 | 1 | 332 | 2 | 347 | 47.3% |
| 去聲 | 1 | 188 | 1 | 16 | 206 | 28.1% |
| 合計 | 184 | 189 | 342 | 18 | 733 | |

이는 현대 한어의 입성이 4성에 파입된 상황과 비교적 큰 차이가 있는데, 다음 절에서 상세하게 토론할 것이다.

『중원음운』 입성자의 귀속(분류)은 아마 한 글자도 차이가 나지 않는 것은 아닐 것이다. 주덕청은 "정어작사기례正語作詞起例"에서 "평상거입 4성이, 『음운音韻』에는 입성이 없고, 평상거 3성으로 나누어 들어갔는데, 선배의 가작佳作 중에 명백하게 기재하였으나, 이를 묶은 자가 없다. 오늘 이를 동성同聲(같은 소리)으로 모았는데, 혹시 부적절한 것이 있으면, 나와 뜻을 같이 하여 바르게 고치겠는가!平上去入四聲,《音韻》無入聲, 派入平上去三聲, 前輩佳作中間備載明白, 但未有集之者. 今撮其同聲, 或有未當, 與我同志改

而正諸!"라고 하였다. 여기에서 "或有未當"이라고 하였는데, 이는 단지 주덕청의 겸손의 말이 아니라 불분명한 것이 확실히 있었을 가능성이 있다. 혹은 고입성자의 변천이 당시에 진행되고 있는 단계에 있어, 일부 글자 독음의 분류가 아직 고정되지 않았을 가능성(현대 방언에도 이런 현상이 존재)도 있다. 고찰에 의하면, 『중원음운』과 거리가 30년도 안 되는 탁종지卓從之의 『중주악부음운류편中州樂府音韻類編』(1351)에서는 일부 청성모자를 양평에 넣어, 『중원음운』의 분류와는 좀 다르다.

입성이 소실된 원인과 입성운의 전환은 일치되는 것으로, 이것은 북방어 어음 발전의 기본 추세, 즉 간화簡化가 병행하는 데 따른 것이며, 동시에 한어 어휘의 복음화複音化와 매우 큰 관계가 있다. 고 입성의 자음 운미(-p·-t··-k)는 본래 비교적 단촉短促하여, 복음사의 연독과정 중에 상호 영향으로 점차 마모되어 없어졌다. 또한 대량의 쌍음사가 출현하여 원래의 입성운과 입성조가 품사와 어의語義를 구별하는 임무를 맡았을 가능성도 있다. 한민족漢民族 공통어의 표준음, 즉 북경어음체계로 말하면, 새로운 경음의 출현 또한 입성의 소실로 보상 받은 것이다. 사물의 역사적 발전은 결국 고립적인 것이 아닌, 연계된 것이다.

주석

[1] 今本 『廣韻』 下平聲에는 29개 韻이 있다. "咸(함)"은 제26운이고, 제27운은 "銜(함)", 제28운은 "嚴(엄)", 제29운은 "凡(범)"이다. 주덕청이 본 것은 아마 다른 판본일 수 있다.

[2] 단지 한 개의 예외만 있는데, 즉 "鼻" 자로, 『廣韻』에서는 거성 至韻, "毗至切"이지만, 『中原音韻』에서는 齊微部에 속하고, "去聲作平聲陽(거성이 평성양으로 된 것)"으로 읽는다. 오늘의 보통화도 그러하다.

[3] 당대 석처충(釋處忠) 『元和韻譜』의 당시 4성 調値에 관한 묘사를 보면, "평성은 애달프고 안정적이며, 상성은 중후하다가 올라가고, 거성은 맑고 멀리

나가며, 입성은 음이 급하고 촉박하다.(平聲哀而安, 上聲厲而舉, 去聲淸
而遠, 入聲急而促。)", 그리고 명대 석진공(釋眞空)『약시가결(鑰匙歌訣)』
은 "평성은 평평하고 낮거나 높지 않게, 상성은 높고 맹렬하고 강하게, 거
성은 분명하고 애처롭게 멀리, 입성은 짧고 급하게 거둬들여야 한다.(平
聲平道莫低昂, 上聲高呼猛烈强, 去聲分明哀遠道, 入聲短促急收藏。)"고
하였다. 후자는『康熙字典』권두에 수록되어 있다.

[4] 周祖謨,「關於唐代方言中四聲讀法的一些資料」,『語言學論叢』제1집, 1958
; 遠藤光曉,「悉曇藏の中國語聲調」, 京都大學 人文科學硏究所『漢語
史の諸問題』, 1990 참조.

[5] 『中原音韻』魚模部에 수록된 "釜輔"는 이미 거성으로, 桓歡部에 수록된
"緩" 역시 이미 거성으로 읽었으나, "艇挺"은 여전히 상성으로 읽었다. 오
늘의 보통화와는 조금 다르다.

[6] 위의 주석[3] 참조.

[7] 『廣韻』: 很, 胡懇切; 辯, 符蹇切;『集韻』平免切; 舅, 其九切; 皓, 胡老切

[8] 『廣韻』盜, 徒到切, 道, 徒皓切; 艦, 胡黤切, 監, 格懺切; 腎, 時忍切,
慎, 時刃切.

[9] 賴江基,「從白居易詩用韻看濁上變去」,『暨南大學學報』1982:2 ; 池曦朝
・張傳曾,「白居易詩歌韻脚中的陽上作去現象」, 中國人民大學『語言論集』
제1집; 國赫彤,「從白居易詩文用韻看濁上變去」,『語言研究』1994 增刊.

[10] 廖珣英,「關漢卿戲曲的用韻」,『中國語文』1963:4 ;「諸宮調的用韻」,
『中國語文』, 1964:1.

### 주요 참고문헌

王力,『漢語史稿』제2장 제29절, 科學出版社, 1958.
甯繼福,『中原音韻表稿』, 吉林文史出版社, 1985.
唐作藩,『普通話語音史話』, 語文出版社, 2000.

# 제5장
# 근고에서 현대까지
# 한어 어음체계의 발전

 **『중정사마온공등운도경』과 현대 한어 어음체계**

　『중원음운中原音韻』이 출간된 후, 그 영향으로 원元·명明·청淸 시기에 많은 북방어를 반영하는 운서韻書와 운도韻圖를 포함한 음운 저작이 출현하였다. 예를 들면, 앞의 제4장 제1절에서 소개한 바와 같다. 그 중, 가장 중요한 것은 명대 서효徐孝의 『중정사마온공등운도경重訂司馬溫公等韻圖經』(『등운도경』으로 약칭)이다. 이는 『중원음운』에서 현대 한어에 이르기까지의 가장 대표적인 음운 저작으로, 『중원음운』 음운 체계에서 현대 한어 어음체계에 이르는 과도기적 중요 단계를 반영하였는데, 이는 근고 후기 북경음에 대한 실제 기록이다.

　『등운도경』은 장원선張元善이 엮은 『합병자학편운편람合併字學篇韻便覽』에 수록되어 있다. 장원선의 본적은 하남河南 영성永城이며, 귀족 출신으로 오랫동안 북경에서 관직을 맡았다.[1] 그는 『편람』의 총 교정 중간重刊 서명에서 "特進榮祿大夫柱國惠安伯永城張元善"이라 적었다. 이 책은 명대 만력萬曆 34년(1606년)에 초간初刊 되었는데, 그 자서自序에서 "나는 여가 때 여러 책을 섭렵하고, 날마다 자의字義에 능통한 자와 학문을 토론하여, 편운篇韻(옥편과 광운)을 조금 안다. 그래서 운율가 서자徐子와 여러 편운에 능통한 자를 널리 방문하여 모든 심혈을 기울여 그들의 사상을 연구하고 그 근원을 밝히며 … 번잡한 것은 없애고 간단한 것을 취하며, 요약한 것으로 광범위한 내용을 포함하였다."고 하였는데, "徐子"는 서효徐孝를 가리킨다.

『편람』은 네 부분을 포함하는데, (1)『합병자학편운편람合倂字學篇韻便覽』, (2)『합병자학집운合倂字學集韻』, (3)『사성령솔보四聲領率譜』, (4)『중정사마온공등운도경重訂司馬溫公等韻圖經』이다. 『등운도경』 및 『합편合篇』 『합운合韻』 각 권에는 균히 "특진 영록대부 주국 혜안백 영성 장원선 교정 간행, 금대 포의거사 서효 합병特進榮禄大夫柱國惠安伯永城張元善校刊, 金臺布衣居士徐孝合倂"이라고 서문에 적었다. 『편람』의 실제 작가는 서효이다. 서효는 평민 출신으로, 『명사明史』에 전하지 않는다. "금대金臺"는 역사에서 일반적으로 보정保定 지역을 가리킨다. 곽력郭力이 편집 조사하고 고증한 바에 의하면[2], 서효는 원래 보정 완현完縣 사람으로 장기간 북경에서 생활하였고, 귀족 장원선의 문객門客이다. 『편람』에서 마응룡馬應龍이 쓴 "서序"에서는 서효를 "도하포의都下布衣"라 칭하고, 이미 그를 북경 사람으로 인정하였다. 서효의 『등운도경』이 기록한 것은 확실히 당시의 북경음이다. 책머리 "범례凡例"에는 "만력 30년(1603) 1월 3일~2월 25일에 거듭 고침重訂于萬曆三十年(1603) 正月初三至二月二十五日"이라 기록되어 있다.

책 이름은 『중정사마온공등운도경』이지만, 사실상 『절운지장도切韻指掌圖』와 직접적인 연관이 없다. 이는 실제 『절운지남切韻指南』을 기초로 개정한 것이다. 예를 들면, 16섭攝을 13섭으로, 36자모를 22모로, 206운을 100운으로 합병하였다.

『등운도경』 음계의 내용은 22모(실제 19개 성모)를 포함하고, 13섭

25도圖 100운에는 사실상 운모 43개 및 평·상·거·여 4성조가 있다. 책의 "자모총괄字母總括"에는 "見溪端透泥影曉, 來照穿稺審精淸이 있고, 圀心 두 성모는 강유剛柔로 정해지며, 중순重脣의 상하는 幫滂明이다. 비모非母 정순正脣은 단독으로 한 자리를 차지하고, 부미모敷微母 경순은 형체를 두지 않는다. 혀로 입천장을 떠받치고 이에 살짝 닿게 하는 것은 정치음正齒音이고, 후아설상喉牙舌上은 음에 구애받지 않는다."라 하였고, 또한 "운원근구韻原根究"에는 "원래 3490개 등等에, 운韻은 3216개 단單을 꿰어 놓은 것이다. 본 음의 근원은 65에 두며, 4성의 관건을 틀로 한다. 장군과 사병을 줄이고 늘리는 것은 그 명령에 따르는 것이니, 법칙을 기본으로 할수록 좋다."라는 기록도 있다.

다음은 『등운도경』 축섭祝攝 제5도를 예로 든 것이다.

| 祝攝第五獨韻篇 | | | | | | | | | | 韻　都覩杜獨 | | | | |
|---|---|---|---|---|---|---|---|---|---|---|---|---|---|---|
| 見 | 溪 | 端 | 透 | 泥 | 幫 | 滂 | 明 | 精 | 淸 | 圀 | 心 | 影 | 曉 | 來 |
|  |  |  |  |  | 非 | 敷 | 微 | 照 | 穿 | 稺 | 審 |  |  |  |
| 孤 | 枯 | 都 | 禿 | ○ | 逋 | 鋪 | 襆 | 租 | 粗 | 圀 | 蘇 | 烏 | 呼 | 賜 |
| 古 | 苦 | 覩 | 土 | 努 | 補 | 普 | 母 | 祖 | 蘆 | ○ | 鹵 | 午 | 虎 | 魯 |
| 顧 | 庫 | 杜 | 兔 | 怒 | 布 | 撲 | 暮 | 足 | 醋 | ○ | 素 | 悟 | 戶 | 禄 |
| 峆 | ○ | 獨 | 徒 | 奴 | 蜅 | 蒲 | 模 | 卒 | 徂 | ○ | 㑃 | 吾 | 胡 | 盧 |
|  |  |  |  |  |  |  |  | 菹 | 初 | ○ | 梳 |  |  |  |
|  |  |  |  |  |  |  |  | 阻 | 楚 | ○ | 嗉 |  |  |  |
|  |  |  |  |  |  |  |  | 祝 | 畜 | 辱 | 疏 |  |  |  |
|  |  |  |  |  |  |  |  | 軸 | 鉏 | ○ | 蜀 |  |  |  |
| ○ | ○ | ○ | ○ | ○ | 夫 | ○ | ○ | ○ | ○ | ○ | ○ | ○ | ○ | ○ |
| ○ | ○ | ○ | ○ | ○ | 府 | ○ | ○ | ○ | ○ | ○ | ○ | ○ | ○ | ○ |
| ○ | ○ | 岨 | 福 | ○ | ○ | ○ | ○ | ○ | ○ | ○ | ○ | 菁 | 傢 | ○ |
| ○ | ○ | ○ | 扶 | ○ | ○ | ○ | ○ | ○ | ○ | ○ | ○ | ○ | ○ | ○ |

『등운도경』의 성모체계, 즉 도표 중의 22개 자모는 36자모보다 많이 간소화되었다. 여기에서는 전탁성모가 없어졌다. 그리고 이 중에는, 경순음 부모敷母와 비모非母가 사실상 구분이 없어지고, 미모微母 또한 영성모零聲母와 합류하여, 모두 자리가 비어 있다. "자모총괄가字母總括歌"에는 "非母 正脣이 단독으로 하나를 차지하고, 敷의 자리 輕脣은 形을 두지 않는다."고 하였다. 예를 들면, 도표 중의 부모敷母 자는 루섭壘攝 제9 합구편合口篇의 "𤴘"자 (같은 도표의 아래에 이미 "飛匪沸肥"가 있음)와 유섭流攝 제25 합구편의 "𪇹"자(같은 도표의 비모非母 아래에 이미 "秠否皀桴가 있음)"[3]가 있을 뿐이다. 그리고 미모微母 아래에는 진섭臻攝 제19 합구편의 "𤴐"자(같은 도표의 영모影母에 이미 "溫穩問文"이 있음)만 있다. 이 외에 "味""晚""望" 등 자는 이미 관련 운도의 영모影母 아래에 배열되었다. 이것은 이들 미모微母 자가 모두 이미 영성모로 변하였다는 것을 나타낸다. 따라서 부敷·미微 두 성모는 당시의 북경어에서 사실상 이미 존재하지 않은 것이며, 운도의 작자가 도표 배열을 정연하게 하기 위하여 (즉, "幫滂明" 아래에 "非敷微"를 배합) 가설해 놓았을 가능성이 있다.

심모𪏭母에 관하여 『범례凡例』에서는 "음의音義를 재고찰하여 강유剛柔를 구분하는데, 오직 심모心母 만이 유음柔音에서 벗어났다. 오초吳楚 지역에 거하는 사람들을 보면, 口 자 안에 '心'을 추가하여 성모로 하였고, …… 그래서 또 思腮洗性松蘇宣須의 8개 형形을 만들어 196개 음의 우두머리로 삼았다.復考音義以別剛柔, 惟心母脫一柔音, 見居(諸)吳楚之方。予以口字添 '心'字在爲母, …… 於是又立思腮洗性松蘇宣須八形以爲一百九十六音之領率。"고 하였다. 서효는 "심審"은 강모剛母이고, "임稔"은 유모柔母라 여겼다. 그러나 그 유래由來 상으로 혹은 음가音價로 보던 간에, 임모稔母는 심모와 대응되는 탁음이 아니므로, 심모𪏭母 또한 심모心母의 탁음이 될 수는 없다. 전탁성모 "邪"와 "禪"도 이미 청음화 되었다. 따라서 『등운도경』의 성모체계는 사실상 19개뿐이다.

| | | | |
|---|---|---|---|
| 幫[p] | 滂[pʻ] | 明[m] | 非[f] |
| 端[t] | 透[tʻ] | 泥[n] | 來[l] |
| 精[ts] | 清[tsʻ] | 心[s] | |
| 照[tʂ] | 穿[tʂʻ] | 審[ʂ] | 稔[ʐ] |
| 見[k] | 溪[kʻ] | 曉[x] | 影[ø] |

이것은 난무蘭茂『운략이통韻略易通』"조매시早梅詩"의 20개 성모에 비해 "無[v]"모가 적은 것이다. 이 외에 아직 "조매시" 중의 "枝·春·上"이 이미 권설성모라는 것을 인정하지 않는 학자[4]도『등운도경』중의 "照穿審" 세 성모가 이미 [tʂ] [tʂʻ] [ʂ] 를 대표하였다는 것은 부정하지 않는다. 그러나 『등운도경』중의 "見溪曉"([k] [kʻ] [x])와 "精淸心"([ts] [tsʻ] [s]) 두 조의 성모가 아직 세음細音 앞에서 분화 즉, 제치음齊齒音과 촬구음撮口音 앞에서 구개음화口蓋音化, 舌面化(즉 [tɕ] [tɕʻ] [ɕ]성모가 형성) 되지 않았다. 이는 현대 보통화 음계와 다르다.

『등운도경』의 운모체계에 관해서는, 13섭 100운으로 나누어지지만, 사실상 43운모가 있다.

이 운모체계는『중원음운』과 다르고, 현대 보통화의 운모체계와도 다르다.

『등운도경』의 13섭은『절운지남切韻指南』16섭을 간단히 귀납 병합한 것이 아니라, 분리도 있고 통합도 있다. 그 통섭 개합 8운(즉, "登等增能"과 "東懂動同")은『절운지남』통通·증曾·경梗 3섭이 합류된 것이고, 『중원음운』의 동종東鍾과 경청庚靑 두 운부에 해당한다. 지섭止攝 개합 8운("資子次慈"와 "居舉句局")은『절운지남』지섭 및 해蟹·우遇 두 섭의 일부와 일부 고입성자에서 온 것으로, [ɿ] [ʅ] [ə] [i]와 [y]의 5개 운모[5]를 포함하고,『중원음운』의 지사支思·제미齊薇운부의 일부와 어모魚模운부의 일부분에 해당한다. 축섭祝攝은『절운지남』우섭遇攝의 합구로, 모모模운자 및 어우魚虞운의 순음자와 권설음자를 포함한다. 예를 들면, "補普母都禿

| 序號 | 攝 | 開合 | 韻 | | | | 韻母 | |
|---|---|---|---|---|---|---|---|---|
| 1 | 通攝 | 開口<br>合口 | 登 等 贈 能<br>東 董 動 同 | | | | əŋ iəŋ<br>uəŋ yəŋ | |
| 2 | 止攝 | 開口<br>合口 | 資 子 次 慈<br>居 舉 句 局 | | | | ɿ ʅ ɿ i<br>y | |
| 3 | 祝攝 | 獨韻 | 都 覩 杜 獨 | | | | u iu | |
| 4 | 蟹攝 | 開口<br>合口 | 咍 海 亥 孩<br>乖 拐 怪 槐 | | | | ai iai<br>uai | |
| 5 | 壘攝 | 開口<br>合口 | 盃 壘 類 雷<br>灰 悔 會 回 | | | | ei<br>uei | |
| 6 | 效攝 | 開口<br>合口 | 蒿 好 皓 豪<br>包 保 泡 袍 | | | | au iau<br>uau | |
| 7 | 果攝 | 開口<br>合口 | 訶 可 賀 何<br>多 朵 惰 奪 | | | | o io<br>uo | |
| 8 | 假攝 | 開口<br>合口 | 他 打 納 拿<br>誇 把 罵 麻 | | | | a ia<br>ua | |
| 9 | 拙攝 | 開口<br>合口 | 遮 者 哲 宅<br>靴 雪 厥 掘 | | | | ɛ iɛ<br>yɛ ʒŋ | |
| 10 | 臻攝 | 開口<br>合口 | 根 艮 恨 痕<br>昏 惛 混 渾 | | | | ən iən<br>uən yən | |
| 11 | 山攝 | 開口<br>合口 | 乾 敢 炭 談<br>湍 疃 篆 團 | | | | an ian<br>uan yan | |
| 12 | 宕攝 | 開口<br>合口 | 當 黨 碭 唐<br>光 廣 晃 黃 | | | | aŋ iaŋ<br>uaŋ | |
| 13 | 流攝 | 開口<br>合口 | 齁 吼 厚 侯<br>抔 剖 欨 裒 | | | | əu<br>uəu | |

努魯租粗蘇孤枯呼烏"와 "夫扶父祝初疏辱" 등이다.[6] 해섭蟹攝은 『절운지남』 해섭의 일부 자이다. 즉, 1등 개구 해咍·태泰운과 2등 개皆·가佳·쾌夬의 개합운자이다. 예를 들면, "該咍哉來孩·皆解戒諧" 등이다. 그 합구는 또 원래 지섭止攝의 소수 한자, 예로 "衰帥" 및 일부 고입성자, 예로 "白" 등을 포함한다. 루섭壘攝은 새로 형성된 섭인데, 『절운지남』 해蟹·지止 두 섭의 합구로 구성되고, 『중원음운』 제미齊微운부의 일부분에 해당한다. 효섭效攝은 거의 변화가 없고, 합구는 순음자, 예로 "包"로만 제한된다. 과섭果攝에 속하는 것은 원래 『절운지남』 과섭 가과歌戈운자 외에, 약간의 고입성자가 있다. 예를 들면 "桌酌綽若爍角却爵雀削約略" 등이다. 가섭假攝에도 일부 고입성자가 추가되었는데, 예를 들면 "達榻納殺檫撒合(哈)拉乏" 등이다. 그러나 원래 가섭 중의 3등자는 졸섭拙攝으로 옮겨졌다. 이것이 바로 『중원음운』에서 새로 생긴 차차遮車운부이고, 『등운도경』에서는 졸섭拙攝이라고 한다. 졸섭 역시 새로운 운섭韻攝으로, 원래 가섭假攝 개구 3등자, 예를 들면 "遮車奢姐且些夜" 등 외에, 적지 않은 고입성자, 예를 들면 "革刻德則塞厄黑別勒" 등도 포함한다. 그 합구편은 "國百墨或說雪月血劣穴" 등 전부 고입성자이다. [-m]를 끝음으로 하는 운부가 [-n]로 변함으로 인해, 『등운도경』의 진섭臻攝은 『절운지남』의 진섭과 심섭深攝을 포함하게 되었다. 산섭山攝도 원래의 산섭과 함섭咸攝을 포함한다. 탕섭宕攝은 원래의 탕섭과 강섭江攝을 포함하는데, 이는 두 섭의 주요 모음이 합류된 것이다. 『등운도경』의 류섭流攝은 원래의 류섭자 외에, 소수의 고입성자, 예를 들면 "熟肉" 등을 포함한다. 그 합구에는 "桴剖謀否" 등과 같은 순음자만 있다.

위의 분석으로 『등운도경』의 25개 도표는 사실상 23개만 있는 것이며, 모두 47개의 운모가 있으나 실제 40개라는 것을 알 수 있다. 현대 보통화 운모체계와 비교하면 다른 점이 단지 두 가지가 있는데, (1) [iai]가 아직 [ie]로 변하지 않았고, (2) [e] [o] 두 운모에서 아직 [ɤ]가 분화되지 않은 것이다. 이 외에『등운도경』의 운모체계는 이미 사등四等의 구분이 없어졌고,『중원음운』중의 [ɑu]와 [au]의 구분, [ɑu]과 [an]의 구분도 없어져, 모두 이미 개開·제齊·합合·촬撮 사호四呼의 차이로 변하였다.

『등운도경』의 성조체계는 평平·상上·거去·여如 4성이다. 그 "범례凡例"에는 "如聲을 둔 것은 평성과 같음을 말한다.設如聲者, 謂如平聲也。"라고 하였다. 도표 중의 각 네 글자는 한 조組를 이루며, 첫 번째가 평성, 즉 음평陰平이고, 두 번째가 상성, 세 번째가 거성, 네 번째가 여성, 즉 양평陽平이다. 예로 통섭 개구 "登等贈能"과 같다. 고 입성자가 즉 이미 음·양·상·거 4성에 나누어 들어간 것이다. 그 변화 규율은 (1) 전탁全濁 입성이 여성에 귀속되었다. 예를 들면, 지섭止攝의 (支止至) "直"·(鷄己計) "及", 축섭祝攝의 (都覩杜) "獨", 과섭果攝의 (多朵惰) "奪", 류섭流攝의 (收手受) "熟" 등이다. 일부 현대에는 양평으로 읽지 않는 글자도 『등운도경』에서는 역시 "如聲"으로 되어 있다. 예를 들면, 지섭止攝의 (書暑庶) "術", 졸섭拙攝의 (○○德) "特" 등이다. (2) 차탁次濁 입성은 거성에 귀속되었다. 이는『중원음운』및 현대의 음과 대체로 비슷한데, 예를 들면 "密匿玉錄辱育若" 등이다. 그러나 일부 한자, "勒(lēi)摸拉" 등은『중원음운』에서 거성에 귀속되었으나,『등운도경』은 현대 보통화처럼 이미 음평으로 읽었다. (3) 청입성자淸入聲字는 이미『중원음운』에서 평(양평)·상·거 3성으로 들어간 것과는 달리, 현대 보통화처럼 평·상·거·여, 즉 음·양·상·거 4성으로 파입되었다. 그 중, 음평·상성·여성에 귀속된 것은 현대음과 거의 비슷하다. 예를 들면, 음평에 귀속된 "黑北卓"(그 중 "北"은 오늘날 상성으로, "卓"은 양평으로 발음함), 상성에 귀속된 "尺窄給得", 여성에 귀속된 "卒" 등이 있다. 그러나 거성에 귀속된 글자는 현대음과 매우 큰 차이가 있다. 예를 들면,『등운도경』에서 거성에 귀속된 고 청입성자 "必出旭祝足畜渴惡綽酌爵雀角約" 등은『중원음운』에서 모두 상성으로 발음한다. 그러나 현대에서는 어떤 것은 음평으로 읽고("出約" 등), 어떤 것은 양평으로("足酌爵" 등), 어떤 것은 상성으로("渴角[8] 등) 읽는다. 육지위陸志韋 선생은 이런 상황이 바로 당시에 아직 입성조入聲調[9]가 존재하였다는 것을 잘 반영하는 것으로 여겼지만, 우리는 그의 이런 관점에 동의하지 않는다.

요컨대, 17세기 초에 만들어진 『등운도경』은 한민족漢民族 공통어의 어음체계가 근대에서 현대에 이르는 중요한 과도기적 단계이다.

비교의 편리를 위해, 여기에서 현대 한어의 어음체계를 간략히 소개하기로 한다.

현대 한어의 성모체계를 보면, 총 21개가 있다.

| 순음(脣音) | b [p] | p [pʻ] | m [m] | f [f] |
|---|---|---|---|---|
| 설첨중음(舌尖中音) | d [t] | t [tʻ] | n [n] | l [l] |
| 설근음(舌根音) | g [k] | k [kʻ] | h [x] | |
| 설면음(舌面音) | j [tɕ] | q [tɕʻ] | x [ɕ] | |
| 권설음(卷舌音) | zh [tʂ] | ch [tʂʻ] | sh [ʂ] | r [ʐ] |
| 설첨전음(舌尖前音) | z [ts] | c [tsʻ] | s [s] | |

이상은 여러분이 매우 익숙한 것이므로, 더 설명하지 않기로 한다.

현대 한어의 운부체계를 보면, 현대의 시운詩韻은 일반적으로 18부로 나누어는데, 즉 麻·歌·波·齊·支·兒·魚·模·微·皆·咍·豪·侯·寒·痕·唐·東·庚이다. 이는 또 13철轍로 귀납할 수도 있으며, 즉 "麻紗("發花"로도 칭함)·波歌·衣期(支·兒·魚 3부 포함)·姑蘇·灰堆·乜斜·懷來·遙迢·由求·言前·人辰·江陽·中東"이다.

이 외에 또 얼운兒韻이 있다. 단독으로 er[ɚ]로 쓰이는데, 권설운모라고도 한다. 제운齊韻 혹은 의기철衣期轍에 덧붙일 수 있다. 그러나 운미로서 다른 운철韻轍에 덧붙은 후, 얼화운兒化韻을 형성하여 앞 글자의 음과 한 음절로 결합되는데, 북방의 민간 문예文藝에서는 이를 "소철아小轍兒"

라고 한다. 처음에는 소언전아小言前兒와 소인진아小人辰兒 두 가지가 있었다. 소언전아철은 言前·麻紗·懷來의 3철을 포함하고, 소인진아철은 人辰·波歌·乜斜·灰堆·衣期 5철을 포함한다. 전자는 [ar]로, 후자는 [ə]로 변천되었다. 그 후, 연구가 더 진행되면서 파가철波歌轍 중의 파波 운모는 [o]로 판단하게 되었고, 그래서 단독으로 하나의 소철小轍로 분류해내어 -小波兒 [or] (예로 "上坡兒")이라 불렀다. 기타 각 철轍도 얼화운이 있으므로, 또한 小姑兒 [ur] (예로 "兔兒")·水遙迢兒 [ɔr] (예로 "橋兒")·小由求兒 [ur] ("球兒")·小江陽兒 [ɑr] ("亮兒")·小中東兒 [ə] ("風兒")이 있다. 소철아의 출현은 한어 운모체계에 매우 큰 영향을 미쳤다. 원래 다른 운인 것, 즉 운복韻腹·운미가 다른 것이 같은 운으로 되었다. 예를 들면, 이런 동요가 있다. "棗紅馬, 白頭心兒, 生了一個小馬駒兒. 小馬駒, 灰灰兒, 圍着爺爺兜圈子兒. 爺爺篩草又拌料, 我給小馬駒端豆汁兒. 小馬小馬快快長呀, 長上 一身好力氣兒. 拉車種地送公糧, 建設祖國新農村兒." 여기서 운각자 "心·村"은 원래 인진철人辰轍에 속하고, "駒·子·汁·氣"는 원래 의기철衣期轍에, "灰"는 회퇴철灰堆轍에 속하였지만, 현재는 모두 소인진철小人辰轍에 압운되어 들어갔다. 물론 보통화에서 모든 어휘를 얼화운으로 읽을 수 있는 것은 아니다. 어떤 것은 얼화할 수 있고, 어떤 것은 얼화할 수 없는가는 보통화의 습관에 의해 결정한다.

### 주석

[1] 장원선(張元善)은 팽성백(彭城伯) 장기(張麒)의 자손이고, 혜안백(惠安伯) 장란(張鑾)의 아들이다. 장기는 명초 연왕(燕王) 주체(朱棣) 세자의 장인으로, 명 성조(成祖)의 본가이며, 경위(京衛) 지휘사(指揮使)로 있었다. 원선은 "융경(隆慶) 4년(1570) 첨서후부사(僉書後府事)로, 만력(萬曆) 37년(1609)에 사망". 『명사(明史)·외척렬전(外戚列傳)』 참조.

[2] 郭力,「『重訂司馬溫公等韻圖經』研究」,『古漢語研究論稿』, 北京語言大學出版社, 2003.

[3] 『廣韻』尤韻: 紑, 甫鳩切, 又 匹尤切; 秠, 匹尤切, 又 脂韻 敷悲切

[4] 예로, 陸志韋 선생은 설엽음 [tʃ] [tʃʰ] [ʃ]이거나, 혹은 여전히 [tʃ]와 [tʂ] 두 가지 성모가 있다고 여겼다.

[5] 그 중 개구 영모(影母) 아래의 1等 "○爾二而"은 [ə]운이고; 3等 "衣以義宜"는 [i]운이다.

[6] 그러나 세 글자 "育·倏·蹼"의 운모는 아마 [y]이었을 것이다.

[7] 명대 상소량(桑紹良)『청교잡저(青郊雜著)』(1581)에서는 음평·양평을 "沉平·浮平"으로 칭하였고; 교중화(喬中和)의 『원운보(元韻譜)』(1611)에서는 "상평·하평"으로; 방이지(方以智)『절운성원(切韻聲原)』(1641)에서는 "啌聲·嘡聲"으로; 청대 마자원(馬自援)『등음(等音)』(1681)에서는 "平聲·全聲"이라 하였다. 청대 중엽 이후는 대부분 "음평·양평"으로 칭하였다.

[8] "角"자는 양평으로도 읽는다.

[9] 陸志韋,「記徐孝『重訂司馬溫公等韻圖經』」,『近代漢語音韻論集』, 商務印書館, 1988 참조.

### 주요 참고 문헌

唐作藩,『普通話語音史話』, 語文出版社, 2000.

郭力,「『重訂司馬溫公等韻圖經』研究」,『古漢語研究論稿』, 北京語言大學出版社, 2003.

張洵如 저, 魏建功 교정,『北平音系十三轍』, 中國大辭典編纂處, 1937.

## ② 근고에서 현대까지 한어 어음체계의 변천

『중원음운中原音韻』의 어음체계는 이미 현대 한어에 많이 가까워졌지만, 여전히 뚜렷한 차이가 있다. 원대元代 이후, 400~500년의 변화 발전을 거쳐 현대 한민족漢民族 공통어의 어음체계가 비로소 형성되었다. 명대 말기『중정사마온공등운도경』의 음운체계는 근대에서 현대에 이르는 중요한 과도기적 단계이다. 다음은 성모·운모와 성조 세 가지 면에서 논하고자 한다.

### 2.1 성모의 변천

『중원음운』에는 25개 성모가 있었고, 15세기『운략이통韻略易通』의 "조매시早梅詩" 20개 성모에 이르기까지 5개가 적어졌다. 우선은 원대元代의 "知·痴·十"([tʃ] [tʃʻ] [ʃ])와 "之·眵·詩"([tʂ] [tʂʻ] [ʂ]) 두 그룹의 성모는 조매시의 "枝[tʂ]·春[tʂʻ]·上[ʂ]"에 합류되어, 현대 한어의 권설음이 마지막으로 형성되었다. 그 다음은 "兒[ʑ]"와 "疑[ŋ]" 성모의 자음輔音이 탈락하면서 영성모零聲母로 병합되어, 조매시에서는 "一"로 표기하였다. 명대 말기의 『등운도경』에 이르러서는 "照穿審"으로 권설성모를 표기하고, 지조知組 자도 "照穿審母" 아래에 놓았다. 예를 들면, 지섭止攝 제3 개구편 "조모照母" 아래의 예시된 글자는 "支止至直", "천모穿母" 아래에는 "蚩齒尺池", "심모審母" 아래에는 "詩史世時"가 있다. 이 외에 "임모稔母" 아래에는 "○疷日茜"가 있다.[1] 이것은 일모자日母字의 독음이 이미 설엽음舌葉音 [ʒ]에서 권설음 [ʑ]로 변하였다는 것을 나타낸다. 그리고 "爾二而" 등 자는 영모影母 아래에 놓았고, 즉 "衣以義宜"와 함께 이미 이미 영성모로 변하였다.

이런 사실은 근고 전기에서 근고 후기까지, 즉『중원음운』에서『등운도경』에 이르기까지 한민족 공통어의 어음체계가 성모 면에서 다음과 같은 중요한 변화가 있었다는 것을 표시한다. 첫째, 권설성모가 이미 최종적으로 형성되었다. 이는 아마 15세기에 이미 완성되었을 것이다. 둘째, 영성모 자가 계속 늘어났다. 기존의 영모影母 외에 중고 후기의 유모喻母 [j] (喻4·喻3 포함)와 근고 전기의 의모疑母[ŋ]·미모微母 [v] 및 아모兒母 [ʐ]는 모두 자음 성모가 점차 탈락하여 영성모로 변화되었다. 따라서 현대 한어에서는, 원래 독음이 다른 글자 그룹, 예를 들면, "未(微) 魏(疑) 畏(影) 胃(喻三)" "義毅(疑) 意懿(影) 易異(喻四)" "遇御(疑) 譽豫(喻四) 于芋(喻三) 於淤(影)"가 모두 각각 동음이 되었다.

이 외에 근고에서 현대에 이르기까지 한어 성모의 변화에서 가장 뚜렷한 현상이 있는데, 바로 "基j[tɕ]·欺q[tɕʻ]·希x[ɕ]"의 형성이다. 이는 두 가지 근원이 있는데, 즉 견조見組와 정조精組이다. 견모 그룹은 원래 "見·溪·群·曉·匣" 다섯 성모, 정모 그룹은 "精·淸·從·心·邪" 다섯 성모를 포함한다. 전탁성모의 무성음화로 두 조는 "見[k]·溪[kʻ]·曉[x]"와 "精[ts]·淸[tsʻ]·心[s]"만 남았다. 본래 하나는 설근음이고, 하나는 설첨음으로, 발음 부위가 비교적 멀었지만, 현대 보통화에서 두 조의 성모는 모두 동일한 조건에서 분화하여 일부 한자가 설면전모음舌面前元音 [i] 혹은 [y]의 영향을 받아 설면전음舌面前(輔)音 [tɕ] [tɕʻ] [ɕ](설근음 [k] [kʻ] [x]는 앞으로 변화, 설첨음 [ts] [tsʻ] [s]는 뒤로 변화)로 변화되었다. 이것이 바로 어음학에서 말하는 동화작용同化作用이다. 예를 들면,

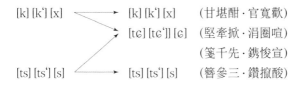

2. 근고에서 현대까지 한어 어음체계의 변천  249

그러면 이런 발전과 분화는 언제 완성된 것일까? 우리가 알고 있는 자료로 보면, 이런 변화는 상당히 늦게 이루어졌다. 원·명대 이전의 북방 관화官話, 즉 한민족漢民族 공통어의 견見·정精 두 조의 성모는 아직 분화하지 않은 것으로 보인다. 그래서『중원음운』에서 "箋"과 "堅"의 음이 다르고, "將"과 "姜", "趣"와 "去", "須"와 "虛"의 음이 다르다. 이런 상황은 아주 보편적이다. 16, 17세기에 이르기까지 일반 운서·운도(남방·북방에 관계없이)에는 모두 이런 변화가 반영되지 않았다. 예를 들면, 15세기『운략이통』의 "조매시早梅詩"는 "見·開·向"과 "早·從·雪"을 사용하고, 17세기 초『등운도경』은 "見·溪·曉"와 "精·淸·心"을 사용하고, 17세기 중엽의『오방원음五方元音』은 "金·橋·火"와 "剪·鵲·絲"로써 각각 [k] [kʻ] [x]와 [ts] [tsʻ] [s] 두 그룹의 성모를 표시하였다. 이탈리아 선교사 트리고 N. Trigault의『서유이목자西儒耳目資』(1626)에서 "格克" "機欺" "孤枯" "居渠"의 성모는 모두 "k[k]·ʻk[k]"로 표기하고, "則測" "精淸" "宗葱" "疽趨"는 모두 ç[ts] ʻç[tsʻ]로 표기하였다. 이는 당시 북경음이 여전히 분화하지 않았다는 것을 나타낸다. 그러나 현재 확정할 수 있는 것은 이 두 그룹의 성모 변화 발전도 18세기 중엽보다는 늦지 않을 것이라는 점이다. 이는 청대淸代 무명씨의『원음정고圓音正考』[2]에서 이미 사람들에게 첨단음尖團音을 주의하여 구분할 것을 요구하였기 때문이다. 이 책의 "서언"에는 "36자모를 취하여 자세하게 밝히려고 시도하였다. 見溪郡曉匣 5개 자모에 종속되는 것은 團에 속하고, 精淸從心邪 5개 자모에 종속되는 것은 尖에 속하는데, 마치 경위涇渭의 차이와 같다. ……그리하여 이 장을 편집하니, 무릇 48개 음, 1632자가 되는데, 각 음마다 국서國書(만주어를 가리킴)를 표기하였고, 한 글자를 첫머리에 두어 단음團音을 앞에 놓고 첨음尖音을 뒤에 놓았다."고 기록되어 있는데, 열거한 예시 글자는 모두 "제齊·촬撮" 두 등호等呼에 해당된다. 예를 들면, 다음과 같다.

團音 ㄱ [k'i]：其欺斯旗棋起 ⋯⋯⋯⋯⋯⋯ 乞

尖音 ㄅ [ts'i]：齊憭臍蠐妻 ⋯⋯⋯⋯⋯⋯ 緝

團音 ㄱ' [ki]：及級彶岌笈 ⋯⋯⋯⋯⋯⋯ 季

尖音 ㄅ [tsi]：即聖鯽唧脊 ⋯⋯⋯⋯⋯⋯ 祭

團音 ㄳ [xi]：奚蹊谿傒鼷喜 ⋯⋯⋯⋯⋯⋯ 系

尖音 ㄆ [si]：析皙晰蜥淅洗 ⋯⋯⋯⋯⋯⋯ 細

이 책의 목적은 사람들에게 첨단음尖團音의 구분을 지도하는 것이다. 우자라烏扎拉 씨가 도광道光 10년(1830)에 책 머리에 쓴 서언에는 왜 첨단음을 구분하여야 하는지를 말하였다. 그는 "학식이 넓고 성품이 단아한 이름난 학자나, 문단의 선비도 흔히 입을 열면 음이 틀린다. 오직 작곡가만이 여전히 이를 잘 할 수 있다. 아쉽게도 여러 곡운曲韻 서적은 남북 음양만 구분하고, 아직 첨단을 전념하여 밝히지 않았다. 그러나 첨단의 음을 번역가가 절대로 없애서는 안 된다. 청문淸文에는 이미 첨단 두 글자가 있으니, 무릇 국명·지명·인명을 보면, 환음還音하여야 할 곳은 반드시 상세하게 분별하여야 한다."고 하였다. 구분할 것을 요구하였다는 것은 당시 구어에는 이미 첨단음을 구분하지 않았다는 것을 나타낸다. 다시 말하면, 견見·정精 두 조의 성모에서 이미 [tɕ] [tɕ'] [ɕ]가 분화되어 나온 것이다. 만약 분화하지 않았다면 이렇게 첨단음의 구분을 강조할 필요가 없다. 그 후, 이여진李汝珍의 『이씨음감李氏音鑑』(1805) "범례凡例"에는 "북인은 香厢·姜將·羌槍 6모를 구분하지 않고, 남인은 商桑·章臧·長藏 6모를 구분하지 않는다."라고 기록되어 있다. 이 씨가 말하는 "북인"은 양역명楊亦鳴의 연구에 의하면, 당시 북경 지역의 사람을 말한다.[3] 이는 바로 당시의 북경음이 확실히 첨단을 이미 구분하지 않게 되었다는 것을 말한다.

그러나 문제는 또 다른 면이 있다. 『원음정고』의 작자는 견조見組에서 분화된 [tɕi] [tɕ'i] [ɕi](團音)만 인정하고, 정조精組에서 분화된 [tɕi] [tɕ'i] [ɕi]는 인정하지 않아, 이런 종류의 한자음을 여전히 [tsi] [tsʻi] [si](尖音)로 읽어야 한다고 여겼다. 이는 견조의 분화가 비교적 일러 사람들이 이미 습관 되었으나, 정조의 분화는 시작된 지 얼마 안되었다는 것을 알수 있다. 명대 만력萬曆 년간(1573~1620) 엽병경葉秉敬의 저작『운표韻表』의 "辨韻有粗細團尖" 조條에서 이미 견조가 조원粗圓("庚幹航官")과 세첨細尖("精堅扁涓")으로 분화하였다는 것을 드러냈다. 그러나 정조에 대해서는 언급되지 않았다. 그리고 명대 말에 교중화喬中和[4]의 『원운보元韻譜』(1611) "칠십이모석七十二母釋"에서는 "見"자가 제치호齊齒呼의 성모로만 사용할 수 있고, 개구호開口呼의 성모로는 사용할 수 없다고 하였다. 이는 모두 17세기에 견조見組의 홍세洪細가 이미 분화되었다는 것을 반영한 것이다. 다만 19세기 초에 이르러서야 정식으로 인정받게 되었다. 천진인天津人 화장경華長卿의『운뢰韻籟』(도광(道光) 4년~함풍(咸豐) 4년, 즉 1824~1854년에 저작)에서 비로소 "角闕雪"(節妾挈)과 "各客赫"(國廓或)·"責測瑟"(作錯索)을 만들어 각각 [tɕi] [tɕʻi] [ɕi]와 [ki] [kʻi] [xi]·[tsi] [tsʻi] [si] 세 종류의 성모로 표기하였다.[5] 그 중, [tɕi] [tɕʻi] [ɕi]를 대표하는 "節妾雪"은 본래 정조자精組字였다. 명대 말기, 태원인太原人 부산傅山은 저작『상홍감전집霜紅龕全集』"해타주옥咳唾珠玉"의 "보유補遺"에서 "태원사람의 언어에는 정확하지 않은 것이 많은데, 가장 천박하고 화나게 한다. 내가 젊었을 때 사람들의 말을 들으면, 백 명 중에 한 두 명뿐이었는데, 지금은 극치에 달한다. 예를 들면, '酒를 九로', '見을 箭으로' 발음하는 것과 같은 것들이 너무 많아 이루 다 분별해낼 수 없다."고 하였다. 이는 태원 방언에서 일찍이 첨단尖團을 구분하지 않았다는 것을 설명한다. 이것은 언어의 객관적인 발전 과정으로, 부산傅山은 비록 인정하고 싶지 않았지만, 거스를 수도 없었다.

그러나 북방 관화官話에서 첨단음을 구분할 수 있는 것은 현재까지도 적지 않다. 예를 들면, 낙양·청도·석가장石家莊 등 지역의 방언이다. 경극京劇에서는 여전히 첨단을 구분할 뿐만 아니라, 매우 엄격하다. 이는 경극 배우가 정확한 음으로 발음하는 일종의 기본기基本技이기도 하다.

## 2.2 운모의 변천

근고에서 현대에 이르기까지 한민족漢民族 공통어의 운모체계는 다음과 같은 몇 가지 중요한 변화를 거쳤다.

### 2.2.1 [-m] 운미의 변화

상고에서 중고를 거쳐 근고 전기인 송원宋元 시대에 이르러 한민족 공통어와 각 지역의 방언에는 보편적으로 [-m] [-n] [-ŋ] 세 가지 운미가 있었다. 예를 들면, 상고 30운부 중의 침侵·담談·염鹽 세 부와 중고 후기 32운부 중의 침侵·담談·염鹽 세 부, 그리고 『중원음운』의 침심侵尋·감함監咸·렴섬廉纖 세 부는 모두 [-m]을 운미로 한다. 15세기의 『운략이통』에 이르러 20운부 중의 침심侵尋·함함緘咸과 렴섬廉纖은 여전히 [-m]을 운미로 하고, [-n]을 운미로 하는 진문眞文·한산寒山·단환端桓·선전先全, 그리고 [-ŋ]를 운미로 하는 동홍東洪·강양江陽·경청庚晴으로 세 가지가 존재하였다.[6]

그러나 현대 보통화와 폭넓은 관화官話 지역은 대부분 [-n]과 [-ŋ] 두 가지 운미를 보존하였다. 원래 [-m]을 운미를 받는 운은 이미 전환되어 [-n]를 운미를 받는 운에 병합되었다. 이렇게 원래 다른 자음이 다른 한자, 예를 들면 "針"과 "眞", "金"과 "斤", "擔"과 "單", "談"과 "壇", "兼"과 "堅", "謙"과 "遷", "心"과 "新" 등은 구분이 없어졌다.

그렇다면 이런 보통화와 관화 지역의 운미 [-m]는 언제 변화가 일어났을까? 역사적으로 보면 일부 방언에서 그 변화는 비교적 이를 것이다. 예를 들면, 당대 말기 시인 호증胡曾의 『희처족어불정戲妻族語不正』이라는 시의 용운은 [-m]과 [-n]이 혼용되는 상황을 반영하였다. 시에서는 "十을 石으로 발음하고, 針을 真이라 말한다. 갑자기 비구름이 몰려오면, 늘 天因(天陰)이라고 말한다."고 하였는데, 그 중 "針"과 "天陰"의 "陰"은 본래 침운侵韻에 속하고 [-m]을 운미로 하는데, 호증의 처족妻族 방언에서는 [-n]을 운미로 하는 진운자真韻字 "真·因"과 같게 읽는다. 그러나 호증의 처족어가 어느 방언에 속하는지는 확실하지 않다.[7]

송사宋詞의 용운에서도 반영된 바 있다. 예를 들면, 장원간張元幹(1091~1160, 복건 사람)『수조가두水調歌頭·우단번경랑雨斷翻驚浪』의 협음 "雲·村·門·坤·春·人·沈·麟", 그리고 사달조史達祖『매계사梅溪詞·행화천杏花天』의 협음 "霰·見·淺·點"이다. 두 사詞 중의 "沈"과 "點"은 본래 [-m]을 운미로 하였으나, 현재는 기타 [-n]을 운미로 하는 운자와 섞여 압운된다. 원대『중원음운』의「정어작사기례正語作詞起例」에도 당시 일부 방언에서 [-m]과 [-n] 운미자를 구분하지 않는 예를 나열하면서, 이것이 "방언지병方言之病"이라고 지적하였다. 예를 들면 다음과 같다.

```
侵尋: 針有真    金有斤    侵有親    深有申 ……
監咸: 菴有安    擔有單    監有間    三有珊 ……
廉纖: 詹有氈    兼有堅    淹有烟    纖有先 ……
```

그러나 한민족漢民族 공통어에서 [-m] 운미의 변화는 원대元代부터 이미 그 증후가 보였다. 왜냐하면,『중원음운』에서『광운』범운凡韻의 "凡範犯" 등 자와 침운侵韻의 "品"자를 나누어 한산부寒山部(예로, 평성양平聲陽 "凡繁煩樊帆礬"이 동음, 거성 "飯販畈範泛範犯"이 동음)와 진문부真文部(예로, 상성 "牝品빈품"이 동음)에 귀속시킨 것을 볼 수 있다. 이런 한자의 공통된 특징은 바로 모두 순음脣音이라는 것이다. 이는 [-m]를 운미로 하는 순음자가 먼저 이화작용異化作用으로 인해 [-n] 운미로 변하였다는 것을 말한다. 이것을 시작으로 기타 [-m]을 운미로 하는 한자도 점차 유화類化 되었다. 이는 원곡元曲의 용사用詞에서도 반영된 바 있다. 예를 들면, 궁천정宮天挺『범장계서范張鷄黍』제3절第3折에 "我見他皮殼骷髏, 面色兒黃乾乾的消瘦."라는 구절이 있는데, "黃乾乾"의 "乾"은 한산寒山 운부에 속하고, [-n]을 운미로 한다. 그러나 상중현尙仲賢『삼탈삭三奪槊』제2절 "折倒的黃甘甘的容顏, 白絲絲的鬢角."[8] "甘"은 원래 감함監咸 운부에 속하고, [-m]을 운미로 하나, 여기에서는 [-n] 운미의 "乾"을 가차假借하여 [kam]음이 [kan]으로 변하였다. 한민족 공통어와 관화 중의 [-m] 운미는 보편적으로 [-n] 운미로 전환되어 대략 16세기에 완성되었다. 명대 왕려王荔의 『정음군언正音捃言』은 이미 운미 [-m]과 [-n] 두 종류의 한자를 연철連綴하여 서로 압운하게 하였다. 예를 들면, 구음九吟 제2수第2首의 "蓮對菊, 鳳對麟[-n], 麻冕對葛巾[-n]。渚淸對沙白, 霞重對嵐深[-m]。荒邸夢, 故園心[-m], 吹笛對鳴琴[-m]。草迎金埒馬, 花伴玉樓人[-n]。風細窓前橫夏簟, 月明門外急秋砧[-m]。淸夜詞成, 煬帝那思玉樹曲；長門獻賦, 相如不記白頭吟[-m]。"이다.[9] 또 예를 들면 같은 시대의 서효『중정사마온공등운도경』은 이미 심섭深攝을 진섭臻攝에, 함섭咸攝을 산섭山攝에 병입하였다. 얼마 후의 『운략회통』과 『오방원음五方元音』도 『중원음운』 혹은 『운략이통』의 세 개 부의 [-m]을 운미로 하는 운을 나누어 [-n]을 운미로 하는 진문眞文·선전先全·산한山寒 세 개 부 혹은 인人·천天 두 개 부에 병입하였다. 현대 한어에서는 나누어 한寒·흔痕 두 개 부에 병입되었다.[10]

## 2.2.2 [ɤ]韻의 형성

현대 한어의 [ɤ]운([ə]로도 표기)은 후아음喉牙音(예로, "歌各科客何曷餓厄")과 설치음舌齒音(예로, "得特勒則測色遮車奢熱" 뒤에만 붙는다. 이는 상고의 지之[ə] 운부에서 온 것이 아니며, 이들은 역사와 관련이 없다. 현대의 [ɤ]운은 주로 『중원음운』의 가과부歌戈部와 차차부遮車部에서 변천되어 온 것이며, 이 외의 적은 부분은 개래皆來 운부에서 나온 것이다. 가과부歌戈部의 주요 모음은 [o]인데, 점차 분화하여 후아음 뒤에서 성모 발음의 영향을 받아 원순圓脣이 아닌 [ɤ]로 변하고, 순음과 설치음 뒤에서는 여전히 [o] 혹은 [uo]로 읽는다. 차차遮車 운부의 주요 모음은 [e], 운모는 [ie]와 [iue]가 있는데, 권설성모가 형성되면서 그 운모가 성모의 영향을 받아 운두韻頭 [i]가 탈락하고 주요 모음 [e]도 [ɤ]로 변하였다. 개래皆來 운부 중의 주요 운모는 [ai]인데, 나중에 [ɤ]운으로 변한 것은 모두 본래 입성자이다. 이들은 후아음 뒤에서 [ɤ]로 변하였다. 예를 들면, "革客黑"이다. 치음 뒤에서는 보통 [ai]과 [ɤ] 두 가지 독음이 있다. 예를 들면 "色澤厠"이다. 이 외에 개래 운부 중의 일부 [iai] 운모로 읽는 글자(예를 들면 "皆街解介鞋諧蟹" 등)는 나중에 이화작용이 일어나 운미 [-i]를 밀어내는 동시에, 운두 [i-]도 주요 모음의 부위가 앞으로 이동하여 [e]로 변하였다. 그러나 [ɤ]운의 형성은 [iai]가 [ie] 음으로 변한 시기보다 조금 이르다. 전자는 17세기보다 늦지 않다. 그 이유는 조소기趙紹箕의 『졸암운오拙菴韻悟』(1674)에서는 이미 格[ɤ]과 戈[o] 두 부로 나누었기 때문이다. 트리고 N. Trigault의 『서유이목자西儒耳目資』(1626)도 라틴 자모字母 [e]로 "遮車者蛇格革德"의 운모를 표시하고, "爹且借些"의 운모를 [ie]로 기록하였다. 유은裕恩의 『음운봉원音韻逢源』(1840)도 이들 졸섭拙攝 개구호開口呼 자와 과섭果攝 개구호의 "歌可個何" 등 자가 신부申部 개구호의 戈과[e]운에 합병되고, 졸섭 합구호合口呼의 "國或拙説" 등 자와 과섭 합구호의 "多拖左梭" 등 자는 신부申部 합구호의 과鍋[uə]운에 합류되었다.

[iai] 운모가 [ie]운으로 발음하게 된 것은 18세기 이후로 추정된다. 왜냐하면 『등운도경』의 해섭蟹攝에 [ai] [iai] [uai] 등 운모도 포함되기 때문이다. 즉, "皆"를 [tɕiai]로도 읽고, "鞋"를 [ɕiai]로도 읽는다. 『원음정고

『圓音正考』(1743)에 이르러서도 "皆"[tɕiai]와 "結"[tɕie]은 여전히 음이 같지 않았다. 심지어 『음운봉원』에도 여전히 [iai]운모가 있었고, "皆解戒諧" 등 한자가 동시에 유부西部와 사부巳部에 수록하여, 즉 [ie] [iai] 두 개 독음을 지녀, 일종의 과도기적 단계에 놓였다. 그러나 성모가 이미 [k] [k'] [x]에서 [tɕ] [tɕ'] [ɕ]로 변함으로 인해 운모 [iai]가 [ie]로 변하는 데 조건을 만들어냈고, 이런 변화도 머지않아 이루어졌다.

### 2.2.3 [ɚ]운의 출현

현대 보통화에서 권설운모 [ɚ]로 읽는 글자는 많지 않다. 자주 쓰이는 것은 "兒而爾耳二貳" 등 몇 개뿐이다. 그러나 얼화운兒化韻은 극히 풍부하다. "兒" 등 자는 원래 중고 지섭止攝 개구開口 일모日母 자에 속하고, [n̠ʑ] 혹은 [nz]로 읽었으나, 중고 후기에는 독음이 [ʒ]으로 변하였다. 원대에 이르러『중원음운』에서는 지사支思 운부에 실려, 이미 [ʐ]로 독음되었음을 나타낸다. 그렇다면 그 또한 언제 자음輔音 성모가 탈락하여 [ʐ]에서 [ɚ]로 변한 것인가? 서효徐孝의 『등운도경』은 이미 "爾二而" 등 자를 지섭止攝 제3 개구편 영모影母 아래에 두어, 이런 한자가 이미 영성모로 읽어진다는 것을 나타냈다. 『서유이목자西儒耳目資』는 라틴문자 "ul"로 이들을 표기하여, [ɚ]운이 늦어도 16~17세기 사이에 출현한 것으로 볼 수 있다.[11] 이사경李思敬 선생은 융경隆慶, 만력萬曆 년간(1567~1619)의 『금병매金甁梅』에 나타난 다량의 얼미사兒尾詞(예를 들면 "石橋兒·上坡兒·封門兒·用些兒·小胡同兒" 등)을 조사하고, 당시 북방어 중의 얼화兒化 상황을 연구하였다.[12] 명대 이후의 운서에서 얼운兒韻은 일반적으로 독립적인 부部를 이루지 못하였다. 이는 동운同韻 자가 너무 적어, 운문에서 지사운支思韻 혹은 제미운齊微韻과 통압通押하는 것을 허락하였기 때문일 것이다. 명대 말기, 방이지方以智는 『절운성원切韻聲原』에서 아주 명확하게 "얼兒은 지운支韻에 있고, 홀로는 다른 것과 어울리지 않는다. 우선은 人誰切로, 지운에 첨가하여 넣는다."[13]고 하였다.

얼운兒韻은 출현한 후, 줄곧 어떤 성모와도 결합하지 않았다. 얼운은 스스로 한 음절을 이루거나, 다른 운모 뒤에 붙어서 얼화운을 이루었다. 얼화운은 아마 얼운과 동시에 나타났을 것이다. 현재 우리가 볼 수 있는 가장 일찍 얼화운을 기록한 운서는 조소기趙紹箕의 『졸암운오拙菴韻悟』이다. 이 책은 6 "독운獨韻" 중에 姑 [u]와 格 [ɤ] 두 운을 두는 것 외에, 14 통운通韻에 姑兒[ur]과 閣兒[ɤr] 두 운을 두었다. 이는 13철轍 중의 소철아小轍兒를 확립하는 발단이 되었다. 현대 보통화 중의 얼화운은 매우 풍부하다. 이는 한어 어휘와 어법의 발전과 매우 밀접한 관계를 지닌다.

## 2.2.4 [y]운의 출현과 사호四呼의 형성

현대 보통화의 [y]운은 원대元代의 어모운魚模韻에서 분화한 것이다. 원곡元曲에서 현대에 [u] [y]운으로 발음하는 글자는 통압通押 할 수 있다. 예를 들면, 왕실보王實甫 『서상기西廂記』 5본五本 4절四折 "침취동풍沈醉東風"의 "不見時準備着千言萬語, 得相逢時都變做短嘆長吁。他急攘攘却才來, 我羞答答怎生覷。將腹中愁恰待申訴, 及至相逢一句也無。則道個先生萬福。"에서 『중원음운』 어모부魚模部의 두 운모는 여전히 [u]와 [iu]라는 것을 알 수 있다. 그러나 [y]운의 형성은 대략 『중원음운』 이후 얼마 되지 않은 시기의 일로, 즉 15세기 이전일 것이다. 왜냐하면 『운략이통』(1442)은 이미 어모부魚模部를 호모呼模와 거어居魚 두 부로 나누었기 때문이다. 그 중, 호모부의 운모는 [u]이고, 거어부의 운모가 바로 [y]이다. 이 [y]는 비록 [iu]로부터 변화된 것이지만, 이미 질적인 변화가 일어났다. 원래 [iu]와 [u]의 주요 모음이 같으므로 서로 압운될 수 있다. 그러나 [y]로 변한 후에는 [u]의 발음 부위와 거리가 멀어졌다. 하나는 후설모음이고 하나는 전설모음이다. 그 결과, [y]음은 오히려 [i]음과 가까워졌다. 그래서 현대 시운詩韻에서 [i]와 [y]는 서로 압운할 수 있게 되었다. "13철轍"의 의기철衣期轍은 [ㄱ][ㄴ][i]과 [y]운을 포함한다. 이런 현상은 『등운도경』에서 이미 형성되었다. 그의 지섭止攝 개구편은 [ㄱ][ㄴ][ㄹ]과 [i]를 포함하고, 합구편은 바로 [y]운이다. [y]운이 [i]운의 합구가 된 것이다.

[y]운의 출현은 단순하게 새로운 운부가 출현한 문제로만 볼 수 없다. 그의 더욱 중요한 의미는 한어 촬구호撮口呼의 형성을 의미하는 데 있다. 운모 [iu]가 [y]로 변한 동시에, 개음介音 [iu-]도 당연히 [y-]로 되었다. 이로부터 원래는 합구 3, 4등의 표지인 [ĭu] [iu]가 새로운 촬구호인 [y-]에 합류되었다. 이처럼 개음의 성질도 변하였다. 그 결과, 한민족 공통어의 개음체계도 최종적으로 개합 두 개 호呼 4등에서 개제합촬開齊合撮 사호4呼로의 변화 발전을 완성하였다. 다음은 산섭山攝 영모자影母字를 예로 들었다.(2등 개구는 래모자來母字로 바꾸어 사용함)

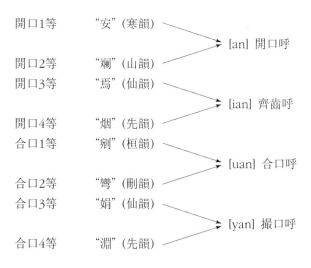

조건을 가진 예외:

開口3等 (捲舌音)"旆纏刪然" ⟶ [an]開口呼
開口2等 (牙喉音)"艱慳閑顏" ⟶ [ian]齊齒呼
合口3等 (捲舌音)"專穿栓軟" ⟶ [uan]合口呼
合口2等 (唇音)"班攀蠻謾" ⟶ [an]開口呼
合口3等 (唇音, 明母除外)"藩煩" ⟶ [an]開口呼
合口1等 (唇音)"般潘盤瞞" ⟶ [an]開口呼
合口3等 (月母字)"晚萬" ⟶ [uan]合口呼

4呼의 과학적인 분석과 정명定名은 대체로 청조 초기 박은자樸隱子의 『시사통운詩詞通韻』(1685)과 반뢰潘耒의 『유음類音』(1708)에서 시작된다.[14] 『시사통운』뒤의 부록 "반절정보反切定譜"에서는 4呼의 발음에 대해 이렇게 묘사하고 있다. "개구호開口呼는 뺨을 펴고 후두를 끌어 당겨 음이 막힘없이 내는 것이고 ; 합구호合口呼는 입을 모으고 입술을 조금 열어, 음이 깊고 넓게 울리도록 내는 것이며 ; 제치호齊齒呼는 이를 가지런히 갈 듯이 하여 음을 좀 막아 거두어 들이듯 내는 것이고 ; 촬구호撮口呼는 턱을 거두어 입술을 쭈그려 소리를 가려 감추며 내는 것이다. 開口呼, 舒頓引喉, 音疏以達 ; 合口呼, 聚唇開吻, 音深以宏 ; 齊齒呼, 交牙戛齒, 音窒以斂 ; 撮口呼, 斂頤蹙唇, 音奄而藏." 『유음』에서는 "모든 음은 다 안쪽으로부터 밖으로 나온다. 처음에는 후두에서 나오고, 혀를 평평하게 하고 입술을 펴서 소리를 내는 것을 개구開口라 하고 ; 혀를 들어 이에 대고, 소리가 혀와 입천장 사이에서 나게 하는 것을 제치齊齒라고 하며 ; 입술을 모아 소리가 턱 안에 가득하도록 내는 것을 합구合口라 하고 ; 입술을 쭈그려 소리를 내는 것을 촬구撮口라 한다. 凡音皆自内而外. 初出于喉, 平舌舒唇, 謂之開口 ; 舉舌對齒, 聲在舌喁之間, 謂之齊齒 ; 斂唇而蓄之, 聲滿頤輔之間, 謂之合口 ; 蹙唇而成聲, 謂之撮口." 고 묘사하고 있다.[15] 그러나 4呼의 형성은 더 이른 것이 사실이다.

이상의 내용을 종합하면, 현대 한어의 운모체계는 이미 300여 년 전에 형성되었다.

## 2.3 성조의 변천

『중원음운』이후, 한민족漢民族 공통어의 성조는 또 발전이 있었다. 이는 주로 입성자의 변화에서 반영된다. 예를 들면, 명조 말기 서효의 『등운도경』은 성조를 "평상거여平上去如" 4성으로 나누었는데, 이는 『중원음운』의 4성 "평성음平聲陰·평성양平聲陽·상성·거성"과 같다. 그러나 입성자가 서성舒聲으로 전환하는 상황에 변화가 일어났다. 즉, "入派3聲"에서 "入派4聲"으로 바뀌었다. 그 중, 전탁 입성자는 양평(여성如聲)으로 바뀌고, 차탁 입성자는 거성으로 바뀌어, 기본적으로 일치한다. 단지 일부 소수의 예외가 있어, 예를 들면, 선모船母의 "術"자는 『중원음운』의 규율에 의하면 양평으로 읽지만, 『등운도경』에서는 거성으로 변하였다. 또 예로, 래모來母의 "拉"자는 『중원음운』의 규율로는 거성으로 읽지만, 『등운도경』에서는 평성(음평)으로 발음한다. 그리고 군모群母 "撅"자는 『중원음운』에서는 규율로 양평으로 읽지만, 『등운도경』에서는 음평으로 변하였다. 입성이 음평으로 변한 "入派陰平"은 『등운도경』이 반영한 근고 후기 북경어 성조의 새로운 변화이다. 그리고 청음 입성자의 귀속에도 『등운도경』과 『중원음운』은 비교적 큰 차이가 있다. 『중원음운』의 청입성자는 주로 상성으로 귀속되는 것이 주류를 이루었으나, 『등운도경』에서는 대부분 거성으로 파입派入되었고, 그 다음 음평과 상성으로 들어갔다.

『등운도경』에는 총 196개의 고입성자古入聲字를 수록하였다. 그 중 전탁자는 51개인데 여성(양평)으로 47개, 거성으로 3개, 음평으로 1개가 들어갔다. 차탁자는 33개인데 거성으로 25개, 음평으로 5개, 양평으로

1개가, 청입성자는 112개인데 거성으로 72개, 음평으로 19개, 상성으로 18개, 양평으로 3개가 들어갔다. 여기에서 청입성자의 변화는 아직 불안정하고, 일부 소수 글자는 두 가지 독음을 지닌다. 예를 들면, "卓·檫"은 음평과 거성의 두 개 독음이 있고, "啜"은 양평과 거성, "雪"은 상성과 거성 의 두 개 독음이 있다.

『등운도경』의 4성과 현대 한어의 4성을 비교해 보면, 공통점과 차이점을 발견할 수 있다. 청입성자를 예로 들면, 음평·양평·상성 3성에 속하는 글자는 현대 한어에서 대부분『등운도경』의 독음을 유지하고, 거성에 속하는 글자의 현대음은 절반 이상이 변하게 되었다. 예를 들면, "出黑卓"은 음평으로, "革國足"은 양평으로, "血雪"은 상성으로 읽는다. 전반적인 추세는 음평과 거성으로 읽는 것이 점점 더 많아지고, 상성으로 읽는 것이 점점 더 적어졌다. 그리고 또 일부는 규율에 의하면 양평으로 읽어야 하는 것도 음평으로 변하였다.

요컨대, 북경어 중의 고입성자 독음은 끊임없이 변화·조정 중에 있으므로, 규범화를 가할 필요가 있다.[16]

---

**주석**

[1]『廣韻』上聲 海韻: "疞, 如亥切"; "茆",『集韻』平聲 之韻: "人之切".

[2]『圓音正考』는 건륭(乾隆) 계해년(癸亥年), 즉 1743년에 만들어짐. 林慶勛, 「刻本『圓音正考』所反映的音韻現象」,『聲韻學論叢』제3집, 臺灣學生書局, 1995 참조.

[3] 楊亦鳴,「『李氏音鑒』音系硏究」, 陝西人民教育出版社, 1992 참조.

[4] 葉秉敬, 衢州 西安(오늘의 浙江 구주(衢州))人 ; 喬中和, 內邱(오늘의 하북 내구)人.

[5] 馮志白,「『韻籟』作者考辨」, 南開大學『語言硏究論叢』第5輯, 1988 참조. 그의 10部는 음성운 "支辭·西微·居魚·呼模·皆來·蕭豪·戈何·家麻·遮蛇·幽樓"이다.

[6] 陸志韋, 「記蘭茂 『韻略易通』」, 『燕京學報』 第32期, 1947；張玉來, 「『韻略易通』研究」, 天津古籍出版社, 1999 참조.

[7] 胡曾은 湖南 邵陽人으로, 당대 말기 湘‧楚方言이 [-m] [-n] 운미를 구분할 수 있었다는 것, 즉 [-m] 운미를 보존하였다는 것을 나타낸다. 현대 邵陽方言(老湘語에 속함)에는 이미 [-m]를 운미로 하는 운모가 없다. 鮑厚星, 『湖南邵陽方言音系』, 『方言』 1989:3 참조.

[8] 『張天師‧吊風花雪‧楔子』: "你没病, 我看着你這嘴臉有些黃甘甘的."

[9] 王荔, 高陽(오늘의 河北 保定 지역)人, 嘉靖年間(1522~1566)의 擧人. 唐作藩, 「『正音捃言』的韻母系統」, 『中國語文』 1980:1 참조.

[10] 陸志韋, 「記畢拱辰 『韻略匯通』」, 『燕京學報』 제33기, 1946；「記『五方元音』」, 『燕京學報』-제34기, 1948 참조.

[11] 唐虞는 『遼史』 역음(譯音)(예를 들면, "Uiglurs"를 "畏兀(吾)兒"로, "Gurkhan"을 "葛兒罕"으로 번역하는 등)에 근거하여, 한어 兒韻은 일찍이 遼金時代에 이미 형성되었다고 여겼다. 唐虞, 『兒音的演變』, 『史語所集刊』 第2本 第4分, 1932 참조.

[12] 李思敬, 「從『金甁梅』的字裏行間考察16世紀漢語北方語中兒詞尾的兒化現象」, 『語言學論叢』 제12집, 1984 참조.

[13] 方以智, 『通雅』 卷50 참조.

[14] 이전의 일부 운서‧운도의 "사호(四呼)"에 대한 호칭이 다르다. 예를 들면, 桑紹良의 『青郊雜著』는 "重科‧次重科‧輕科‧次輕科"라고 하고, 葛中選의 『泰律篇』에서는 "張口‧解口‧合口‧撮口"；徐孝의 『等韻圖經』과 袁子讓의 『字學元元』에서는 모두 "上開‧下開‧上合‧下合"；趙紹箕의 『拙庵韻悟』에서는 "開口‧啓脣‧合口‧撮脣"이라고 하며, 『康熙字典』 卷首에 첨부된 『字母切韻要法』에서는 "開口正韻‧開口副韻‧合口正韻‧合口副韻"이라고 하였다.

[15] 王力, 「『類音』研究」, 『清華學報』 19:3, 1935；『王力文集』, 제18권, 山東教育出版社, 1991 참조.

[16] 林燾, 「"入派三聲"補釋」, 『語言學論叢』 제17집, 1992；『林燾語言學論文選』, 商務印書館, 2001 참조.

**주요 참고문헌**

邵榮芬, 『漢語語音史講話』, 天津人民出版社, 1979.

唐作藩, 『普通話語音史話』, 語文出版社, 2000.

楊耐思, 『近代漢語─m尾的轉化』, 『語言學論叢』제7집, 1981.

李思敬, 『漢語兒[ə]音史研究』, 商務印書館, 1986.

郭力, 「『重訂司馬温公等韻圖經』研究」, 『古代漢語研究論稿』에 수록, 北京語
　　言大學出版社, 2003.

林燾, 「"入派三聲" 補釋」, 『語言學論叢』 제17집, 1992; 『林燾語言學論文選』,
　　商務印書館, 2001.

# ③ 한어 어음체계의 발전 특징 및 기본 추세

앞의 각 장절에서 3000년에 가까운 한어 어음체계의 발전 과정과 역사적 사실을 대략 설명하였다. 우리의 연구가 아직 전면적이지 못하고 심도가 부족하며, 또 이 수업이 기초 과정이므로, 교학 계획과 수업 시수의 제한으로 더 자세한 분석과 해설을 할 수 없다. 그러나 앞에서 언급한 언어 역사 현상만으로도 우리는 한어 어음체계가 상고에서 현대에 이르기까지 성모·운모와 성조를 불문하고 확실히 아주 큰 변화가 있었고, 한어 어음체계의 발전은 독특한 특징이 있다는 것을 알 수 있다. 비록 각 역사적 시기의 어음체계 발전 상황이 모두 완전히 같지는 않지만, 뚜렷한 공통점도 있다는 것을 볼 수 있다. 다음 몇 가지 견해를 소개한다.

첫째, 우선 우리는 한어 어음체계의 발전 변화에 아주 엄밀한 체계성과 규칙성이 있다는 것을 볼 수 있다. 상고에서 중고·근고를 거쳐 현대에 이르기까지 한어 어음체계는 줄곧 성聲·운韻·조調 세 부분의 요소를 갖추었다. 비록 각 시기의 성모·운모와 성조 세 가지 요소의 수량이 적어졌다가 많아졌다가 하고, 그 배합관계, 즉 구조 특징도 완전히 일치하지는 않지만(예로, 현대 보통화에서 [k] [k'] [x]와 [ts] [ts'] [s]는 모두 [i]와 결합할 수 없지만, 고대에서는 가능함), 그들은 모두 아주 강한 체계성이 있다. 예를 들면, 근고 이전의 한어에는 일련의 전탁성모가 있었고, 모든 전탁성모는 모두 발음부위가 같은 상응하는 청성모가 이와 배합되고 있다. 이런 양상은 아주 정연하다. 근고 이후, 북방 관화에서 전탁성모가 무성음화 되었다. 그러나 이는 일부 성모에서 이러한 변화가 일어나는 것이 아니라, 전체 전탁성모체계가 대응하는 청성모로 전환하여 일련의 새로운 성모체계를 이루었다. 또 예를 들면, 상고에서 근고에 이르기까지 한어에는 모두 음陰·양陽·입入의 세 가지 운부가 있었고, 모두 주요 모음의 차이에 근거하여 정연하게 배합되었다. 예를 들면, 상고의 之[ə]: 職[ək]: 蒸[əng] 세 부가 서로 배합되고, 脂[ei]: 質[et]: 眞[en]이 배합되었으며, 侵[əm]: 緝[əp]이 서로 배합되었다. 근대와 현대의 보통화에 이르러 입성운부는 사라지고 전환하였으나, 음·양 두 종류의 운부는 여전히 엄격하고 정연한 체계성을 지닌다. 예를 들면, [ei]:[en], [ai]:[an], [au]:[aŋ], [əu]:[əŋ]이다. 성조를 보면, 상고의 평·상·거·장입長入·단입短入의 5성조에서 중고의 평·상·거·입성의 4성조를 거쳐, 근현대의 음평·양평·상·거성의 4성조에 이르기까지 각각의 체계에서 모두 균형적이고 조화롭게 발전하여, 그 어느 하나가 빠져서도 안 되었다. 각 시기의 성·운·조 체계는 또 하나의 유기적이고 완전한 역사적 통일체가 되어, 각 시기 한어의 물질적 기초를 이루었다.

한어 어음이 고도의 체계성이 있으므로, 역사적 발전 과정에서 엄격하고 정연한 규칙성을 띤다. 예를 들면, 중고 시기 설음의 분화와 순음의 변천, 그리고 근고시기 전탁음의 무성음화는 모두 체계적인 변화를 거쳤다. 상고 성모는 중고에 이르러 단모端母가 분화하고, 이와 발음 부위가 같은 투모透母·정모定母도 같은 조건에서 동시에 분화가 일어났다. 이것이 바로 "같은 무리끼리 서로 따른다.以類相從"는 것이다. 또 예를 들면, 위에서 상고의 운부체계를 설명할 때 언급한 "음양대전陰陽對轉"은 한어 어음체계 발전의 중요한 내부 규율 중 하나이다. 이 발전 규율 역시 한어 어음체계의 특성에 의해 결정된 것이다. 왜냐하면, 어음의 구조 체계는 항상 어음의 발전 규율과 긴밀하게 관련되어 있기 때문이다.[1]

둘째, 어음의 발전 변화는 모두 점차적으로 진행되는 것으로, 사회 발전처럼 갑자기 돌변하지 않는다. 어음은 그 자신의 점변성漸變性을 지닌다. 한어 어음체계의 발전도 이런 특성을 갖추고 있어, 점차적으로 변화하는 것이지 돌변한 것이 아니다. 다시 말하면, 모든 음변音變은 모두 가까운 발음부위를 향해 변천한다. 한 걸음씩 앞 쪽으로 혹은 뒤 쪽으로 변화하고, 한 걸음씩 높아지거나 낮아진다. 일반적으로 단계를 뛰어넘어 도약적으로 발전하지 않는다. 예를 들면, 어부魚部 개구 1등 운모는 상고음이 [a]("姑圖祖素")이었는데, 현대 보통화에서는 [u]로 읽는다. 이는 단번에 [a]에서 [u]로 읽게 된 것이 아니라, 선진先秦의 [a]에서 한대漢代의 [ɑ] 혹은 [ɒ]로 변하고, 다시 남북조 시기에 [o]로 되었다가, 수당隋唐 이후에야 [u]로 변한 것이다. 이런 모음의 설위舌位가 낮은 데서 높은 데로 점차 높아지는 것은 한어 어음 변천의 비교적 보편적인 규율이다. 예를 들면, 가부歌部 [ai] → [a] → [o] → [ɣ] ; 지부支部 [e] → [i] ; 중고의 개부皆部 [ai] → [e]와 같은 것이다.

발음부위가 고화高化하여 정점頂點(즉 설첨모음舌尖元音 혹은 설면전모음舌面前元音)까지 높아지면, 더 발전할 수 있는가? 발전할 수 있다. 단모음은 고화하다가 맨 나중에는 흔히 복합모음(복운모)으로 변한다. 예를 들면, 어부魚部의 "圖" 자는 현대 북경어에서 [t'u]로, 상해 방언에서 [də]로, 소주蘇州 방언에서 [t'ou]로, 장사長沙 방언에서는 [təu]로 발음한다.

모음의 고화는 한어 어음 변천에서 보편적 현상 중의 하나이다. 그러나 낮아지는 저화低化가 완전히 없었던 것은 아니다. 예를 들면, 소부宵部(개구 일등 운모) [o] → [ou] → [ɑu] → [au](豪) ; 지부之部(개구 일등 운모) [ə] → [ɑi] → [ai](哈)로 된 것이다.

그 외에, 중설모음央元音의 전후화前後化, 후설모음後元音의 전화前化(예를 들면, 중고의 해운哈韻[ɑi]이 근현대의 [ai]로 변화), 전설모음前元音의 후화後化 혹은 중간화央化(예를 들면, 근고의 차차遮車[e]가 현대의 [ə]로 변화)가 있었다. 그러나 모두 모음의 고화처럼 보편적이지는 않다.

셋째, 어음의 발전은 시간·장소·조건의 제약을 받는다. 예를 들면, 현대 보통화에서 [tsʅ] [ts'ʅ] [sʅ]로 발음하는 자음字音은 모두 중고의 지섭止攝 개구 3등 支·脂·之 세 개 운의 정조精組에서 온 것이다. 이들의 운모는 중고 말기에 이미 [i]로 합류하였다. 약 12세기쯤에 이르러 설면전모음舌面前元音 [i]는 성모 설첨전음舌尖前音 [ts] [tsʻ] [s]의 영향을 받아 설첨전모음舌尖前元音 [ɿ]로 변화(예로, "資玆雌慈斯私")하였다. 그 후에, 해섭蟹攝 齊・祭 두 운의 개구 3, 4등자("雞妻西祭")가 [i]운모로 변하고, "緝・質・昔・錫・職" 등 입성운의 개구 3, 4등자(예로, "緝集・七悉・積席・績析・即息")도 대부분 [i]로 변화하였다. 그러나 이들의 정조精組 자는 [tsɿ] [tsʻɿ] [sɿ]로 변하지 않고, 기타 운섭韻攝 중의 [ts] [tsʻ] [s]처럼 성모가 운모 [i]의 영향을 받아 설면전음舌面前音 [tɕ] [tɕʻ] [ɕ]로 변화하였다. 이처럼 비록 조건은 같지만 시기가 다르면 변화도 다르다. 그 이유는 어음의 발전 변화가 시기마다 다른 규율성, 즉 음변音變 규율이 시간의 조건에 제한을 받기 때문이다. 음변 규율이 지리적 제한을 받는 것은 더욱 뚜렷하다. 고대에서 현대에 이르기까지 모두 각 지방 방언의 차이가 있는 것이 이 점을 충분히 구체적으로 나타내고 있다. 예를 들면, 현대 보통화에서 견見・정精 두 조組의 한자는 [i] [y] 앞에서는 [tɕ] [tɕʻ] [ɕ]로 변하지만, 많은 방언에서는 이런 분화와 발전이 전혀 없거나, 견조는 변하였으나 정조는 변하지 않고 여전히 첨단음尖團音의 구분을 유지하고 있는데, 예로 매주梅州 객가客家 방언에서는 "基欺希"를 [ki] [kʻi] [hi]로 발음하고, "祭妻西"를 [tsi] [tsʻi] [si]로 발음한다.

　어음의 변천 또한 모두 조건을 지닌다. 예를 들면, 상고에서 중고에 이르기까지 설음舌音의 분화, 즉 단조端組가 端[t]・知[t] 두 조로 분화하는 조건은 2등・3등운이다. 또 예로, 중고 말기 순음脣音의 분화는 합구 삼등운을 조건으로 한다. 근대의 견・정 두 조의 성모가 [tɕ] [tɕʻ] [ɕ]로 변화한 것은 제齊・촬撮 두 호呼의 글자에만 한정되었고, 기타 개・합 두 호의 한자는 변화가 없다. 성모의 분화에 조건이 있는 것처럼 운모의 분화도 예외가 아니다. 예를 들면, 근고 마부麻部 [a]가 가마家麻 [a]와 차차遮車 [e] 두 부로 나누어졌는데, 그 조건을 보면 3등운이 차차부遮車部로 변하고 2등운은 가마부家麻部로 변하였다. 이처럼 어음의 발전 변화는 모두 일정한 조건에서 진행되는 것이다.

넷째, 어음의 발전 변화는 모두 이유가 있다. 사회 발전이 언어의 발전을 촉진하므로 언어 중의 어음의 발전 변화도 당연히 사회 발전의 영향을 받는다. 그러나 사회 발전은 외적 요인일 뿐이며, 어음체계의 발전 방향과 진로를 결정할 수는 없다.

어음체계의 변화는 어휘체계의 발전 및 어법 구조의 발전과 밀접한 관계가 있다. 왜냐하면, 언어는 하나의 유기적인 총체이기 때문이다. 그 내부의 여러 구성 부분은 서로 제약적이다. 예를 들면, 상고 말기, 즉 한위漢魏 이후부터 중고에 이르기까지, 어휘와 어법의 발전으로 새로운 단어를 창조하고, 어휘의 뜻과 품사를 구분하기 위하여 성조의 변화가 일어났다. 또 예를 들면, 근대에 경음輕音과 얼화운兒化韻이 나타난 것도 새로운 어법 성분과 구사법構詞法의 발전에 적응한 결과이다.

한어 어음 발전의 더 직접적인 원인은 내부에 성聲·운韻·조調 간의 상호 영향이다. 이런 영향은 한어 어음의 구체적인 변화를 결정하였다. 예를 들면, 성모의 분화는 흔히 운모, 특히 개음介音의 영향을 받는다. 예를 들면, 앞에서 언급한 상고 설음의 분화, 근대 견見·정精 두 조의 분화이다. 성모의 변천은 또 운모에 변화가 일어나는 것을 촉진한다. 예를 들면, 근현대 권설성모의 형성은 그 이후의 제치호齊齒呼 운모와 촬구호撮口呼 운모가 개구호 혹은 합구호로 변천되었다. 성모와 운모의 발전도 성조의 변화를 일으키게 할 수 있다. 예를 들면, 입성 운미의 탈락은 일반적으로 입성조의 소실 혹은 전환을 이끌게 하고, 성모의 청탁淸濁 또한 성조의 분화를 일으키게 할 수 있다. 고대의 전탁全濁 파열음과 파찰음 성모가 유기 무성음과 무기 무성음으로 분화한 것은 평측平仄의 차이를 조건으로 한다. 이런 성조 변화 간의 상호 작용 및 그 결과는 한어 어음체계 발전의 독특한 규율을 형성하였다.

어음의 발전에는 체계적이고 규칙적인 변화가 일어나지만, 때로는 불규칙적인 변화가 일어나기도 한다. 그러나 불규칙적인 변화도 그 원인이 있다. 한어를 놓고 보면, 한자의 형태 구조가 아주 큰 영향을 미친 적이 있다. 한자 중의 대부분 형성자의 해성諧聲 편방偏旁은 글자를 만들 때 일반적으로 해성되는 글자와 동음으로 되지만, 상당히 많은 한자가 완전히 동음은 아니다. 예를 들면, "壻"와 "胥"는 중고본中古本에서 동음이 아니다.[2] 『광운』에서 "胥"는 평성 어운魚韻 相居切에 속하고, "壻"는 거성 제운霽韻 蘇計切에 속하며, "細"와 동음이다. "壻"는 『중원음운』에서 제미부齊微部에 속하고; [si]로 발음하며, 현대에 한구漢口 · 서안西安 · 성도成都 등 지방의 방언에서는 모두 [ɕi]로 발음하는데, 보통화 및 제남 등 지역에서는 모두 [ɕy]로 발음한다. 이 맨 뒤의 발음은 성부聲符 "胥"의 영향을 받은 것이 분명하다. 또 예를 들면, "嘶"는 "斯"의 소리를 따르지만, 『광운』에서는 음이 다르다. "斯"는 지섭止攝 지운支韻 息移切에 속하고, "厮 · 澌 · 傂"와 함께 현재는 모두 [sɿ]로 발음한다. 그리고 "嘶"자는 본래 해섭蟹攝 제운齊韻 先稽切에 속하고, "西犀棲"와 동음으로 [ɕi]로 발음하였으나, 지금은 "嘶"를 [ɕi]로 읽지 않고 [sɿ]로 읽는데, 이 또한 편방의 영향을 받은 것이다. 또 예를 들면, "劇"자는 『광운』에서는 입성 맥운陌韻 개구 3등, 奇逆切이지만, 현대 보통화에서는 같은 소운小韻의 "屐"처럼 [tɕi]로 읽지 않고, [tɕy]로 읽는다. 이 역시 성부聲符 "豦"[3]의 영향을 받은 것이다. 이것이 바로 소위 "習非成是 잘못된 것이 습관이 되어, 그것을 옳은 것으로 여기게 된다."라는 것이다. 방언에도 유사한 현상이 있다. 예를 들면, 광주어廣州語는 "恩"을 "因"[jɐn]으로 발음한다. 어음사 연구에서, 문자 형태가 독음讀音에 미치는 영향을 잘 관찰하면, 우리가 어음 발전 규율 중의 일부 특수한 변화를 해석하는 데 도움이 될 수 있다.

보통화 중의 일부 규칙에 맞지 않는 예외인 독음에서 어떤 것은 방언의 영향을 받은 것도 있다. 예를 들면, "尷尬어색하다"[kanka]는 "監介"

의 음을 따서 [tɕian tɕie]로 읽지 않는데, 이는 상해어에서 흡수되어 온 방언사方言詞이기 때문이다. 또 예로, "搞[kau]"는 [tɕiau]로 발음하지 않고, "貞[tʂən]"은 [tʂəŋ]으로 발음하지 않으며, "勁[tɕin]"은 [tɕiŋ]으로 발음하지 않고, "弄[noŋ]"은 [loŋ]으로 발음하지 않는 것 등이다. 이런 것도 모두 남방 방언의 영향을 받았을 것이다.

반대로, 방언의 독음이 보통화의 영향을 받는 현상은 더 많고 보편적이다. 방언 중의 일부 구어와 대응하는 "문독文讀"은 흔히 보통화의 영향을 받은 것이다. 예를 들면, 소주蘇州 방언에서 "解放"의 "解" 자를 구어에서는 [ka]로 읽고, 독서음은 [tɕia]로 읽는다. 또 예로, 노상老湘 방언에서 "浮부"는 구어에서는 [bau]로 발음하여 중순음을 유지하지만, 독서음은 [fu]로 발음한다.

어떤 복음사複音詞의 전후 음절은 서로 영향을 주어 독음이 변하였다. 예를 들어, "親家"의 "親"은 본래 "七遴切"로 [tɕ'in]으로 읽지만, 현재 "家"([ka] → [tɕia])의 성모 영향을 받아 [tɕ'iŋ]으로 발음한다. 또 예를 들면, "蘋果"의 "蘋"과 "檳榔"의 "檳"은 현재의 북경어 독음에서 모두 운미 [-n]에서 [-ŋ] 운미로 변하였다.

위에서 언급한 네 가지는 한어 어음체계 발전의 일부 특징에 관한 것이다. 다음은 한어 어음 발전의 일반 추세를 살펴보도록 한다. 문헌 기록이 있는 3000여 년간의 한어 어음체계의 역사 발전 과정을 관찰해 보면, 한어 어음 발전에는 분화도 있고 합류도 있으며, 어떤 시기에는 분화가 더 많고 어떤 시기에는 합류가 주류를 이루기도 한다. 그러나 전반적인 기본 추세는 점차 간화簡化 하는 과정이라는 것이다. 예를 들면, 성모는 상고 32성모(복자음複補音 성모는 잠시 제외함)에서 중고 전기의 35개, 중고 후기의 34개, 근고 전기의 25개를 거쳐, 근고 후기의 20개와 현대 보통화의 22개로 되었다. 한민족漢民族 공통어 성모체계의 간소화 추세는 아주 명확하다. 운모를 보면, 각 시기의 운부체계는 비록 통합도 있고 분화도 있었는데, 특히 중고 전기의 43개 운부는 상고(30부)와 근고 전기(19부)보다 증가하였지만, 실제의 운모 수량은 결코 증가하지는 않았다. 게다가 근고 이후, 입성운과 [-m] 운미운이 점차 전환함으로 하여, 여기에서도 한민족 공통어의 운부·운모체계가 계속 간소화하고 있다는 것을 명확하게 알 수 있다. 그리고 성조를 보면, 상고에는 평·상·거 및 장입·단입의 5성조가 있었고, 중고에는 평·상·거·입의 4성조가 있었는데, 근대 전기부터 평분음양平分陰陽하기 시작하였으나, 입성이 사라졌다. 따라서 성조의 수량은 증가하지 않았지만, 사실상 간소화한 것으로 볼 수 있다.

하지만, 한어 어음체계의 간화簡化는 한어의 퇴보 혹은 손실을 의미하지 않을 뿐 아니라, 이런 어음의 간화는 전체 한어의 발전 속에서 적극적인 역할을 하였다.[5] 왜냐하면, 어음의 간소화는 어법 구조의 엄밀화, 어휘의 풍부화와 동시에 진행되었고, 더욱이 직접적으로 연계되었기 때문이다. 예를 들면, 근고 이후 복음사復音詞의 대량 형성은 한어가 복잡한 어음체계에 의존하여 의미를 구분하지 않아도 되게 하였다. 반대로 어음의 간화는 또 복음사의 지속적인 증가를 촉진하였다. 따라서 한어 어음체계의 이런 간소화 추세는 언어의 발전에 유리하였다. 동시에 현대 한어 어음체계의 간소화로 인해 한어의 규범화를 더 쉽게 실시하고, 방언지역의 사람들이 보통화를 더 쉽게 배우는데 편리하게 하였다. 나아가서 이런 추세는 각 지역의 방언이 민족 공통어로 집중되도록 하고, 한민족 공동어의 진일보된 통일을 촉진하는 적극적인 의미를 지니게 하였다.

**주석**

[1] 丁聲樹, 「談談語音結構和語音演變的規律」, 『中國語文』 1952년 7월 창간
호 참조.

[2] 상고에 "胥"와 "壻"는 모두 어부(魚部)에 속하나, 중고에는 운이 다를 뿐만
아니라, 심지어 운섭도 다르다. "壻"가 현대에 "婿"로 쓰이게 됨은 나중의 일
이다.

[3] "豦"자는 『廣韻』에서 거성 어운(御韻) 居御切이다.

[4] 李榮, 「語音演變規律的例外」, 『中國語文』 1965:2 참조.

[5] 인도유럽어계(印歐語系)의 언어사도 그들의 어음체계 역시 간소화 추세가
있다는 것을 나타낸다. 예를 들면, 영어 climb은 현재 [klaim]으로, kring은
현재 [riŋ]으로 읽는다.

**주요 참고문헌**

丁聲樹, 「談談語音結構和語音演變的規律」, 『中國語文』 1952년 7월 창간호.
王力, 「漢語語音史上的條件音變」, 『語言研究』, 1983:1, 『王力文集』 제17권
에 수록; 『漢語語音史』 卷下 "語音的發展規律", 商務印書館, 2000.

| 저자 소개 |

### 당작번唐作藩

1927년 5월 중국 호남성 소양시(邵陽市) 동구현(洞口縣) 출생
1953년 중국 중산대학(中山大學) 언어학과 졸업
1954년~1999년 북경대학 중문과 조교·강사·부교수·교수
북경시 언어학회 상무이사, 중국음운학연구회 회장 역임
현재 북경대학 왕력(王力)언어학 장학기금회 주임
　　　중국음운학연구회 고문, 《中國語言學》학술위원
　　　《中國語言學報》《語言學論叢》편집위원


|역자 소개|

### 채영순蔡瑛純

경희대학교 외국어교육학과(중국어) 문학사
중국문화대학 중국문학연구소(중국음운학) 문학석사
국립대만사범대학 국문연구소(중국음운학) 문학박사
대만 중국문화대학 문학부 전임강사
중국 북경대학 중국언어문학과 연구학자
인하대학교 중국학과 교수
현재 인하대학교 명예교수, 한국중국학연구센터 편집위원장

# 한어어음사漢語語音史

초판 인쇄  2018년 4월 10일
초판 발행  2018년 4월 20일

저    자 | 당 작 번 唐作藩
역    자 | 채 영 순 蔡瑛純
펴 낸 이 | 하운근
펴 낸 곳 | 學古房

주    소 | 경기도 고양시 덕양구 통일로 140 삼송테크노밸리 A동 B224
전    화 | (02)353-9908  편집부(02)356-9903
팩    스 | (02)6959-8234
홈페이지 | http://hakgobang.co.kr
전자우편 | hakgobang@naver.com, hakgobang@chol.com
등록번호 | 제311-1994-000001호

ISBN    978-89-6071-745-9  93720

값 : 18,000원

■ 파본은 교환해 드립니다.